青森県 昭和の町と村

大合併で消えた自治体の記録

中園裕 編

デーリー東北新聞社

刊行に当たって　～その経緯と意義～

青森県環境生活部県民生活文化課
県史編さんグループ主幹　中園　裕

1. 地方制度のあゆみ

1950年代半ばに行われた「昭和の大合併」により数多くの町村が消えた。「平成の大合併」は、まだ歴史的な検証をするには生々しい部分が残っている。これに対し「昭和の大合併」が行われてから、はや60年以上の年月が経過した。元号が令和となった現在、「昭和の大合併」は歴史研究の対象になったといえよう。

とはいえ、半世紀以上に及ぶ時間の経過は、当時存在した町村の記憶を歴史の彼方へと追いやった。それは人々の記憶から町や村の歴史が消えつつあることでもあろう。しかし、自治体名は変わっても、かつての町や村に伝えられた歴史は確実に存在する。地域の活性化が叫ばれている現在、古い町や村の歴史は地域の振興に役立つと思う。

廃藩置県で近代国家が出発してから現在に至るまで、地方制度は何度かの大きな改編を経ている。1873（明治6）年の大区小区制で、青森県内は10の大区に分けられた。76（明治9）年の段階で大区内は5～11の小区に分けられ、全部で75の小区があった（4ページの「大区小区制時代の青森県地域区分」参照）。藩政時代の村名は数字で表記されることになったわけだが、あまりにも旧来の慣行を無視した制度に対し、全国的に騒動が起きた。このため78（明治11）年に郡区町村編制法が施行された。

大区小区制は、明治政府の性急な中央集権政策の一つとして批判される傾向にある。しかし青森県の場合、大区小区制で分けられた区域は、昭和戦後の大合併で成立した市町村や郡の枠組みと合致する部分が多い。

旧来の地方制度を踏襲した編制法の施行で、大区小区制以前に存在した郡や村の多くが復活した。青森県では津軽郡が東・西・中・南・北の五つに分割され、北郡が上北・下北両郡に分けられた。これに三戸郡が加わり、青森県内は全部で8郡となった。

第1大区は東津軽郡、第2大区は南津軽郡、第3大区は中津軽郡、第4大区は西津軽郡、第5大区は北津軽郡、第6大区は下北郡、第7大区は上北郡、第8大区と第9大区が三戸郡に相当した。第10大区は二戸郡に相当するが、編制法が施行される2年前に岩手県へ移管替えした。編制法施行時には、現青森県域が誕生していたことになる。

89（明治22）年、市制町村制が施行され、弘前市の他、青森・黒石・鰺ケ沢・三戸・八戸の5町と165村が新た

大区小区制時代の青森県地域区分

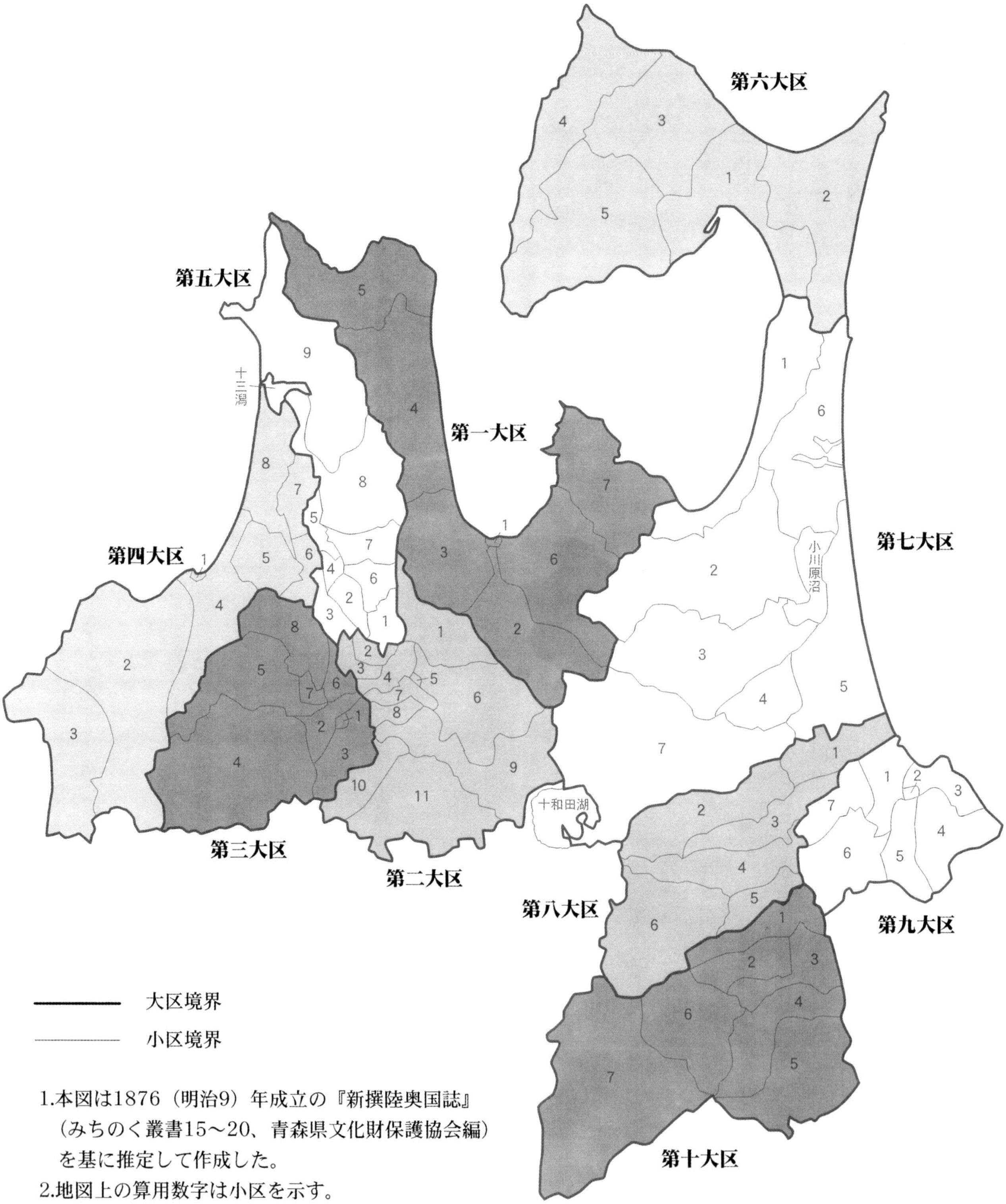

1.本図は1876（明治9）年成立の『新撰陸奥国誌』（みちのく叢書15～20、青森県文化財保護協会編）を基に推定して作成した。
2.地図上の算用数字は小区を示す。

（『青森県史 資料編 近現代1』所収の「しおり」より）

に成立した。2年後に府県制郡制が施行され、官選の知事と郡長が設置され、府県が市と郡を管轄下に置き、郡が町と村を管轄する仕組みができた。

98（明治31）年に青森市、1929（昭和4）年に八戸市が誕生した。23（大正12）年に郡制が廃止され、26（大正15）年には郡役所も廃止された。しかし、青森県では基本的に一部を除き、昭和戦後の大合併を迎えるまで大きな市町村合併はなかった。戦前の青森県は、2市8郡ないし3市8郡で長く推移したことになろう。

なお、戦前の地域の枠組みを考える上で、中園美穂著「招魂祭にみる近代青森県の地域像」（『弘前大学國史研究144号』、2018年）は有益なので参照されたい。

2．昭和の大合併始まる

1953（昭和28）年9月1日に町村合併促進法が公布され、10月1日に施行された。56（昭和31）年6月30日には新市町村建設促進法が公布され、全国でいわゆる「昭和の大合併」が展開された。

日本国憲法の発布と併行し、戦前の市制町村制や府県制郡制は廃止され、地方自治法が制定された。地方自治体という名の下に、新たな機能を付与された各市町村は自立していかねばならなかった。しかし、六・三制度の導入による小・中学校費をはじめ、戦後の復興と改革に忙殺されていた市町村の多くは財政基盤が極めて弱かった。

町村合併促進法は、行財政負担の軽減を図り、健全なる地方自治体の育成に当たるのが狙いだった。「昭和の大合併」は新しい自治体を創生する意味合いを有していたともいえるだろう。

「昭和の大合併」で全国の自治体は3分の1程度にまで減った。換言すれば3分の2の自治体が消えたことになる。戦後生み出された新たな自治体といっても、多くは明治期に制定された市制町村制以来の市町村だった。住民にとっては、長年住み続けてきた市町村であることに変わりはなかった。合併で町や村が消えることは、故郷が消えることに等しかったのである。

廃藩置県以来、何度か実施された地方制度の構築と再編は、実質的には大なり小なりの市町村合併であり、地域の統廃合だった。「昭和の大合併」が始まる53（昭和28）年に3市33町127村だった青森県内の市町村は、合併が一段落した60（昭和35）年には8市30町30村になった。統廃合の対象は主として人口および財政基盤が共に乏しかった各村だった（本書綴じ込みの分布図と現況図を参照）。

「昭和の大合併」が推進されている前後に、全国各地で自治体史の編さんが相次いだ。消えゆく町や村の歴史を後世へ残したいとの思いが、行政の幹部や町村議員をはじめ、町村民たちにも多かったからだろう。

各自治体から予算が計上され、郷土史家を中心に我が町、我が村の歴史が編さんされた。編さんの規模は各自治体でまちまちだが、記述は前近代の内容が多くを占めていた。近現代史の記述については、アジア太平洋戦争以前、つまり近代史の分野が中心で、現代史の分野は合併に至る経緯や理由などに限定されていた。戦後間もない頃であるだけに、やむを得ない事情があった。

3．消えた町や村の歴史を残す試み

「昭和の大合併」が一段落してから半世紀が経過し、「平成の大合併」が始まった。同じ大合併が実施されたとはいえ、歴史の記録を残す事情は変わった。東津軽郡蟹田町や南津軽郡碇ケ関村のように「閉町誌」や「閉村誌」と題する冊子を作った自治体はあったが、自治体史編さんに取り組む市町村はごくわずかだった。地方自治体を取り巻く財政難が編さん事業の立ち上げを妨げていたからでもあろう。それゆえ、中津軽郡岩木町が弘前市と合併後に、『新編弘前市史　岩木地区』と題して資料編と通史編を刊行した意義は大きかった。

では「昭和の大合併」で消えた町村の歴史は、それで十分なのか？　残念ながら十分とはいえない。自治体史が編さんされず、満足な記録が残されずに歴史の闇に消えそうな町村があるのは否めない事実である。記念誌や閉村誌などを編さんした自治体も、前近代や戦前の歴史には触れているが、昭和戦後の歴史については、時代が新しいだけに内容が乏しいと言わざるを得ない。

「平成の大合併」が一段落してから10年以上が経過した。「昭和の大合併」からは60年以上が経過している。二つの合併を経験した人々は高齢となり、鬼籍に入った人も多い。関連資料の収集はもちろんのこと、聞き取り調査は難しい状況になりつつある。

合併で町村名が消えた自治体については、地図上で地名を見る機会が激減している。若い世代は、かつてあった町村名を知る由もない。今、記録を残しておかなければ、永遠に機会を失うだろう。

本書を編み出す理由と経緯は、この点にあった。歴史は年配者のためだけにあるのではない。今後の地域を支えていくべき若い世代に対し、大切な記録や記憶を伝えるためにも必要不可欠なものなのである。

4．本書の刊行に当たって

本書は「昭和の大合併」で消えた自治体を対象に、全部で110町村の歴史をまとめたものである。大合併を経るまで、かつては比較的狭かった町や村にも、興味深い歴史が存在することに気付いてもらえたらと願っている。

『デーリー東北』紙上で2014（平成26）年1月12日から翌年3月30日まで、毎週日曜日（途中から月曜日に変更）に32回の連載を行った。連載の題名は「昭和の町と村」だった。

連載時には、『デーリー東北』の購読者が多く頒布範囲でもある青森県東部の三八・上北地域と下北地域の町村に限定して取り上げた。野辺地町や佐井村など、「昭和の大合併」で自治体名が残された町村と町村合併促進法公布前に合併した町村は対象外とした。逆に「平成の大合併」までに何らかの理由で消えた自治体を組み入れた。その上で全32町村の執筆を青森県史編さんの関係者で分担し、青森県所蔵県史編さん資料やデーリー東北新聞社所蔵の写真を2枚ずつ掲載しながら連載を続けた。

限られた字数で十分な記述ができないこともあったが、読みやすく平易に、そしてこれまであまり知られていない事実や話題を取り上げるように努めた。おかげさまで好意的に受け止めてくれた読者が多く、感謝とお礼のお手紙を頂戴したこともあった。執筆・編集を担当する我々にとって、これほどうれしいことはない。

連載終了後、デーリー東北新聞社の担当者から連載を本にする企画を相談された。本として刊行することは、青森県史の成果を広く知ってもらえる良い機会なので、すぐに検討に入った。その際、津軽方面の町村も対象とし、青森県全体で『昭和の町と村』を刊行できないか持ち掛けたところ、デーリー東北新聞社の社長さんから快諾を得た。

しかし、津軽方面で対象となる町村の数は78もあり、実に南部方面の2・5倍近くある。これらをすべて書き下ろすことになったので、編集には予想外に時間がかかった。それでも今、書き記しておかなければ、その後はないとの思いで執筆者全員が挑んだ次第である。

「昭和の大合併」については、青森県の総務部が主体となり、歴史研究者の助力を得て編集した大著の『青森県市町村合併誌』（1961年）がある。合併の推進者である県がまとめて刊行した「昭和の大合併」の正史である。

2009（平成21）年には、青森県史編さん近現代部会の編集により『青森県史　資料編　近現代5　復興と改革の時代』を刊行。同書の第三章で「自治体の創出と模索」と題し、「昭和の大合併」に関する資料を収録した。収録した資料は、合併を推進した県の公文書である。中でも合併をめぐる地域紛争をまとめた詳細な資料は、今後の地域問題を考察する上でも大いに役立つと思う。

本書は、これらの先行研究を参考にしながらも、新しい研究成果や情報を取り入れ、読みやすく、関心を持ってもらえる話題を盛り込むよう心掛けた。町村の掲載順は、自治体のコード番号順とせず、郡ごとにまとめ、郡内で歴史的に関わりの深い町村順に配列した。当時の姿を写した写真を町村ごとに2枚ずつ掲載し、「一口メモ」には市制町村制以来の町や村の変遷をまとめた。判型も大きめのA4サイズとし、『デーリー東北』を購読し連載記事を入手していた方にも価値あるものになるよう配慮した。

執筆については、青森県史の編さんに関わり、県内外で活躍されている歴史研究者、学芸員、教員の方々にお願いした。近現代史の専門家に限らず、近世史や考古学、民俗学の専門家にお願いしたのは、記述内容に広がりを持たせたかったからである。

本書の刊行に当たり、青森県全域の町村を対象とする計画に快諾してくださったデーリー東北新聞社の荒瀬潔社長には、心からお礼を申し上げたい。新聞連載の担当者として、本書刊行のきっかけをつくっていただいた同社の川口桂子さんには、連載終了後も大変お世話になった。そして、本書を仕上げるまでの諸般の打ち合わせをはじめ、綿密な校訂作業に従事してくださった同社事業局出版部の佐藤実生子さんと日野智之さんには、執筆者を代表して感謝申し上げたい。佐藤さんと日野さんの協力がなければ、連載記事を本として刊行することはできなかった。地域の振興や活性化と同様、本も多くの人々の協力があって刊行できる。そのことを痛感するこの頃である。

2019年8月　自宅にて記す

目次

※各町村名下の日付は『デーリー東北』掲載日

上北郡

下北郡

三戸郡福地村（旧田部村、現南部町）のあかね団地＝1975（昭和50）年6月30日（デーリー東北新聞社所蔵）

中津軽郡

南津軽郡

東津軽郡

北津軽郡

西津軽郡

青森県立柏木農学校の女子実習活動＝1942(昭和17)年(青森県所蔵県史編さん資料より)

＊本書は、『デーリー東北』に連載した「昭和の町と村」（２０１４年1月12日～15年3月30日付）を基に、青森県内全域に対象を拡大して編集した。

＊表題に記した昭和の町村名には、合併後の新市町村名を併記した。その際、合併後の編入や境界変更を考慮し、変更先の市町村名も併記した。

＊「一口メモ」には１８８９（明治22）年の市制町村制施行で成立した町村の変遷について、昭和の大合併までの経緯や、合併後の境界変更等を記し、初出の市町村と大字の名称にルビを振った。

＊本文では読みやすさを考慮し、合併後の市町村名をすべて併記せず、必要な箇所を除き代表的な市町村のみを記した。

【三戸郡】

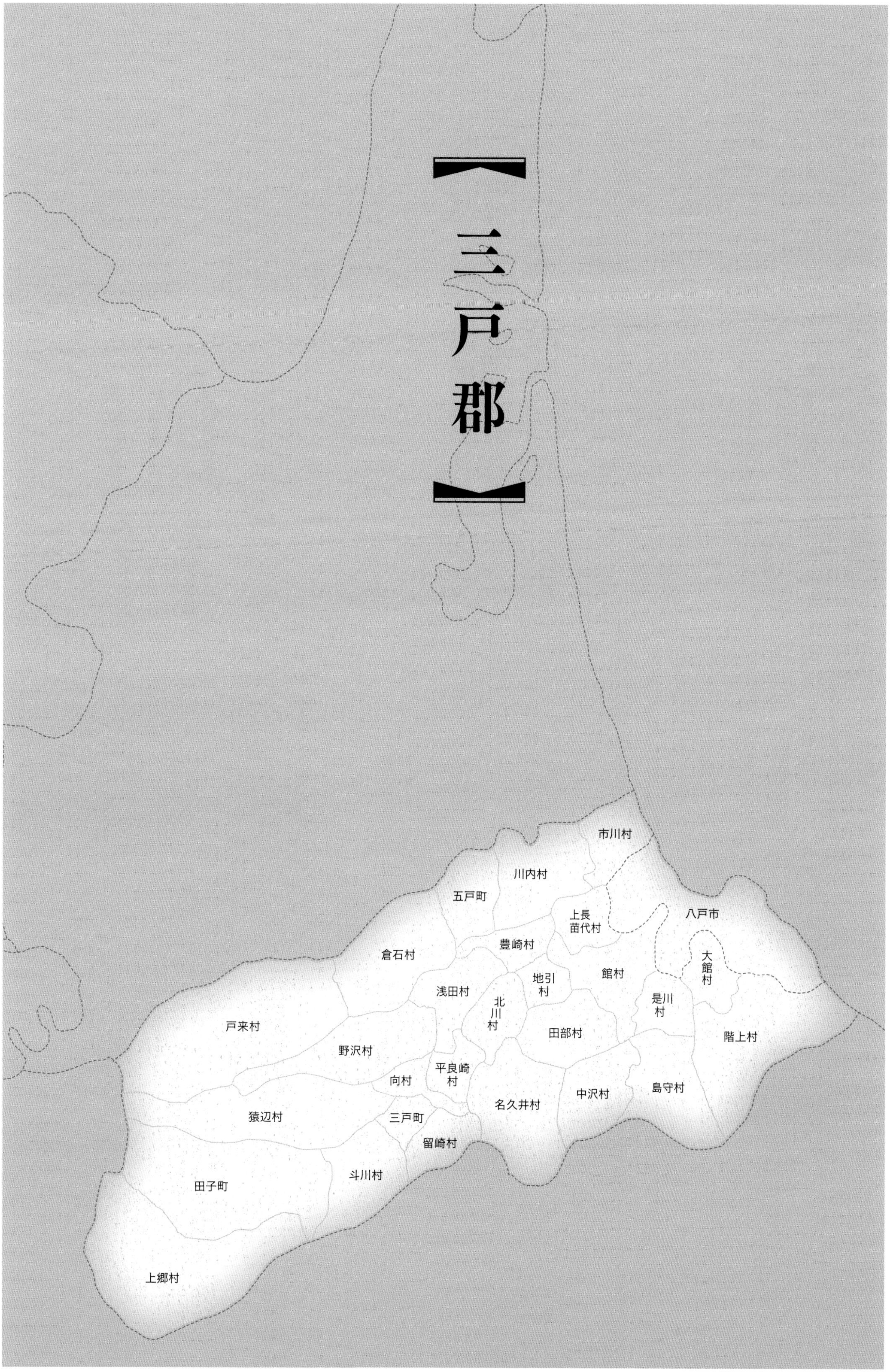
市川村
川内村
五戸町
上長苗代村
八戸市
豊崎村
倉石村
大館村
地引村
館村
浅田村
北川村
是川村
戸来村
田部村
階上村
野沢村
平良崎村
向村
中沢村
島守村
名久井村
猿辺村
三戸町
留崎村
斗川村
田子町
上郷村

文・中園 裕

館村《たてむら》〈現八戸市〉

八戸市の発展に大きく寄与

館村は、現八戸市の大字櫛引や八幡周辺を中心に、かつては根城や売市方面にまで及ぶ村域を有していた。八戸駅の南側に位置し、馬淵川沿いに広がる地域といってよいだろう。

櫛引という大字からも分かるように、村内には櫛引八幡宮がある。南部氏の氏神であり、盛岡藩の総鎮守として有名な神社である。

根城は中世の城郭や縄文時代の遺跡が出土するなど、八戸市の歴史の拠点である。売市には「長根リンク（長根堤）」と呼ばれた天然のスケート場があった。1930（昭和5）年には「第1回全日本スピードスケート選手権大会」も開催されている。69（昭和44）年12月、人工的に結氷させるパイピング化で「氷都」八戸を象徴する存在となったが、2019（平成31）年2月に営業を終了。同年8月、屋内スケート場「YSアリーナ八戸」に替わった。

八戸駅から青い森鉄道に乗って三戸方面へ向かうと、北高岩駅となる。1923（大正12）年8月10日、館村に東北本線の駅を望む村民の声が結実してできた。こうして振り返ってみると、館村は歴史遺産の宝庫といえるだろう。

一方、29（昭和4）年に八戸町、小中野町、湊町、鮫村が合併して八戸市が誕生した。当初は狭い市域だった八戸市だが、その後の発展は目覚ましかった。このため40

1962(昭和37)年の櫛引八幡宮前。八戸市と合併後の旧館村の一風景で、八幡地区を通る国道104号は、現在と比べ大変のどかである(デーリー東北新聞社所蔵)

昭和初期の長根リンク。良質な天然の氷が張り詰めたスケート場として有名だった（青森県所蔵県史編さん資料より）

（昭和15）年、館村の九つの大字中、現在の八戸市中心街に近い沼館、売市、沢里、根城、田面木の五つが八戸市へ編入合併した。

この後、沼館は臨海工業地帯となり、近年はラピアやピアドゥをはじめとする一大ショッピングセンター街となった。また、売市や根城は八戸市中心街を担う存在になっていった。

これに対し、館村は八幡、坂牛、櫛引、上野の四つの大字で形成される大きな村域を有していた。だが、八戸市に隣接することから、昭和の大合併に際し、発展を続ける市への編入を選択。55（昭和30）年に館村の歴史を閉じた。

その後、旧村域一帯は都市開発が盛んに行われた。根城、田面木、坂牛地区にまたがる「八戸ニュータウン」は、その典型といえるだろう。

合併と都市開発の結果、大きく変貌した館村だが、村自体が語られる機会は、ほとんどなくなってしまった。村の大字は八戸市の大字として残されたが、「館」の名前は八幡の櫛引橋近くにある公民館や郵便局の名前に残る程度である。村域の多くが八戸市の重要な拠点を占めていたからこそ、館村は合併で姿を消した代わりに、八戸市の発展に大きく寄与したといえるだろう。

【一口メモ】 館村《たてむら》は1889（明治22）年4月1日の市制町村制施行で、沼館《ぬまだて》、売市《うるいち》、沢里《さわさと》、根城《ねじょう》、田面木《たものき》、八幡《やわた》、坂牛《さかうし》、櫛引《くしひき》、上野《うわの》の9村が合併して成立。役場は売市に置かれ、後に田面木へ移された。1940（昭和15）年1月1日、大字沼館、売市、沢里、根城、田面木が八戸市《はちのへし》へ編入合併。その後、役場は八幡へ移った。55（昭和30）年4月1日、館村は上長苗代《かみながなわしろ》、市川《いちかわ》の2村とともに八戸市へ編入合併され、館の村名は消えた。現在、館の名は公民館や郵便局に残る程度である。

三戸郡②　文・中園裕

是川村《これかわむら》〈現八戸市〉

県内初の水力発電所が開業

是川村といえば是川遺跡があまりにも有名である。しかし、遺跡自体が「是川石器時代遺跡」の名称で国の史跡に指定されたのは1957（昭和32）年。既に是川村は八戸市へ編入合併され、同市の大字になっていた。そのため是川遺跡は、八戸市の遺跡として有名になった印象が強い。

合併前の是川村には、遺跡以外にも語るべき歴史が存在した。是川村は新井田川に沿って開けた村だ。新井田川に八戸水力電気株式会社が是川発電所を開業したのは11（明治44）年のこと。既に青森、弘前の両電灯株式会社が電気事業を起こしていたが、どちらも火力発電だった。是川発電所は、青森県最初の水力発電所だったのである。

発電所の場所は新井田川が蛇行しながら渓流に入る付近で、島守村（現八戸市）との境界に位置した。この発電所でできた電気は八戸町（現八戸市）に送電され、町の産業や経済に貢献した。電気は産業を誘致する基盤となる。後に八戸市が工業都市として発展する背景には、八戸水力電気株式会社と是川発電所が重要な役割を果たしていたのである。

現在、発電所自体は廃止され、建物や機械などは存在しない。ただ、土台だけは今も新井田川沿いに残り、往時をしのぶことができる。貴重な歴史的遺構といえるだ

1961(昭和36)年3月、是川地区の妻神(さいのかみ)付近で、炭スゴ(炭俵)の積み出しに従事する人々。
現在、この場所のすぐ北側には是川団地がある(デーリー東北新聞社所蔵)

開業当時の是川発電所＝1911（明治44）年ごろ（八戸市立図書館提供）

ろう。

　発電所以外にも、是川村には差《さし》波《なみ》地区を中心に、アジア太平洋戦争末期に築かれた地下壕《ごう》やトーチカ（コンクリート製の陣地）が点在した。当時の八戸中学校や高等女学校の学生たちが勤労動員され、川から砂利などを採取して運搬する作業に従事した。是川村民も戦争に動員されていたことが理解できよう。

　戦後、八戸市は工業都市として発展し、「新産業都市」に指定されたことから人口が急増。住宅不足が顕著となった。八戸市と隣接しながらも、農山村の雰囲気が強かった是川村は、昭和の大合併で八戸市となり、新しい住宅地の候補として注目された。

　この結果、64（昭和39）年に是川地区振興会が団地造成の陳情を八戸市議会へ提出した。是川は商工業地帯としての発展が期待できないため、住民たちは大規模な住宅地の開発に期待したのである。団地は70（昭和45）年に着工、2年後に住民が初入居。「是川団地」が誕生した。当時は青森市の幸畑団地に次ぐ大きな規模を誇っていた。

　75（昭和50）年には、前年に火災で校舎を焼失した八戸市立是川小学校が団地内に移転。団地内に多くの子どもたちが行き交うようになった。

　戦前から戦後を通じ、是川地区は人や資源の供給地として重要な役割を果たしてきたといえよう。

【一口メモ】 是川村《これかわむら》は1889（明治22）年4月1日、藩政時代からの是川村が単独の自治体として成立。そのため村内に大字は編成されなかった。役場は下田中沢《しもたなかざわ》に置かれた。1954（昭和29）年12月1日に八戸市《はちのへし》へ編入合併。同年の世帯数は約430、人口は約3100人だった。

文・荒井悦郎

市川村《いちかわむら》〈現八戸市〉

米軍の動向が経済を左右

三戸郡の東北端に位置した市川村は、かつて農漁業の村だった。郡下でも川内村、上長苗代村と並ぶ水田地帯だったが、やませの脅威にさらされてもいた。畑の作物は主に麦であった。

海に面した集落は農漁業兼業で、地引き網漁と沿岸漁業が行われていた。地引き網は十数統あって、網元の下で網子が働いていた。しかし、労働力は過剰で、春は北海道のニシン漁、その他の季節は福島、千葉県方面への出稼ぎが収入源となっていた。

南に隣接する下長苗代村（現八戸市）との間に広がる山林を伐採して陸軍飛行場の建設が始まったのは１９４０（昭和15）年ごろ。市川村の南部約４分の１、４９２㌶が飛行場用地となった。

戦後、飛行場は米軍に接収され、第５１１空挺（パラシュート）連隊の一部が駐屯する基地となった。基地は、フィリピンで戦死した連隊長の名を採って「キャンプ・ホーゲン」と名付けられ、47（昭和22）年１月には盛岡から連隊司令部も移転してきた。村の経済は米軍の動向に左右されるようになった。

50（昭和25）年には米軍が朝鮮戦争のため出動し、村は一時閑散とした状態となった。53（昭和28）年には非農家戸数の割合は34%に上昇。その多くは旅館飲食業、食料雑貨店など基地関係の職業だ

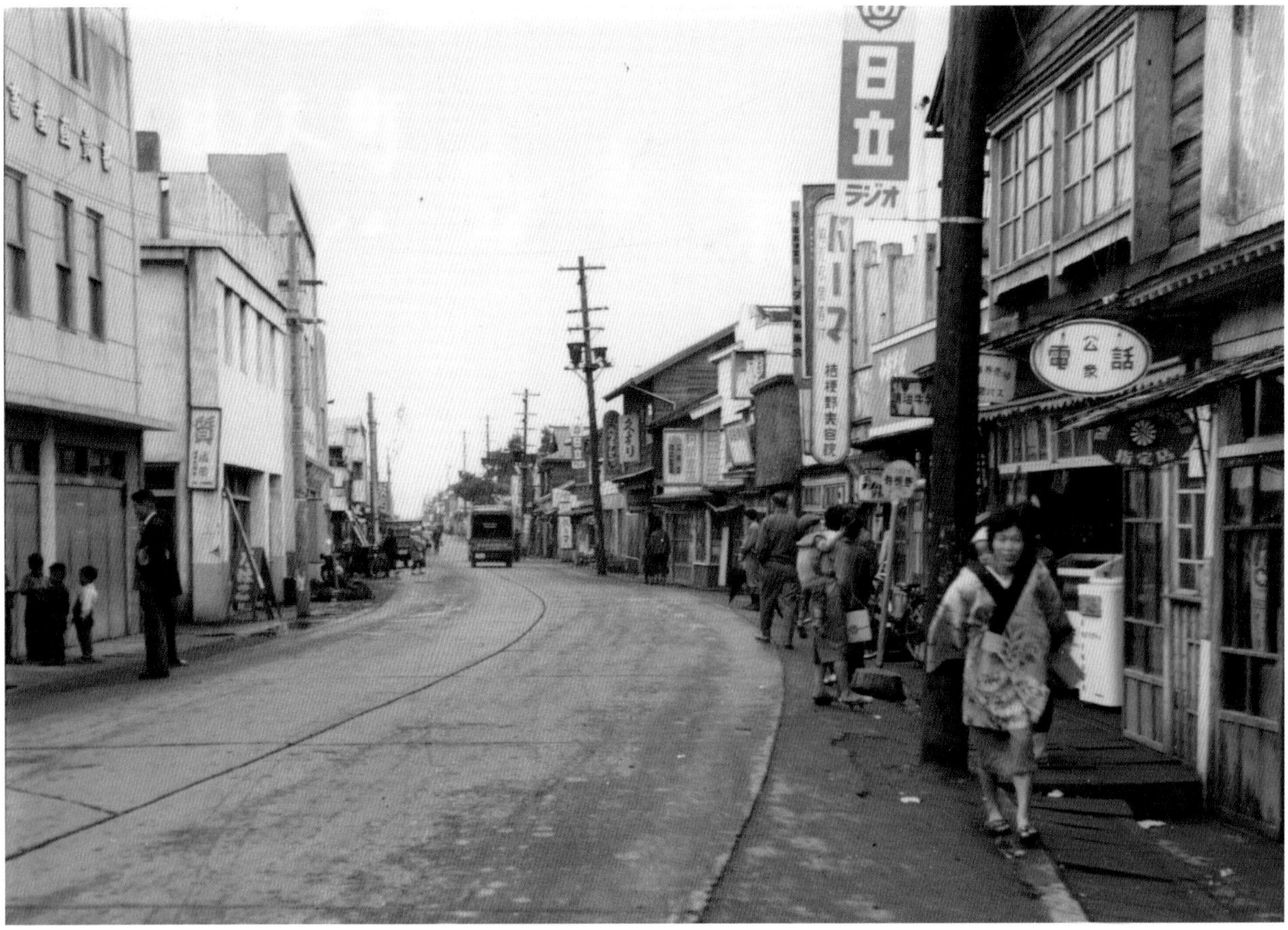

旧市川村の中心地だった桔梗野（水目沢）地区の街並み＝1960（昭和35）年10月26日（デーリー東北新聞社所蔵）

米軍に接収された高館の飛行場。旧日本軍兵舎の前には星条旗が翻る＝1945（昭和20）年（故中里進氏提供）

った。商店街には英語の看板があふれていた。

しかし、基地ができても村の生活は向上しなかった。米軍基地で雇用されたのは160人ほどで、ニシン漁への出稼ぎ者は35（昭和10）年の320人から、53（昭和28）年の453人へと増加した。射撃訓練のため、漁場の一部も扇形に米軍に接収された。米軍基地は一部の村民を潤したが、市川村を豊かにしたとはいえず、子どもたちへの影響が懸念され、むしろ弊害の方が多いといわれた。

51（昭和26）年のサンフランシスコ講和条約の締結後も米軍の駐留は続いたが、八戸市へ編入合併後の56（昭和31）年に基地が日本に返還された。基地は自衛隊の駐屯地となり、漁場も戻ってようやく市川地区は落ち着きを取り戻した。

かつて基地は太平洋に面していたが、自衛隊用地と海岸との間は回廊のように開発が進んだ。三菱製紙が河原木・市川地区に進出し、多賀台には社宅も造られた。その後、北インター工業団地や桔梗野工業団地が整備され、松ケ丘、多賀台などに住宅が建てられた。

米軍基地の面影は、教会だった建物が駐屯地に残るだけである。

【一口メモ】 市川村《いちかわむら》は藩政時代の上市川村《かみいちかわむら》と下市川村《しもいちかわむら》のうち、後者が1889（明治22）年4月1日の市制町村制施行時に改称して成立した。役場は赤畑《あかはた》に置かれ、大字は編成されなかった。1955（昭和30）年4月1日、館《たて》、上長苗代《かみながなわしろ》の2村とともに八戸市《はちのへし》へ編入合併。同市市川町《いちかわまち》となり、一部は新興住宅地として住居表示が松ケ丘《まつがおか》や多賀台《たがだい》に変更となった。上市川村は川内村《かわうちむら》を経て、現在は五戸町《ごのへまち》の大字である。

三戸郡④　文・小泉 敦

豊崎村 とよさきむら

〈現八戸市、五戸町〉

旧街道沿いに南部鉄道敷設

2013（平成25）年5月16日、会員の高齢化に伴い、南部鉄道のOB組織「鉄友会」が解散総会を行った。その日は45年前の1968（昭和43）年に十勝沖地震が発生し、鉄路が大きな被害を受けて廃線に追い込まれた日だった。南部鉄道に勤務していたOBたちは地震の記憶と南部鉄道の精神を今後も忘れず、語り継いでいく決意を新たにした。

1891（明治24）年9月に青森―上野間で日本鉄道（後に国鉄、現JR東北本線）が全線開通し、尻内《しりうち》（現八戸）駅ができた。94（明治27）年1月には尻内と湊を結ぶ八戸線も開通。沿線から外れた五戸町では、1926（大正15）年に実業家の三浦善蔵が鉄道会社を設立。30（昭和5）年4月に五戸―尻内間を結ぶ五戸電気鉄道（後に南部鉄道）が全線開通した。

藩政時代に五戸と八戸を結ぶ道として、志戸岸村の尾根伝いを通り、七崎村を経由し、浅水川を抜けて長苗代村（現八戸市）に至る五戸街道があった。当時は物流の重要な道だったが、1885（明治18）年に扇田村《おうぎだむら》経由の新道ができると街道は廃れた。その45年後に街道沿いに敷設されたのが、後の南部鉄道だった。豊崎村は中間に位置し、八戸と五戸を結ぶ結節点となる。

南部鉄道は尻内駅から分岐し、浅水川沿いに張田―正法寺―七崎

南部鉄道七崎駅で演説する三浦一雄（くにお）農林大臣＝1958（昭和33）年7月24日（五戸町教育委員会提供）

八戸市と合併した旧豊崎村の滝谷（たきや）地区。市と五戸町の境界に位置する＝1968（昭和43）年（デーリー東北新聞社所蔵）

—豊崎—志戸岸—県立種鶏場前—五戸の8駅をつなぐ延長12・3キロの路線で、蒸気機関車とガソリンカー併用の列車が走った。戦前生まれの筆者の母親も女学生時代によく利用した。当時は行商や学生らで満席が多く、座れないことも多かったという。

1955（昭和30）年に豊崎村は八戸市と合併し、同市域に編入された。しかし、豊崎村は生活圏や人的交流など五戸町との関係が深く、八戸市との合併に反対する声も多かった。

そのような事情から、3年後に豊間内地区の一部が五戸町へ分村編入となった。江戸時代に七崎村と豊間内村が盛岡藩五戸通《どおり》に属していたことや、南部鉄道の沿線にあって地縁・血縁のつながりが強かったという理由が背景にあった。通勤通学の足として豊崎村民には欠かせない交通手段であった南部鉄道は、かつて五戸街道が果たした役割を担うことになる。

現在の豊崎郵便局付近に七崎駅、八戸市立豊崎中学校付近に豊崎駅があった。名残をとどめるものはほとんどないが、かつての豊崎村で鉄道がのんびりと走り、多くのモノ・人・情報が行き交っていた情景がうかがえる。

旧豊崎村は八戸市となった現在も、五戸町との交流が深い地域といえよう。

【一口メモ】 豊崎村《とよさきむら》は1889（明治22）年4月1日の市制町村制施行で、豊間内《とよまない》、七崎《ならさき》、境沢《さかいざわ》の3村が合併して成立。豊間内と七崎から1字ずつ取って村名とし、役場を七崎に置いた。1955（昭和30）年10月20日に八戸《はちのへ》市《し》へ編入合併され、同市豊崎町《とよさきまち》となった。このうち旧豊間内村にあった豊間内、志戸岸《しとぎし》、岩ノ脇《いわのわき》の3地区は、58（昭和33）年6月1日に五戸町《ごのへまち》へ境界変更した。

三戸郡⑤　文・中野渡一耕

上長苗代村
かみながなわしろむら
〈現八戸市〉

駅開業で八戸の玄関口に

江戸時代、八戸藩の領内区画の一つである「長苗代通《どおり》」を構成した村々のうち、1889（明治22）年に浅水川下流の5村が合併して上長苗代村が成立した。

下流の「下長《しもなが》」（下長苗代村。1942年＝昭和17年に八戸市に編入）は、住居表示や学校名に名前が残っているが、「上長《かみなが》」という地名は地元以外ではあまり使われない。大字尻内町と一番町《いちばんちょう》に相当する。

もっとも、藩政時代の1734（享保19）年の「八戸藩目付所日記」には、「上長苗代通」「下長苗代通」の検地の記事があり、早くから長苗代地方を上下に分ける意識があった。

上長地区は江戸時代、下長地区同様に八戸藩の数少ない稲作地帯だった。浅水川左岸には正法寺に姥水門、張田に新水門という二つの取水口があり、ここから取水される用水路が下長地区一帯まで灌《かん》漑《がい》していた。

江戸時代後期の天保年間（1830～44年）には藩による大規模な新田開発が行われた。ただし、当時の技術では限界があり、長苗代の開田が進展したのはポンプアップ技術が向上し、馬淵川から直接取水できるようになった大正年間（1912～26年）以降である。

上長苗代村は村制施行以来、旧八戸藩士の川勝隆邑《たかむら》が1921

コンクリートの橋として竣工（しゅんこう）した尻内橋＝1936（昭和11）年9月19日（中園裕氏提供）

区画整理前の尻内駅前通り＝1955（昭和30）年4月1日（デーリー東北新聞社所蔵）

（大正10）年まで32年間にわたり村長を務め、次の山内亮村長（後に八戸市長）も16年間務めた。山内村長の時代、馬淵川からの揚水工事が26（大正15）年に着工、29（昭和4）年から試運転、翌年には上長と下長に各耕地整理組合が設立された。

近代の上長苗代村を語る上で、1891（明治24）年の尻内（現八戸）駅開業は欠かせない。これにより、特に尻内地区は八戸の玄関口としての性格を強めていった。尻内駅と旧八戸町を結ぶ道路も整備され、現八戸赤十字病院付近で馬淵川を横断する尻内橋もこの頃に架橋された。なお、尻内駅前が区画整理され、駅前から大橋方面へ直通する道路が整備されたのは、八戸市に編入後の1957（昭和32）年に起きた尻内大火の後である。

昭和の大合併時は、地域的なつながりから西隣の豊崎村（現八戸市）と合併する意見も出たが、結局、村議会議員21人中、14人の賛成多数で八戸市への編入が議決された（『青森県市町村合併誌』より）。

2002（平成14）年の東北新幹線八戸開業後、発展した駅東側に対し、西側は昔ながらの農村風景が広がるという好対照を見せるが、駅西地区は新幹線開業に合わせて区画整理が行われ、次第に変貌を遂げている。

【一口メモ】 上長苗代村《かみながなわしろむら》は1889（明治22）年4月1日の市制町村制施行で、尻内《しりうち》、大仏《だいぶつ》、花崎《はなさき》、根岸《ねぎし》、根市《ねいち》の5村が合併して成立。役場は尻内に置かれた。1955（昭和30）年4月1日、館《たて》、市川《いちかわ》の2村とともに八戸市《はちのへし》へ編入合併され、上長苗代の村名は消えた。八戸市への編入後、大字はすべて尻内町《しりうちまち》に統合され、現在、上長苗代の名は、ほとんど残っていない。

三戸郡⑥　文・宮本 利行

大館村《おおだてむら》〈現八戸市〉

都市形成に重要な役割

大館村は中世の時代に新田城が築かれ、城下町が形成された歴史を持つ。昔から住民の結束が強く、現在も町内会など自治組織が活発な地域である。

新田城は根城南部5代政長の次男で、新田氏を称した政持が築いたとされる。1627（寛永4）年に、根城南部氏が遠野（現岩手県遠野市）に領地替えとなった際、新田氏も随行したことで新田城は廃城となった。現在、城跡には八戸市立新井田小学校が立っている。

また、江戸時代の寛永年間（1630年ごろ）に八戸城下の町割りが行われた際、八日町、十八日町、廿八日町に旧新田城下の商家が移住させられた。

新田氏の菩提《ぼだい》寺である対泉院には、天明の大飢饉《ききん》と疫病の大流行の様子を伝える「餓死万霊等供養塔」と「戒壇石」が建立されている。境内の貴福池は「古代ハス」が咲く所として有名である。このハスは2千年前の種を貴福池に植えたら見事に開花したことで、こう呼ばれている。

大正期、八戸町は港湾整備を本格的に始めるとともに、工業都市を目指すようになった。その先駆けが1921（大正10）年6月に操業を開始した日出《ひので》セメントだった。日出セメントは、13（大正2）年の大凶作で被害を受けた東北地方を救済するために実施された東北振興の一環として設立された。

新田城跡に移転新設された新井田尋常小学校から新井田川を望む＝1928（昭和3）年5月（青森県所蔵県史編さん資料より）

新井田川で釣りをする子どもたち。背後の建物は磐城セメント八戸工場＝1957（昭和32）年4月11日（デーリー東北新聞社所蔵）

工場は湊村と大館村にまたがる現在の八戸市新井田鷹待場に、6・6㌶の広大な敷地を有して建設された。原料の石灰石は大館村松館の露天掘り石灰石採掘場（現在の通称・八戸キャニオン）から供給された。八戸キャニオンは近年多くの人が見学に訪れるなど、ちょっとした観光名所になっている。

　その後、工場は合併・買収などで磐城セメント、住友セメントと社名が変更され、現在の八戸セメントとなった。原料の石灰石と製品のセメントは、石灰石採掘場―セメント工場―八戸港セメント船埠頭《ふとう》を、全長約10キロの地下ベルトコンベヤーで搬送される。かつて搬送に使われたトロッコ線と引き込み線は廃線となり、現在は一般道路になっている。

　62（昭和37）年から造成が始まった「旭ケ丘団地」は、新井田字松山上野場、字外久保、字久保の3地区の畑地に完成した。この団地は大阪の千里《せんり》ニュータウンなどに携わった東京大学の高山英華教授らの設計で建設されたもので、東北地方では最も早い時期にできた団地だった。

　大館村は、八戸市の都市形成に中世の昔から重要な役割を果たしてきたといえよう。

【一口メモ】 大館村《おおだてむら》は1889（明治22）年4月1日の市制町村制施行で、新井田《にいだ》、妙《みょう》、十日市《とおかいち》、松館《まつだて》の4村が合併して成立。役場は新井田に置かれ、旧4村は大館村の大字となった。1958（昭和33）年9月10日に八戸市《はちのへし》へ編入合併され、大館の村名は消えた。しかし、大館の名は公民館や中学校に残っている。大館村は、昭和の大合併で八戸市へ編入された最後の村である。

三戸郡⑦　文・古舘 光治

島守村 しまもりむら〈現八戸市〉

発電や農業用水に貢献

中世の記録に登場する島守村と江戸時代から続く頃巻沢村が1889（明治22）年に合併し、より大きな範囲の島守を名称として近代の村となった。新井田川が流れる島守盆地がその中心である。

1334（建武元）年の記録にも登場する歴史を持ち、2013（平成25）年には中世の水田環境が残されていることが確認されて話題になった。その後も江戸時代を通じて米どころであり、明治以降も現在に至るまで、その時代に合わせた米作りが行われてきた。こうした歴史を基に、えんぶりなどの民俗芸能や島守四十八社信仰など重層的複合的農村文化が地域には蓄えられている。

江戸時代からの由緒を持つパワースポット虚空蔵《こくぞう》さんは、明治初年の神仏分離によって山頂の龍興山神社と麓の虚空蔵堂に分かれたものの、旧暦4月13日の祭行事をともに行うことから、近隣の信仰者を引き続き集め、昭和の戦前期においても、十和田や軽米《かるまい》方面からの参詣者を集めていた。現在は、6月初旬の「島守春まつり」に受け継がれている。

島守から世増《よまさり》ダムに寄った川沿いには、旧島守発電所が残されている。1914（大正3）年に建設され、当時、八戸町（現八戸市）の臨海部で進められた臨海工業地帯の形成に貢献した。青森県内では最古の歴史を誇るもので、99（平

1956（昭和31）年の虚空蔵さんの大祭。境内は多くの人でにぎわっている＝同年5月22日（デーリー東北新聞社所蔵）

大正初期の島守発電所（八戸市立図書館提供）

成11）年まで稼働し、現在は登録有形文化財として公開されている。

第2次世界大戦時の44（昭和19）年から翌年春にかけて是川村、館村（ともに現八戸市）とともに、トーチカ（コンクリート製の陣地）や砲兵陣地が造られた。軍により立ち入り禁止区域に指定されたため、畑や山林への出入りも自由にできなくなった。これらの施設は学生による過酷な労働で造られ、戦闘には使われなかったが、海岸線から離れたこの地に、どのような意図をもって構築されたかは不明のことが多い。

57（昭和32）年に中沢村と合併して南郷村となり、島守、頃巻沢はその大字となっているが、65（昭和40）年以降、八戸平原開発事業が話題になる。島守盆地上流の渓谷の集落である世増にダムを造り、そこに蓄えた水を農業用水として南郷、八戸、階上、軽米で活用する事業で、この計画を進めるための促進協議会が組織されたが、逆に水没地域住民によるダム反対期成同盟も組織された。世増、畑内《はたない》の集落は湖に沈んだが、2003（平成15）年にはダムが完成し、渓谷とは異なる湖風景を見せている。

【一口メモ】 島守村《しまもりむら》は1889（明治22）年4月1日の市制町村制施行で、藩政時代からの島守、頃巻沢《ころまきさわ》の2村が合併して成立。役場は島守に置かれた。1957（昭和32）年3月31日に中沢村《なかさわむら》と合併。南郷村《なんごうむら》が成立して、島守は同村の大字となった。2005（平成17）年3月31日に南郷村は八戸市《はちのへし》へ編入合併。南郷村は八戸市南郷、大字島守は南郷島守となった。自治体の名称は幾度か変わったが、島守の名自体は中世より継承されている。

三戸郡⑧　文・古舘 光治

中沢村《なかさわむら》〈現八戸市〉

捕鯨出稼ぎが財政支える

江戸時代から続いた中野、市野沢、大森、泉清水、泥障作の5村が1889（明治22）年に合併。中沢村の名前は大きな集落だった中野と市野沢から1字ずつ取って付けられた。

中世の戦国期までは中野が地域の中心だったが、江戸時代に入って八戸藩が誕生し、藩主の参勤交代に使用される「上り街道」が整備されると様相が変わる。八戸を出発点とするこの街道は、泥障作を通り、市野沢から堀野（現二戸市）までの道である。市野沢には休憩所としての「御仮屋《おかりや》」が設けられて宿場としての整備が進み、街道交通の要衝となったことから、徐々に市野沢に重きが移った。

1957（昭和32）年に合併して南郷村となった後の村役場も市野沢に置かれている。87（昭和62）年に八戸自動車道南郷インターチェンジが設けられ、市野沢は今も地域の要衝である。

中沢村の地形は、新井田川支流の頃巻沢川上流域が広く、西の名久井山地、東の階上山地に挟まれた丘陵が波状的に起伏して平地が少ない。

江戸時代以降、主産業は農業である。ただ、水流に乏しいため水田が少なく、山林、原野、畑地が主である。近代の農産物も、初期は畜産や木炭などの他、大正年間（1912〜26年）には東京方面に出荷されたソバが評判だった。

藩政期に参勤交代に使われた「上り街道」の松。第2次世界大戦中に松根油（しょうこんゆ）抽出のため切り倒され、江戸時代からの景観は失われた＝昭和戦前期（八戸市立図書館提供）

刈り取り後のソバの乾燥作業風景が広がる中沢地区＝1957(昭和32)年9月(デーリー東北新聞社所蔵)

岩手県境と接する南部の大森は、起伏が少ない丘陵に畑作物の栽培地が多く、軽種馬の牧場もある。西部の泉清水は、馬淵川支流如来堂川上流域なので、現南部町の名久井や剣吉《けんよし》との交流が長く、リンゴ栽培もそうした交流から始まっている。

南郷村となってからも畑作物を中心に畜産も行われた。一時期、葉タバコが中心作物になったが、最近は果樹園などが増えている。

明治期から北海道ニシン漁への出稼ぎが行われていたが、37（昭和12）年に南氷洋で捕鯨が始まったときに中沢村から10人が乗り込み、以降、捕鯨船団に乗る者が増えていった。第2次世界大戦中は中断するが、戦後に復員した若者が捕鯨船団に向かった。65（昭和40）年前後が最盛期で、230～240人が従事したとされる。捕鯨に向かった男たちが持ち帰るお金が年に1億円を超え、村の財政をかなり支えていたとされる。カッコーの森エコーランドには捕鯨砲のモニュメントが設置されている他、当時、この村からの出稼ぎ者が世話になった大洋漁業との関係から、市野沢に大洋公園が残され、桜の名所となっている。

【一口メモ】 中沢村《なかさわむら》は1889（明治22）年4月1日の市制町村制施行で、中野《なかの》、市野沢《いちのさわ》、大森《おおもり》、泉清水《いずみしみず》、泥障作《あおづくり》の5村が合併して成立。中沢の村名は、中心集落の中野と市野沢から1字ずつ取ったもので、役場は市野沢に置かれた。1957（昭和32）年3月31日、島守村《しまもりむら》と合併して南郷村《なんごうむら》となり、中沢の村名は消え、旧5村は南郷村の大字となった。2005（平成17）年3月31日には南郷村が八戸市《はちのへし》へ編入合併。南郷村は八戸市南郷となり、五つの大字は南郷地区の大字となった。中沢の名は学校や「中沢ソバ」などに残されている。

文・中野渡一耕

留崎村
とめさきむら
〈現三戸町〉

三戸町と強い結び付き

　留崎村は1889（明治22）年、馬淵川流域に沿った梅内、泉山、目時の3村が合併して成立した。村名の由来になった「留崎」とは、馬淵川の蛇行部分に突き出た地名である。永禄年間（1558～70年）に、この留崎にある山に三戸城が築城され、留崎城とも呼ばれた。

　梅内は三戸に隣接し、戦国時代から地名が見られる古い村だが、三戸城築城の際、梅内村の一部が分離され、三戸の城下町となった。ただし三戸城址《じょうし》は、明治の大合併後も大字梅内の区域にあった。

　三戸町は城址を公園として整備し、今の城山公園となったが、土地は三戸町有で、地籍は留崎村という関係だった。昭和の大合併で名実ともに三戸町域に含まれたのである。

　梅内地区は肥沃《ひよく》な土地で美田でも知られるが、もともとは水利が悪かった。斗川村から熊原川を上水して約100町歩（1町歩＝約1㌶）を開田する土地改良事業が1933（昭和8）年に完了し、「梅内田んぼ」と呼ばれた。戦後宅地化が進み、61（昭和36）年に三戸町立三戸小学校が移転している。

　また、同地区は三戸町に野菜や果物を供給する産地であり、住民は老若を問わず三戸町の中心街で売り歩いていた（北村芳太郎『三戸郷土史』より）。このように、三戸町と強い結び付きがあったた

城山公園から梅内、泉山地区を望む。右手が梅内地区で、「梅内田んぼ」が広がる。左手は泉山地区。中央を流れる馬淵川には梅泉橋が架かる＝1968（昭和43）年6月14日（青森県所蔵県史編さん資料より）

城山公園内にある繭子の銅像前。繭子は、三浦哲郎の小説「繭子ひとり」の主人公
＝1972（昭和47）年4月（デーリー東北新聞社所蔵）

め、昭和の大合併で三戸町に合併した3村のうち、猿辺村と斗川村は分村運動が起こるなど紛糾したのに対し、留崎村は比較的スムーズに協議が進んだ。

7歳の男児による月山参りで知られる泉山地区は馬淵川右岸にあり、32（昭和7）年に梅内—泉山間の馬淵川に梅泉《ばいせん》橋が架橋され、両地区の交流が促進された。それまでは、渡し船により人馬が往来していた。

この時期は、昭和の大凶作に伴う失業対策事業で道路や橋梁《きょうりょう》の工事が盛んに行われた。三戸町内の黄金《きがね》橋が永久橋化されたのは32（昭和7）年、目時地区と岩手県を結ぶ青岩《せいがん》橋が永久橋化されたのは35（昭和10）年だった。

目時地区は県境の地である。三戸町唯一の国鉄駅だった目時駅（現青い森鉄道駅）がある。先述した青岩橋は健在だが、現在は70（昭和45）年に鉄道の付け替えで残った鉄橋を利用した「青岩大橋」に主な役目を譲っている。

以上のように、性格が違う旧3村が一緒になった留崎村であるが、三戸町との合併から60年以上が経過し、現在では残念ながら旧村をしのばせる施設や組織は少ない。

【一口メモ】 留崎村《とめさきむら》は1889（明治22）年4月1日の市制町村制施行で、梅内村《うめないむら》の大部分と泉山《いずみやま》、目時《めとき》の2村が合併して成立。1955（昭和30）年3月20日、三戸町《さんのへまち》、斗川《とがわ》、猿辺《さるべ》の2村と合併し、新たに三戸町が成立。留崎の村名は消えた。合併前の留崎村の役場は梅内に置かれたが、三戸城址の登り口近く（旧三戸ハローワーク）の場所にあったため、三戸、留崎両町村の役場はごく至近距離にあった。

三戸郡⑩　文・小泉 敦

斗川村《とがわむら》〈現三戸町〉

相撲盛ん 横綱鏡里を輩出

斗川村は三戸町から田子町に向かう国道104号の鹿角《かづの》街道（別名・来満《らいまん》街道）沿いに位置していた。古くから農業が盛んで、米作を中心に麦や大豆などの生産地域である。

以前はビールの苦味と香りのもととなるホップの生産が盛んであったが、担い手の高齢化や後継者不足から、半世紀以上の歴史ある農業が危機にひんしている。一方、葉タバコの栽培は安定した収穫をもたらし、これまで3回にわたり市町村の部で生産日本一に輝き、近年はニンニクの収穫も増えている。

三戸地方は藩政期から相撲が盛んで、幕末には南部藩のお抱え力士がいた。日中戦争以降、銃後の徹底と称して斗川村の女学生が軍事教練に従事する時代となる中、村内では出征兵士やその家族の慰問、武運長久を願う相撲興行が行われた。仮小屋や茶屋も設けられ、相撲は最高の娯楽だった。

斗川村は青森県初の横綱となった鏡里（本名・奥山喜代治）の郷里である。

太鼓腹と美しい土俵入りで「動く錦絵」と呼ばれた第42代横綱鏡里は1923（大正12）年4月、農家の三男として生まれた。幼い頃に父親を亡くし、母親を助けて家業を手伝っていた奥山少年が相撲界に入ったのは、40（昭和15）年夏のことだった。

斗川村豊川青年学校女子部生徒の軍事教練＝1937（昭和12）年10月（青森県所蔵県史編さん資料より）

第42代横綱鏡里の水垢離井戸と名誉町民碑（三戸町提供）

旧斗川村の斗内地区に水垢離《みずごり》の井戸が残る。戦後間もなく、膝を痛めて帰郷していた鏡里が、昇進の願をかけて早朝に修業した場所だ。鏡里の母親は近くにあった白龍神社への参拝を欠かさなかったという。

願いが通じたのか鏡里の膝は回復し、51（昭和26）年に大関、53（昭和28）年に横綱へ昇進した。井戸は今も生家近くで、鏡里の名誉町民碑とともに偉業を伝える。

三戸町立歴史民俗資料館に木彫りの「木鶏《もっけい》」がある。これは鏡里の師匠だった横綱双葉山の連勝が69で止まった際に、「昭和の角聖」とたたえられた双葉山が「いまだ木鶏たりえず」と自分の未熟さを伝えたことに由来するもので、双葉山から弟子の鏡里に託されて町に寄贈された。強い闘鶏は木彫りの鶏のように泰然としている。木鶏は心技体が充実して、動じない心の状態を象徴するものである。

三戸城跡には「鏡里顕彰碑」がある。また、町内の相撲場では青森県内外のちびっこ力士が参加し、「第42代横綱鏡里杯相撲大会」が開催され、将来の横綱を目指して切磋琢磨《せっさたくま》する伝統が受け継がれている。斗川村が生んだ鏡里は、今でも郷土の誇りである。

【一口メモ】 斗川村《とがわむら》は1889（明治22）年4月1日の市制町村制施行で、斗内《となし》、豊川《とよかわ》の2村が合併して成立。両村から1字ずつ取って村名とし、役場は斗内に置かれた。1955（昭和30）年3月20日、三戸町《さんのへまち》、留崎《とめさき》、猿辺《さるべ》の2村と合併し、新たに三戸町が成立。斗川の村名は消えたが、役場支所や駐在所、小学校などに斗川の名が残されている。

三戸郡⑪　文・中園裕

猿辺村《さるべむら》〈現三戸町〉

農山村の調査研究対象に

猿辺村は猿辺川沿いの貝守村と袴田村、そして小猿辺川沿いの蛇沼村が合併してできた農村である。現三戸町の西側に位置し、現新郷村の南側に沿って広がっていた山村でもある。

全国山林会連合会が農林省（現農林水産省）の助成を受けて、1935（昭和10）年から実施していた山村経済実態調査で、その調査指定村になったことがあった。長く交通が不便だったことから、40（昭和15）年刊行の『三戸郷土史』にも、純朴の雰囲気が養われ、近年模範村といわれるようになったと記されている。

19（大正8）年ごろ、貝守地区の高堂山で鉱山経営が行われたことがあった。袴田地区の周辺でも石炭を採掘していた。第1次世界大戦の好景気で、青森県内の各地では鉱業が盛んだった。しかし、大戦後の反動恐慌で猿辺村の鉱山経営は衰退した。

アジア太平洋戦争終結後、占領軍の指導で公衆衛生の思想と活動が広められていった。しかし、農山漁村やへき地には十分な医療施設がなく、住民の健康問題は深刻だった。このため弘前大学医学部と青森県の衛生当局が中心となり、へき地医療の充実策が進められることになった。

この具体的な活動の一つに夏季保健活動があった。青森県国民健康保険団体連合会の呼び掛けによ

旧校舎時代の蛇沼小学校。現在、跡地は蛇沼やまびこ会館になっている
＝1959（昭和34）年7月30日（佐々木直亮氏撮影、青森県立郷土館提供）

蛇沼地区の簡易水道。現在も当時の姿で残っており、集落の人々が利用している
＝1959（昭和34）年7月30日（佐々木直亮氏撮影、青森県立郷土館提供）

り、弘前大学の教授や医学生が、町村保健所の協力の下に、県内のへき地を訪れ、現地を視察。集落の人々と健康問題について話し合い、無料診療を実施し、寄生虫や水質の調査などを行ったのだ。

　三戸町と合併して間もない旧猿辺村は、第1回目の夏季保健活動となった58（昭和33）年と翌年、2年連続で調査の対象地に選ばれた。教授と医学生たちは旧村域の各集落を訪問。学生たちは簡易水道の調査や住民の血圧測定などを実施した。その活動概要は学生たちの自由研究としてまとめられ、弘前大学に保存されている。

　夏季保健活動は、その後15年以上も継続して行われた。各自治体の保健婦や医学生たちの地道な現地活動は、住民の健康度を高める上で大きな役割を果たした。しかし、活動の調査対象となった現地住民の協力と理解がなければ、効果も上がらなかっただろう。

　農山漁村の歴史は都市部に比べ、歴史的な話題に乗りにくい。しかし、猿辺村の場合、典型的な山村ないし農村だったことが、かえってさまざまな研究や調査の対象となったのである。ここに紹介した調査と研究成果は、猿辺地区の貴重な記録といえるだろう。

【一口メモ】 猿辺村《さるべむら》は1889（明治22）年4月1日の市制町村制施行で、貝守《かいもり》、蛇沼《じゃぬま》、袴田《はかまだ》の3村が合併して成立。役場は貝守に置かれた。1955（昭和30）年3月20日、三戸町《さんのへまち》、斗川《とがわ》、留崎《とめさき》の2村と合併。新たに三戸町が誕生し、猿辺の村名は消えた。しかし、猿辺の名は役場支所や簡易郵便局などに残されており、猿辺川も変わらず旧村域を流れている。

三戸郡⑫　文・中園 美穂

上郷村《かみごうむら》〈現田子町〉

製炭業と鉱山で栄える

　青森県の最南端に位置し、三戸郡内で最も面積の広かった上郷村は、現在の田子町の西南部に当たり、西は秋田県の鹿角《かづの》市、南は岩手県の二戸市に接していた。

　村を流れる熊原川に沿って鹿角街道とほぼ重なる国道104号が通り、住宅が国道沿いに点在する。村面積の多くは国有林が占めるため、三戸営林署との関係も深かった。戦前、戦後を通じて木炭を特産とし、製炭量は郡内屈指だった。

　上郷村と秋田県境には鉱脈があり、夏坂鉱山や不老倉《ふろくら》鉱山の採鉱が行われた。秋田県側にあった不老倉鉱山からの銅鉱を主に処理するため、村内には製錬所や運送店が開業。銅鉱は上郷村を経由して三戸駅まで運ばれ、上郷村は鉱山の村として潤った。だが、不老倉鉱山は1927（昭和2）年に一時休山。村の産業は大きな打撃を受けた。

　その後、31（昭和6）年の大凶作により、産業開発と失業救済を目的とする道路改修事業が実施された。上郷村は三戸営林署の積極的な勧誘と協力を受け、夏坂地区から秋田県の中滝、大湯両地区を結ぶ中滝線を開削した。37（昭和12）年、県境の道路は中滝経由に変更。不老倉経由は廃止された。中滝線は現国道104号に相当する。

　このため上郷村の有志たちは、夏坂の景勝地「素麺滝《そうめんだき》」の保護と

遠瀬地区の遠瀬橋を渡る南部バス。現在は田子町のコミュニティバスが走っている
＝1964（昭和39）年2月1日（佐々木直亮氏撮影、青森県立郷土館提供）

生産が盛んだった頃の炭焼き小屋＝1962(昭和37)年7月24日(佐々木直亮氏撮影、青森県立郷土館提供)

宣伝のため、32（昭和7）年に素麺滝保勝会を結成して誘客を図ろうとした。村にとって滝も大切な山の資源だったからだ。

この動きは戦後も継承され、50（昭和25）年にデーリー東北新聞社が「北奥羽新八景」のイベントを企画した際、上郷村は伝説にちなんで、名称を「弥勒《みろく》の滝」として宣伝した。その結果、弥勒の滝は八景に選ばれ、以後、素麺滝は別名となった。

入選の背景には、来満《らいまん》、上郷両青年団と南部鉄道（後に南部バス）田子営業所の協力があった。事実、南部バスは田子町と上郷村の道前《どうぜん》までを走行。上郷村が田子町と合併した55（昭和30）年の10月には、八戸から夏坂や白萩平を越え、中滝経由で大湯まで延伸した。観光開発や産業道路を促進させることで、町内を活性化しようとしたのである。

近年、弥勒の滝は、滝と岩肌の形相がスヌーピーに似ているとして、新たな評判を呼んでいる。弥勒の滝が昔も今も人々を魅了し続けていることが分かる。

現在、大湯までのバスはなくなった。だが、田子町では、町と鹿角市を最短で結ぶ夏坂・不老倉経由の道路を整備し、県境に「世紀越えトンネル」を建設する運動を進めている。上郷地区にとって、秋田県境との関係強化は常に最重要課題だったのである。

【一口メモ】 上郷村《かみごうむら》は1889（明治22）年4月1日の市制町村制施行で、原《はら》、石亀《いしがめ》、茂市《もいち》、山口《やまぐち》、関《せき》、夏坂《なつざか》、遠瀬《とおせ》の7村が合併して成立。役場は石亀に置かれた。1955（昭和30）年3月1日に田子町《たっこまち》と合併して上郷の村名は消えたが、学校や公民館に上郷の名が残されている。

三戸郡⑬　文・小泉 敦

戸来村《へらいむら》〈現新郷村〉

キリスト伝説を観光に

戸来村は現十和田市の南側に位置し、国道454号に沿って東西に広がる山林原野に囲まれ、丘陵地を利用した牧草地と畑地の他に水田が点在するのどかな山村だった。

水田が冷害の影響を受けるため、酪農経営で克服しようと1910（明治43）年ごろからホルスタイン系の優良乳牛を導入。35（昭和10）年には戸来村酪農農事実行組合が設立され、戦後は青森県内有数の酪農の村となった。

戸来村には、ゴルゴダの丘の十字架で処刑されたはずのキリストが日本に逃れ、村で生涯を送ったという「キリスト伝説」がある。

この伝説を広めた一人が、七戸町出身の画家で古代史研究家でもあった鳥谷幡山《とやばんざん》だ。

彼は35（昭和10）年に佐々木伝次郎村長の案内で小高い丘にあった二つの土饅頭《まんじゅう》のようなものを見つけた。後にその墓は、キリストの「十来《とらい》塚」と弟イスキリの「十代墓《じゅうだいぼ》」と命名された。

伝説が生まれた背景には、墓を守っていた戸来村の沢口家の家紋がダビデの星に似ていること、魔除《よ》けや健康を願って赤ちゃんの額に墨で十字を描く習慣が残っていたことがあった。さらに戸来村に伝わる民謡「ナニャドヤラ」が、ヘブライ語で「御前に聖名をほめたたえん」という意味だという説も大いに関係した。

戸来岳の山麓にある柿の木平（かきのきたい）放牧場＝1962（昭和37）年（青森県所蔵県史編さん資料より）

新郷村の金ケ沢で行われた南部バスの十和田東線開通式＝1965（昭和40）年7月1日（五戸町教育委員会提供）

戸来村が野沢村と合併し、新郷村となって9年後の64（昭和39）年6月、キリスト教渡来説に基づいた慰霊祭が執り行われた。これ以後、村は伝説を観光事業として推進しだした。

このことには、翌年7月1日、南部バスが五戸駅から十和田湖休屋までの路線を開通させたことが関係していた。バスは五戸川流域に沿って戸来地区を横断する。県南と十和田湖を結ぶ観光路線が結ばれた時期に、村は戸来地区に伝わる奇妙な伝説を観光に活用しようとした。

戸来地区には巨石群「大石神ピラミッド」があり、東西南北を示す「方位岩」や、太陽礼拝に関係するとされる「太陽石」、星を記録したとされる「星座石」なども点在するが、いずれも科学的な根拠は乏しい。だが、旧村民が村の祭礼事業の形で伝説を語り継ぎ、キリストの慰霊祭は既に50回を超える。村民は伝説の真偽を追究するより、祭礼事業として生活の中へ取り込んだのだ。

戸来三嶽神社の神主が祝詞を唱え、「ナニャドヤラ」を唄いながら踊る慰霊祭の形式からは、戸来村民の生活習慣の一端がうかがえる。伝説も生活に根差していたものであったからこそ、村民も受け入れたのであろう。

【一口メモ】 戸来村《へらいむら》は1889（明治22）年4月1日の市制町村制施行で、藩政時代からの戸来村が単独の自治体として成立。役場は舘神《たてがみ》に置かれた。1955（昭和30）年7月29日、野沢村《のさわむら》と合併して新郷村《しんごうむら》となり、戸来は同村の大字となった。戸来の名称がヘブライ語にちなむとして、キリスト伝説を広める根拠になったこともあったが、詳細な由来は不明である。

文・中園 美穂

野沢村 のさわむら〈現新郷村、五戸町〉

周辺町村と多様な交流

野沢村は現新郷村の南東に位置し、浅水川に沿って集落と耕地が形成されていた。昭和の大合併前は西越地区に加え、現五戸町の手倉橋地区も村域だった。村内を県道218号(栃棚手倉橋線)が通り、北部の戸来村《へらいむら》と東部の浅田村(現五戸町)を結んでいた。

野沢村には寺がなかった。このため村民は、三戸町をはじめ戸来村や五戸町など、周辺町村の寺院の檀家《だんか》であることが多かった。村民にとって他町村との結び付きは大事だった。

1926(大正15)年、手倉橋地区の南端から現南部町へ抜ける、旧国道4号の手倉橋隧道《ずいどう》(トンネル)が完成した。交通の不便な山村の野沢村にとって、隧道は五戸や三戸方面とを結ぶ要衝になった。

55(昭和30)年、戸来村と野沢村の大字西越が合併し、新郷村が誕生した。役場は戸来地区に置かれ、村の中心は同地区へ移った。大字手倉橋は五戸町へ編入されたため、野沢村は実質的に分離された。東西に長い野沢村の多方面に及ぶ交流が、合併の経緯にも反映したといえよう。

現在も野沢地区と五戸、八戸方面をつなぐ県道218号は重要な道路だ。南部バスは戸来を経由せず、西越から手倉橋経由で五戸へと向かう。バスは運行されていないが、村民は三戸町にも自家用車で買い物へ出掛ける。

南部バスが通っていた頃の野沢温泉＝1963(昭和38)年6月6日(デーリー東北新聞社所蔵)

西越地区の中心地＝1974(昭和49)年ごろ(青森県所蔵県史編さん資料より)

合併後、新郷村は積極的に観光客や周辺市町村民を誘客しだした。その重要な拠点が西越地区の野沢温泉だ。「鷲の湯」と称され、もともとは近在からの湯治や、温泉熱を利用して種もみを発芽させるなど、地域のための温泉だった。

57(昭和32)年、新郷村は野沢温泉の裏側にスキー場を造り、その際に野沢、戸来、小坂の各中学生たちが協力している。スキー場が子どもたちの遊び場や体力づくりの場として必要だったからだろう。温泉を間近にしたスキー場は青森県南では珍しく、翌年には第1回野沢温泉スキー祭りが開催された。祭りは野沢温泉やスキー場の格好の宣伝となった。八戸市にある自衛隊がスキー訓練を行うなど、スキー場には多くの人がやって来た。

59(昭和34)年には、湯治にやって来る近在の農民や観光客のために、野沢温泉の建物に大広間や客室が新築された。

野沢温泉自体は80(昭和55)年に廃湯同然となったが、91(平成3)年に旧施設を取り壊し、泉源を掘削して復活。93(平成5)年には、野沢温泉から湯を引いて新たに新郷温泉館を開業した。温泉の名称は新郷だが、今でも人々は野沢の温泉として親しんでいる。

【一口メモ】 野沢村《のさわむら》は1889(明治22)年4月1日の市制町村制施行で、西越《さいごし》、手倉橋《てぐらばし》の2村が合併して成立。役場は西越に置かれた。当時、南津軽郡にも同名の野沢村《のざわむら》が存在した(後に浪岡町《なみおかまち》、現青森市)。1955(昭和30)年7月29日、野沢村の大字西越と戸来村《へらいむら》が合併して新郷村《しんごうむら》となり、大字手倉橋は五戸町《ごのへまち》へ編入。56(昭和31)年4月1日、大字手倉橋の堂ケ《どうが》前《まえ》地区が新郷村へ境界変更となった。現在、野沢の名は温泉と中学校に残る程度である。

文・中園裕

むかいむら
向村〈現南部町〉

三戸町の祭りにも参加

向村は三戸駅を中心に東西に広がった村で、現南部町《なんぶちょう》の大字大向と小向が村域に当たる。大向には1891(明治24)年の日本鉄道(後に国鉄、現JR東北本線)開通以来、三戸駅(現青い森鉄道駅)が存在する。このため三戸駅は三戸町ではなく、駅名とは異なる南部町にある。

他方、小向は南部氏の本拠地で、本三戸館(聖寿寺館《しょうじゅじたて》)があった。このため向村は三戸南部氏の拠点として位置付けられてきた。今日、三戸を象徴する駅と居城は、かつて向村に存在していたことになる。

向村の役場は当初、小向地区にあったが、昭和初期に大向地区の旧国道4号沿いに移転。平良崎村と合併して南部村になってからも、しばらくは旧役場が使用された。役場周辺には大向の商店街が形成され、三戸駅前の商店街と並び、向村の中心街を成していた。

商店街を支えた大きな存在が南部町営地方卸売市場である。1930(昭和5)年に始まった朝市が前身で、2年後に大向の役場付近で三戸果菜市場として開設された。アジア太平洋戦争前に休場したが、敗戦後に向村が駅前広場の土地を国鉄から借り受け、49(昭和24)年に向村営三戸地方果菜市場として復活。66(昭和41)年に現在地へ移転し、75(昭和50)年に町営となった。今や全国唯一の町営市場として有名だ。

三戸秋祭りに参加した向南志友会の山車。背後のアーチは1959(昭和34)年8月5日、駅前商店街の街灯と同時に設置された＝同年9月ごろ(清水屋旅館提供)

新装された住谷橋。渡り初めの儀式の後、橋を歩く人たち＝1957(昭和32)年7月13日(青森県所蔵県史編さん資料より)

向村の村民は三戸町の市日に買い物へ出掛けるなど、三戸町とは村域を越えて交流があった。特急や急行が停車した三戸駅には、向村や三戸町をはじめ、周辺町村や県外からも多くの人々が集まった。

このため三戸旅館組合が結成されたが、三戸町内の旅館以外に、行政的には向村となる三戸駅前の旅館も加盟していた。駅前地区を中心に43(昭和18)年に挺身《ていしん》隊として結成された向南志友会の人々が、戦後しばらくの間、三戸町の秋祭りに参加していたこともあった。

両町村の交流を象徴するのが、57(昭和32)年7月に白銀色の鉄筋アーチ橋に架け替えられた住谷橋だ。両町村の境界を流れる馬淵川に架かったアーチ橋は、当時大変斬新だったため、「県南の名所」といわれていた。

この年9月、向南志友会の山車が住谷橋を渡って三戸秋祭りに参加。向村が南部村(後に南部町《なんぶまち》)となって以降も、しばしば山車が住谷橋を渡り、両町村間を行き交った。住谷橋は両町村の交流を結ぶ橋でもあったのだ。

その後、自動車の激増に伴い、山車の駅前運行は中止された。現在、南部町《なんぶちょう》は南部まつりを独自に開催しているが、今でも三戸、南部両町民は町域を越えた交流を続けている。

【一口メモ】 向村《むかいむら》は１８８９（明治22）年４月１日の市制町村制施行で、大向《おおむかい》、小向《こむかい》の２村が合併して成立。役場は大向に置かれた。１９５５（昭和30）年４月20日、平良崎村《へらさきむら》と合併して南部村《なんぶむら》となり、向の村名は消えた。向の名は小学校に残る程度だが、旧村名の大向と小向は大字として継承されている。なお、南部村は59（昭和34）年２月11日に町制施行して南部町《なんぶまち》となり、２００６（平成18）年１月１日に名川町《ながわまち》、福地村《ふくちむら》と合併し、南部町《なんぶちょう》となった。

三戸郡⑯

平良崎村
へらさきむら
〈現南部町〉

文・中園裕

馬淵川流域の「菊の里」

平良崎村は、名久井岳の北西に位置していた。村内を馬淵川が蛇行して流れる閑静な農村だった。三戸南部氏の居城である平良ケ崎城が史跡として存在し、村名の由来になっている。

村の北部に位置する相内地区は、食用菊の栽培と干し菊作りが盛んである。特に「阿房宮《あぼうきゅう》」と呼ばれる品種が有名だ。食用菊自体は藩政時代から作られていたが、当時は生食が主体だった。しかし、明治期に干し菊作りが考案され、菊が年中食卓に上るようになった。干し菊は近代以降に生み出された産物といえるだろう。

相内は三方を山で囲まれ、南方に名久井岳がそびえ、馬淵川が流れている。この地形が晩秋に花を咲かせる菊作りに最適だったため、青森県内で最大の食用菊生産地となり、「菊の里」と呼ばれるようになった。

干し菊は現在も八戸市や五戸、三戸両町、岩手県北の二戸市や軽《かる》米町《まいまち》で生産され、日常的に食されている。馬淵川流域の人々を結び付ける大切な郷土作物といえる。

平良崎村は近代以降、三八地域の交通の要衝としても存在し続けた。1885（明治18）年指定の国道4号（当時は6号）が、三戸町から平良崎村の沖田面地区を北上。野沢村（現新郷村、五戸町）の手倉橋隧道《てぐらばしずいどう》（トンネル）を経由して浅水、五戸へと通っていた。

相内地区から見た名久井岳。馬淵川に架かるのが高瀬橋＝1966（昭和41）年11月3日（野坂千之助氏撮影・提供）

相内地区の干し菊作り＝1966（昭和41）年11月3日（野坂千之助氏撮影・提供）

1933（昭和8）年、玉掛地区に諏訪ノ平《すわのたいら》駅が開業。相内や馬淵川の南側に位置する赤石地区から村民が数多く移住し、駅前には商店街ができた。駅は三戸、剣吉《けんよし》両駅と並び、リンゴ輸送の拠点となり、村の産業を大きく支えた。

駅の開業後、馬淵川に架かる高瀬橋を通じ、名久井村（現南部町）との関係が密になった。しかし、木橋だった高瀬橋は荷重制限が2㌧。1日8往復の南部バスは客を全部降ろして橋を渡っていた。56（昭和31）年、橋がコンクリート製に架け替えられた際、旧平良崎、名久井両村民は花火を打ち上げて喜んだ。

62（昭和37）年4月、トラック輸送の拡大から諏訪ノ平駅の貨物取り扱いが廃止された。53（昭和28）年5月、八戸市から西に延びる県道が国道104号に昇格。70（昭和45）年4月には、国道4号が手倉橋経由から剣吉経由に変わった。

87（昭和62）年、旧向村役場を使用していた南部町《なんぶまち》の役場が、新旧国道4号の交わる沖田面に移転し新築された。役場自体は平成の大合併で分庁舎になったが、周辺には公民館や病院などの公的機関をはじめ、飲食店や産直市場が集まり、町民交流の場になっている。

【一口メモ】 平良崎村《へらさきむら》は1889（明治22）年4月1日の市制町村制施行で、沖田面《おきたおもて》、玉掛《たまかけ》、相内《あいない》、赤石《あかいし》の4村が合併して成立。役場は沖田面に置かれた。1955（昭和30）年4月20日、向村と合併して南部村《なんぶむら》となり、平良崎の村名は消えた。旧4村名は南部村の大字として継承されたが、平良崎の名は平良ケ崎《へらがさき》城跡以外に残っていない。なお、59（昭和34）年2月11日に南部村は町制施行して南部町《なんぶまち》となり、2006（平成18）年1月1日に名川町《ながわまち》、福地村《ふくちむら》と合併し、南部町《なんぶちょう》となった。

三戸郡⑰

名久井村《なくいむら》〈現南部町〉

文・小泉敦

山麓の豊かな土壌生かす

名久井村は優しく流れる母のような馬淵川と、どっしりと構える父のような名久井岳に抱かれた風光明媚《めいび》な村。名久井岳山麓の豊かな土壌を生かし農業が盛んだった。

戦前の青森県産リンゴは「国光」と「紅玉」が主要品種。津軽地域は国光、南部地域は紅玉が主力だった。名久井村の栽培面積は、1933（昭和8）年から51（昭和26）年にかけて倍増。リンゴ栽培が主流の津軽地域の町村をも抜いて、県内最大の産地となった（『青森県りんご百年史』より）。

名久井岳山麓の土壌は地下水位が低く乾燥しており、国光の栽培には適さなかった。しかし、乾燥に強い紅玉には最適な条件となった。昭和戦前期の農村恐慌では、紅玉栽培が農家の経済を支えた。

57（昭和32）年、名久井岳を含めた一帯が県立公園（現県立自然公園）に指定された。これ以後、村内には林間キャンプ場や観光農園（サクランボ園、リンゴ園など）が設置され、レクリエーションセンターやフィールドアスレチック施設などがオープンした。

標高600㍍余の名久井岳は、その端正な山容から「南部小富士」とも称される名山である。冬場でも積雪は少なく、四季を通じて気軽に登ることができる。

山麓には山岳宗教の霊場で、古くから霊峰山として人々の信仰を集めてきた曹洞《そうとう》宗白花山法光寺が

名久井岳の頂上＝1964(昭和39)年9月26日(青森県所蔵県史編さん資料より)

ある。境内には日本一の規模といわれる三重塔がある。

毎年7月25日には、三戸町泉山地区の7歳の男児が名久井岳第2峰の月山に登ってお参りする「泉山7歳児初参り」がある。この行事は、97（平成9）年に国の重要無形民俗文化財に指定された。


86（昭和61）年に始まった「名川さくらんぼまつり」は、名久井岳山麓の恵みを生かした観光事業であり、2004（平成16）年に始まる疑似農村体験を生かした「達者村」の事業へと発展した。

昭和の大合併で名久井村は北川村と合併して名川町となった。対立や紛糾が避けられない合併だが、両村は比較的良好な関係を保った。名久井村側には青森県立名久井農業高校があり、三戸郡内の農業を土台から支える存在である。

名久井村のリンゴは、多くが北川村の剣吉《けんよし》駅から積み出された。剣吉駅は名久井農業高校や法光寺の玄関口でもあり、村民は駅前の商店街によく出掛けた。

平成の大合併で名川町は南部町《なんぶまち》と福地村と合併し、新たに南部町《なんぶちょう》となった。しかし、名久井岳山麓の恵みが町を支えていることは変わっていない。

しだれ松と黒門。しだれ松は法光寺参道にある千本松の一つ。1973(昭和48)年に枯死し、現在は存在しない＝56(昭和31)年ごろ(中園裕氏提供)

【一口メモ】名久井村《なくいむら》は1889（明治22）年4月1日の市制町村制施行で、上名《かみな》久井《くい》、下名久井《しもなくい》、平《たいら》、高瀬《たかせ》、法光寺《ほうこうじ》、鳥舌内《ちょうしたない》、鳥谷《とや》の7村が合併して成立。役場は上名久井に置かれたが、後に平へ移された。1955（昭和30）年7月29日に北川村《きたがわむら》と合併。名久井と北川から1字ずつ取って名川町《ながわまち》（現南部町《なんぶちょう》）となった。名久井の村名はなくなったが、名久井岳を筆頭に橋や公共施設など、各地に名久井の名は存在する。

三戸郡⑱　文・中野渡一耕

北川村　きたがわむら　〈現南部町〉

剣吉地区に町場を形成

　旧名川町の「川」は北川村に由来するが、この名称は、現在ではほとんど名残をとどめていない。江戸時代の剣吉、斗賀、虎渡の3村が明治の大合併で北川村になったが、名称については、馬淵川の北側に位置したからとも、戦国時代に当地を支配した北氏（現南部町立《なんぶちょうりつ》剣吉小学校の地に館があった）にちなむともいわれている（『角川日本地名大辞典2　青森県』より）。

　役場が置かれた剣吉地区は旧名川町では最大集落であり、八戸藩時代には「剣吉町」と呼ばれ、古くから町場が形成されていた。城下町八戸を補完する在町の一つとして町役人や馬宿《うまやど》（牛馬の帳簿係）が置かれた。

　剣吉の集落は国道104号からやや南に位置し、旧道である江戸時代の三戸街道沿いに延びる。盛岡藩と八戸藩の境目に当たり、馬淵川の舟運《しゅううん》の拠点として、米や大豆を積み出す重要な地であった。幕府巡見使や藩主の領内巡見の休息地として「御仮屋《おかりや》」も設置されていた。

　剣吉に駅が置かれたのは1897（明治30）年のこと。日本鉄道（後に国鉄、現JR東北本線）が全通したのは91（明治24）年だが、やや遅れての開業だった（現在は青い森鉄道駅）。「大正2年大凶作」の救済事業として、剣吉と名久井村を結ぶ名久井橋がで

名川町立剣吉小学校付近から見た剣吉地区の街並み。電化前の東北本線が見える
＝1956(昭和31)年8月(佐々木直亮氏撮影、青森県立郷土館提供)

血圧検診のために名川町を訪れた弘前大学医学部関係者と町関係者。剣吉駅前にはボンネットバスが見える
＝1956(昭和31)年8月(佐々木直亮氏撮影、青森県立郷土館提供)

きたのは、1915（大正4）年のことである。剣吉には駅前通りが形成され、ますます商家が増加するようになった。

隣接する斗賀地区も集落が南西に延び、やがて剣吉の集落と一体化するようになった。68（昭和43）年の十勝沖地震では、名川町立剣吉中学校が崖崩れに遭い、生徒4人が犠牲になっている。災害は時とともに風化するが、忘れてはならない記憶である。同校は2005（平成17）年に名久井第一、名久井第二中学校と統合され、現在は南部町立名川中学校となっている。

剣吉は現在でも国道104号と4号が交わる道路交通の拠点であるが、中心部は国道から外れ、鉄道の貨物輸送もなくなり、やや寂れた感はある。一方、虎渡の集落は国道4号が集落内を貫通し、交通量が非常に多い。同地区にある産直施設「名川チェリーセンター」は季節の果物を求める大勢の人が車で訪れ、にぎわっている。

旧名川町は、青森県南の果樹栽培の中心地であり、その中でも主力は名久井地区だが、北川地区もかなりの生産量がある。剣吉の旧家で酒造業を営む出町甫《はじめ》が段々畑を造成し、ウメやリンゴ、ナシなどを栽培する試みを行った。しかし、大正期に廃園になるなどの苦労があった。北川村を含む県南地域でリンゴの栽培が軌道に乗ったのは昭和初期以降である（『南部りんごの歩み』より）。

【一口メモ】 北川村《きたがわむら》は1889（明治22）年4月1日の市制町村制施行で、剣吉《けんよし》、斗賀《とが》、虎渡《とらと》の3村が合併して成立。役場は剣吉に置かれた。1955（昭和30）年7月29日に名久井村《なくいむら》と合併。北川と名久井から1字ずつ取って名川町《ながわまち》（現南部町《なんぶちょう》）となり、北川の村名は消えた。北川の名は現在ほとんど残っていない。

文・中園 裕

地引村《ちびきむら》
〈現南部町〉

湿地帯から穀倉地帯に

地引村は旧福地村域の馬淵川北部に位置し、肥沃《ひよく》な水田地帯が広がる村だった。現在の温泉利用型健康増進施設「バーデパーク」周辺が村域に当たる。

しかし、昭和初期までは、馬淵川が氾濫を繰り返す湿地帯だった。農民たちは灌漑《かんがい》用水を確保するため、多くの井戸から水をくみ、何度も田に運ばなければならなかった。

この窮状を見かねた夏堀源太郎村長は1929（昭和4）年4月、村の有志と組合を設立。馬淵川に灌漑用水を求め、区画整理と畑地改田の工事に着手した。

34（昭和9）年8月に区画整理が完了し、重油機関で揚水する灌漑用水路が完備した。42（昭和17）年に八木田《やぎた》地区に変電所を設け、重油機関を電動機に改造して事業は完結した。

51（昭和26）年5月17日、御嶽《みたけ》神社境内に「地引耕地整理揚水記念之碑」が建立された。これは地引村の湿地が豊かな穀倉地帯の美田になった経緯を記したものだ。産出される米は「苦米地米」と呼ばれ、良質米として地引村の経済を潤した。記念碑は揚水事業を主導した夏堀村長の顕彰碑でもある。

地引村の苦米地地区で生産されるニンニクは、色が白く大きくて甘みがあった。戦後、行商人を通じて八戸市などに売られ、「苦米地ニンニク」と呼ばれて評判にな

旧地引村の中心地だった苦米地地区の商店街を行進する消防団員たち＝1960年代（青森県所蔵県史編さん資料より）

完成間近の苫米地橋。1958(昭和33)年5月15日、地引村と田部村の合併を記念して架橋された。現在のふれあい公園と運動公園を結ぶつり橋だったが、2012(平成24)年の台風で流失した(青森県所蔵県史編さん資料より)

った。収穫したニンニクを農家の軒先で乾燥させる光景は、地引村の夏の風物詩だった。

59（昭和34）年、青森県農業試験場はニンニクの優良品種を選定する試験を実施。苫米地ニンニクが県の奨励品種に選ばれた。地引村と南方の田部村が合併し、福地村が誕生していたので、品種は「福地ホワイト」と命名された。以後、周辺市町村から種子の注文が殺到。十和田市や田子町などは生産と宣伝に力を入れ、福地村以上の生産量を上げた。

61（昭和36）年、地引地区に苫米地駅が開業。64（昭和39）年、同地区は八戸市とともに八戸地区新産業都市地域に指定された。地区を通る国道104号には、73（昭和48）年に八戸と苫小牧を結ぶフェリーが就航して以来、大型トラックが増えた。農業地帯だった地引地区にも、住宅街が広がった。

しかし、平成の大合併で南部町《なんぶちょう》となった地引地区は、今も農業が重要な役割を果たしている。苫米地地区の農家は、地域ブランド米の「ふくちこがね」を積極的に栽培し、福地ホワイトの元になったニンニクの品質を守っている。村名は消えても農業は大切に営み続けられているのである。

【一口メモ】 地引村《ちびきむら》は1889（明治22）年4月1日の市制町村制施行で、苫米地《とまべち》、片岸《かたぎし》、麦沢《むぎさわ》、高橋《たかはし》、小泉《こいずみ》の5村が合併して成立。役場は苫米地に置かれた。1955（昭和30）年4月1日、田部村《たべむら》と合併して福地村《ふくちむら》（現南部町《なんぶちょう》）となり、地引の村名は消えた。平成の大合併前には農協などに地引の名が残っていたが、現在は「地引耕地整理揚水記念之碑」が、名を残す貴重な遺構になっている。

文・中園 美穂

田部村《たべむら》
〈現南部町〉

新旧の生活文化が共存

田部村は、旧福地村域を流れる馬淵川の南側に位置する村だった。村の産業は農業が中心で、村域がほぼ丘陵地にあるため、水田よりも畑作が中心だった。南側の山地では林業も盛んだったが、道路や流通事情はあまり良くなかった。

1949（昭和24）年、村内の大字森越が西隣の北川村へ編入。55（昭和30）年4月、田部村は馬淵川の北側に位置する地引村と合併して福地村となった。村の北端が馬淵川だった田部村は、合併したことで川を越えた地引地区と交流が頻繁になり、地区内の様相は大きく変容していった。

64（昭和39）年、八戸市とともに八戸地区新産業都市地域に指定されて以降、隣接する八戸市とのつながりから、丘陵地の畑地が開発の対象となった。69（昭和44）年、教職員の住宅難を解消するため、三八地方教職員住宅団地開発協議会が結成された。その結果、田部地区の丘陵地は、「あかね団地」と呼ばれる教職員の住宅団地に生まれ変わった。

78（昭和53）年にはあかね団地に隣接して東あかね団地が完成した。田部地区は馬淵川に架かる福地橋など複数の橋で国道104号に結ばれた。これにより団地群は、八戸市との間の県道134号（櫛引上名久井三戸線）と接続。車道整備に伴い、同市のベッドタウンとして位置付け

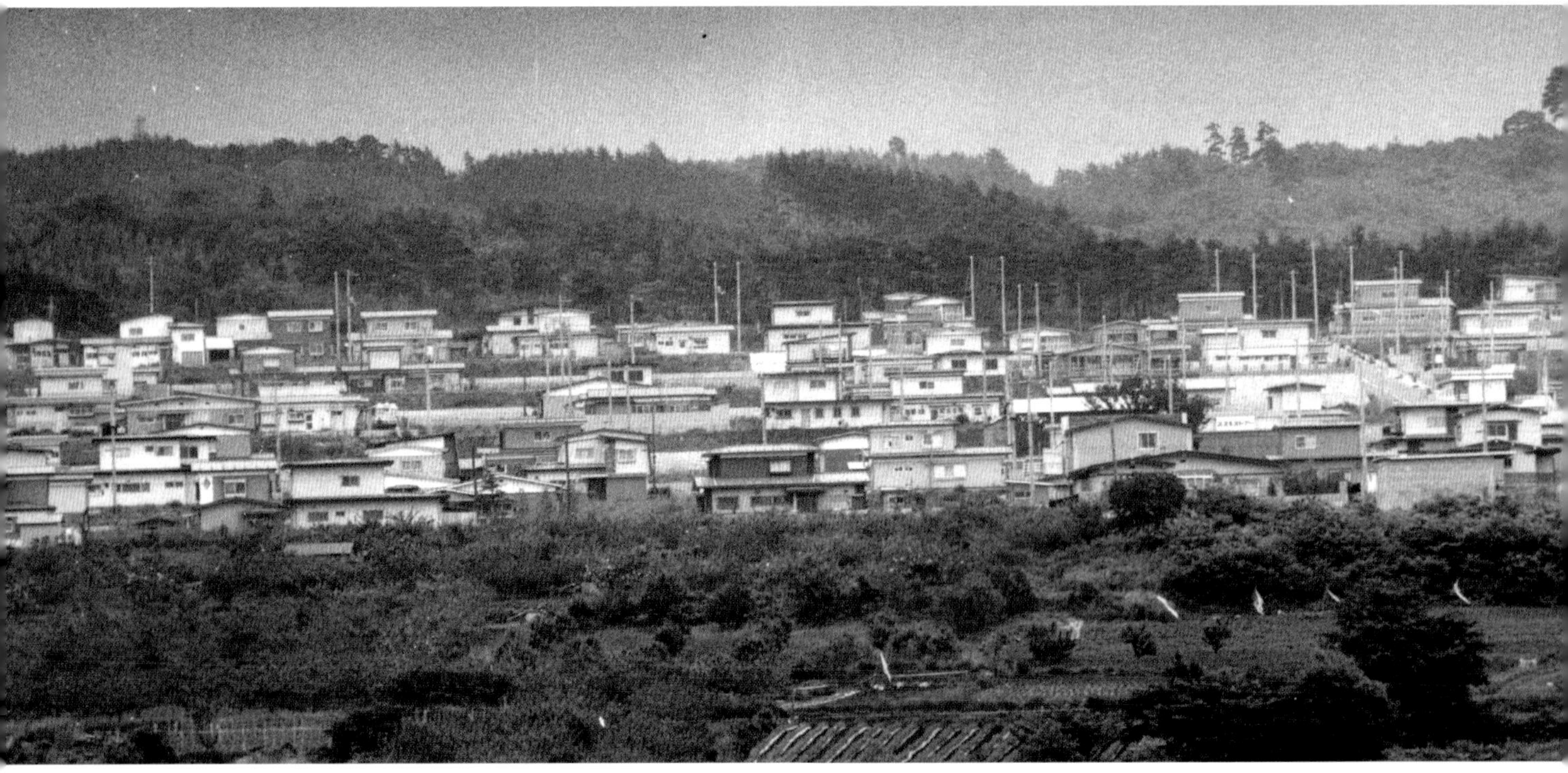

田部地区の丘陵地に教職員の住宅団地として整備、分譲されたあかね団地
＝1975（昭和50）年6月30日（デーリー東北新聞社所蔵）

湯治場だった頃の福田温泉＝1969（昭和44）年5月30日（デーリー東北新聞社所蔵）

られていったのである。

一方、同市への工場過密化を防ぎ、農村地域に工業を導入して雇用を安定させるため、田部地区の東部に福地工業団地が造られた。交通不便な畑作地帯は、新産業都市計画や国の進める開発事業以降、住宅と工場の団地群へと姿を変えていった。

開発事業の影響は、田部地区南部の湯治場だった福田温泉を、大きな娯楽観光施設に改造する計画をもたらした。60年代以降、青森県内では温泉と娯楽施設を併設するレジャー施設が増えつつあった。その中で、結果的に開発計画は採用されず、福田温泉は今も静かな温泉地として地域の人々に親しまれている。

八戸市に隣接する田部地区は高度経済成長に伴う開発と、膨張する都市の影響を強く受けた地域といえよう。その一方で、役場があった福田地区などには古い街並みが残り、えんぶりなど歴史ある風習も維持されている。

また、あかね団地内は、周辺の農村地域と異なる外観を持ちながらも、山車や盆踊りを楽しむ「あかね祭り」を早い段階から定期的に開催。地域に根付いた郷土文化を取り入れた。開発や都市計画に大きな影響を受けた田部地区には、新旧の生活文化が共存しているのである。

【一口メモ】 田部村《たべむら》は１８８９（明治22）年４月１日の市制町村制施行で、法師岡《ほうしおか》、福田《ふくだ》、森越《もりこし》、杉沢《すぎさわ》、椛木《かばき》、埖渡《ごみわたり》の6村が合併して成立。役場は福田に置かれた。１９４９（昭和24）年４月１日に大字森越が北川村《きたがわむら》（現南部町《なんぶちょう》）へ編入。55（昭和30）年４月１日、地引村《ちびきむら》と合併して福地村《ふくちむら》（現南部町）となり、田部の村名は消えた。田部の名は現在ほとんど残っていない。

三戸郡㉑　文・中園裕

浅田村《あさだむら》〈現五戸町〉

養蚕からリンゴ栽培へ

浅田村は現五戸町の南部に位置し、浅水川沿いに集落が開けた農村だった。江戸時代には奥州街道、1885（明治18）年以降は国道4号（当時は6号）が通り、町場を形成していた。

村内の基幹産業は稲作だが、やませが吹き付けるため頻繁に凶作に見舞われた。加えて1911（明治44）年5月3日の浅水大火で村は壊滅的な打撃を受けた。

大火後の救済策として養蚕が積極的に導入された。日露戦争後、欧米向け生糸の需要が高まり、国や青森県が蚕糸業を推進。浅田村でも養蚕の伝習が始められ、大正期には村内へ桑園が急速に広がった。

しかし、第1次世界大戦後の反動恐慌で養蚕業界は不況に陥り、浅田村でも養蚕を放棄する農家が続出した。そこへ昭和の農村恐慌が襲い掛かり、稲作は深刻な被害を受けた。

冷害で困窮する農家を救ったのが、やませの影響を受けず冷害に強いリンゴだった。さらに、三八地域は晩霜や秋の降雨が少なく、八甲田火山噴出物の土壌が「紅玉」リンゴの栽培に適していた。

この結果、やませに弱い稲作や採算が取れない養蚕から、リンゴへと転換する農家が相次いだ。26（大正15・昭和元）年から40（昭和15）年の14年間で、リンゴ栽培面積は県全体で2・5倍増だった。

浅田村青果物出荷組合によるリンゴの県外出荷の積み込み作業。前列右が坂本正夫＝1953（昭和28）年（『あさだりんご五十年のあゆみ』より転載）

五戸町役場浅田支所。旧浅田村役場の建物を使用した＝1955（昭和30）年ごろ（青森県所蔵県史編さん資料より）

だが、三戸郡全体では12倍と大幅に増加した。

津軽地域のリンゴの主力は「国光」だった。これに対し、三八地域は「紅玉」が大半を占めた。紅玉は昭和恐慌を経て「南部りんご」を象徴する存在になったのである。

戦後に浅田村長となり、五戸町の助役も務めた坂本正夫は、24（大正13）年にリンゴ栽培や出荷販売の研究を意図して浅田村苹果《へいか》研究会を結成。27（昭和2）年、会員を中心に浅田村苹果出荷組合を立ち上げた。

坂本は自ら経営するリンゴ園が凶作被害を受けなかったことに着目。32（昭和7）年、浅田村のリンゴ栽培を向上させるため、浅田村青果物出荷組合と改称し、地元市場を開設した。

リンゴは北方の南部鉄道五戸駅からも出荷されたが、大半は南方の東北本線（現青い森鉄道線）剣《けん》吉《よし》駅から出荷された。どちらの駅へも国道や県道で直結する浅田村は、リンゴの出荷には好都合だったのである。

浅田村のリンゴ生産量は、三戸郡内で必ずしも多い方ではなかった。しかし、組合の活動で村のリンゴは品質的に向上。南部りんごの地位確立に大きな役割を果たしたのである。

【一口メモ】 浅田村《あさだむら》は1889（明治22）年4月1日の市制町村制施行で、浅水《あさみず》、扇田《おうぎだ》の2村が合併して成立。両村から1字ずつ取って村名とし、役場は浅水に置かれた。1955（昭和30）年7月1日、五戸町《ごのへまち》、川内村《かわうちむら》と合併、新たに五戸町となった。その後、29日に野沢村《のさわむら》の大字手倉橋《てぐらばし》が編入、10月19日に豊崎村《とよさきむら》の大字豊間内《とよまない》の一部が境界変更で五戸町となった。浅田の村名は消えたが、役場支所や郵便局などに浅田の名が残されている。

文・中園裕

川内村《かわうちむら》〈現五戸町〉

用水整備で米どころに

川内村は現五戸町の北東部に位置し、五戸川の下流域に水田が広がる農村だった。川の流域では藩政時代より新田開発が進められ、用水路が整備されてきた。現在も天満下《てんまんした》用水、蛯川用水、神明川原用水、中川原《なかかわら》用水など、当時からの用水が存在する。

敗戦後の農業は、農地改革と土地改良で戦前と大きく変わった。土地改良は排水設備や農道を改良し、形や大きさが不ぞろいな田畑を整備する区画整理が中心だった。

背景には、戦後の食糧難を克服するため、国や青森県の食糧増産政策があった。効率の良い田畑を作り、生産性を上げようとしたのである。国は土地改良を行う者に対し、資金を融資して積極的に後押しした。こうした方針を受けて、五戸川沿いの土地改良も着手された。

川内村内の広い地域を潤していたのが天満下用水だ。1951（昭和26）年、用水路が天満下土地改良区の管轄となり、管轄内の田畑で区画整理事業が実施された。79（昭和54）年、県営の「かんがい排水事業」が実施され、90（平成2）年に完工。川内地区は、整然とした水田地帯が広がる三八地域でも有数の米どころとなった。

旧川内村東部に位置する上市川の集落から、やや南寄りに桜沢沼がある。この沼は天満下用水路の末端にあり、農業用水のため池と

第4回五戸町青年植樹祭。旧川内村が五戸町となり20年の節目を記念して実施した
＝1975（昭和50）年4月27日（デーリー東北新聞社所蔵）

して活用されている。51（昭和26）年、天満下用水から沼へ取水して日光で温め、再び水路へと流す温水ため池事業が行われたこともあった。

川内村が五戸町や浅田村と合併して20年が経過した75（昭和50）年、五戸町連合青年団が新制五戸町誕生20周年記念として植樹祭を実施。桜沢沼の周辺に桜を植樹した。

青年団は72（昭和47）年に結成され、郷土五戸町の発展と、青年の団結や友情を旗印に、毎年桜の植樹を行った。73（昭和48）年から76（昭和51）年までは、旧川内村域で植樹が行われている。

これ以前から桜沢沼には桜が植樹されており、地元の人々は「桜沼」と呼んでいる。戦前には沼の氷を八戸市内の魚屋へ売る氷屋が存在した。戦後には凍った沼でスケートをする子どもたちも多かった。

現在、沼の周辺は公園として整備され、春には花見の名所となり、こいのぼりが揚げられる。沼は田畑の維持のためだけでなく、住民の憩いの場としても活用されているのだ。

昭和の大合併で、川内村は「坂の町」と呼ばれる五戸町の一部となった。しかし川内地区は、坂がほとんどない広大な水田が続く。五戸町は坂の町だけでは語れないのである。

五戸町役場川内支所。旧川内村役場の建物を使用した＝1955（昭和30）年ごろ（青森県所蔵県史編さん資料より）

【一口メモ】川内村《かわうちむら》は1889（明治22）年4月1日の市制町村制施行で、上《かみ》市川《いちかわ》、切谷内《きりやない》の2村が合併して成立。両村から1字ずつ取って村名とし、役場は上市川に置かれた。当時、下北郡にも川内村《かわうちむら》が存在した（後に川内町《かわうちまち》、現むつ市）。1955（昭和30）年7月1日、五戸町《ごのへまち》、浅田村《あさだむら》と合併して新たに五戸町となり、川内の村名は消えた。しかし、川内の名は役場支所や中学校などに残されている。

9市25町9村 最終的計画を決定

県町村合併促進協議会は十二日午前十時から県議事堂会議室で開き県で策定した七市二十七町十三村の第二次合併計画試案を審議した結果、一部を修正、九市二十五町九村の最終的町村合併計画を決定した。新しく誕生する市は五所川原、大湊、三戸、板柳、三本木の五市で三戸郡について見ると八戸市は是川、館、上長苗代、大館、市川、階上、中澤、島守、豊崎の九カ村を吸収合併、三戸町は田子、留崎、向、平良崎、上郷、斗川の一町六カ村を合併し市制を施行する計画、五戸地区は五戸町を中心に川内、浅田、倉石、戸来、野澤の一町六カ村が合併、また地引地区は地引、北川、田部、名久井の四カ村が合併し結局三戸郡は八戸、三戸、五戸、地引の四ブロックに合併される。上北郡は三本木町が大深内、藤坂の二カ村を吸収して市制を施行、百石町は下田、六戸を吸収、十和田村は将来三本木と合併することをふくみとしてそのままにするほか四和、七戸、浦野館、天間林、甲地、大三澤、六ケ所、横濱の各村は合併条件が悪いためそのままとした。

試案は中郡の十六町村を全部弘前市に合併することになっているが、中郡の裾野、新和は板柳町に合併した方がよいという意見もあったので専門委員会でさらに検討することとし、そのほかは原案通り決定した。（原文ママ）

1954（昭和29）年8月13日付

八戸周辺 賛成は4カ村だけ

八戸市と周辺九カ村の合併問題についての打合会は来る二十二日午後一時から関係町村の代表者が参集して、八戸市議会議事堂で開き、正式に合併促進協議会を組織する。

町村合併の県第二次試案をめぐり、去る八月二十七日には県主催の打合会が開催され、関係町村から約五十名の代表者が出席して県試案を各面から検討協議したが、その際に八戸市からは十五名、周辺九カ村からは各五名の委員を選出して次回会合で正式に合併促進協議会を結成することになっていたので、二十二日の打合会ではまずその結成をおこない、具体的な運動推進についての方針を討議するものとみられている。しかし現在までのところ県試案（八戸市、是川、館、上長苗代、階上、中澤、島守、豊崎、大館、市川）に対して議会が賛成の態度を表明したのは是川、市川、館、上長苗代の各村だけであり、島守、中澤は二村だけの合併をめざして動きつつあるといわれ、豊崎は村内の部落が完全に対立し、大館、階上は態度保留という状態にあるため、果して所期の目途である一市九カ村が歩調をそろえての協議会が結成できるか否かが当日の会合の大きなヤマといわれている。

こうした情勢をよそに、八戸市では現在一市九カ村合併基礎資料の作成に努力を注ぎ、十七日も係官が中澤、島守両村に資料蒐集に出張〝合併すればこうなる〟という科学的な裏付けの完成に努めている。（原文ママ）

1954（昭和29）年9月18日付

【上北郡】

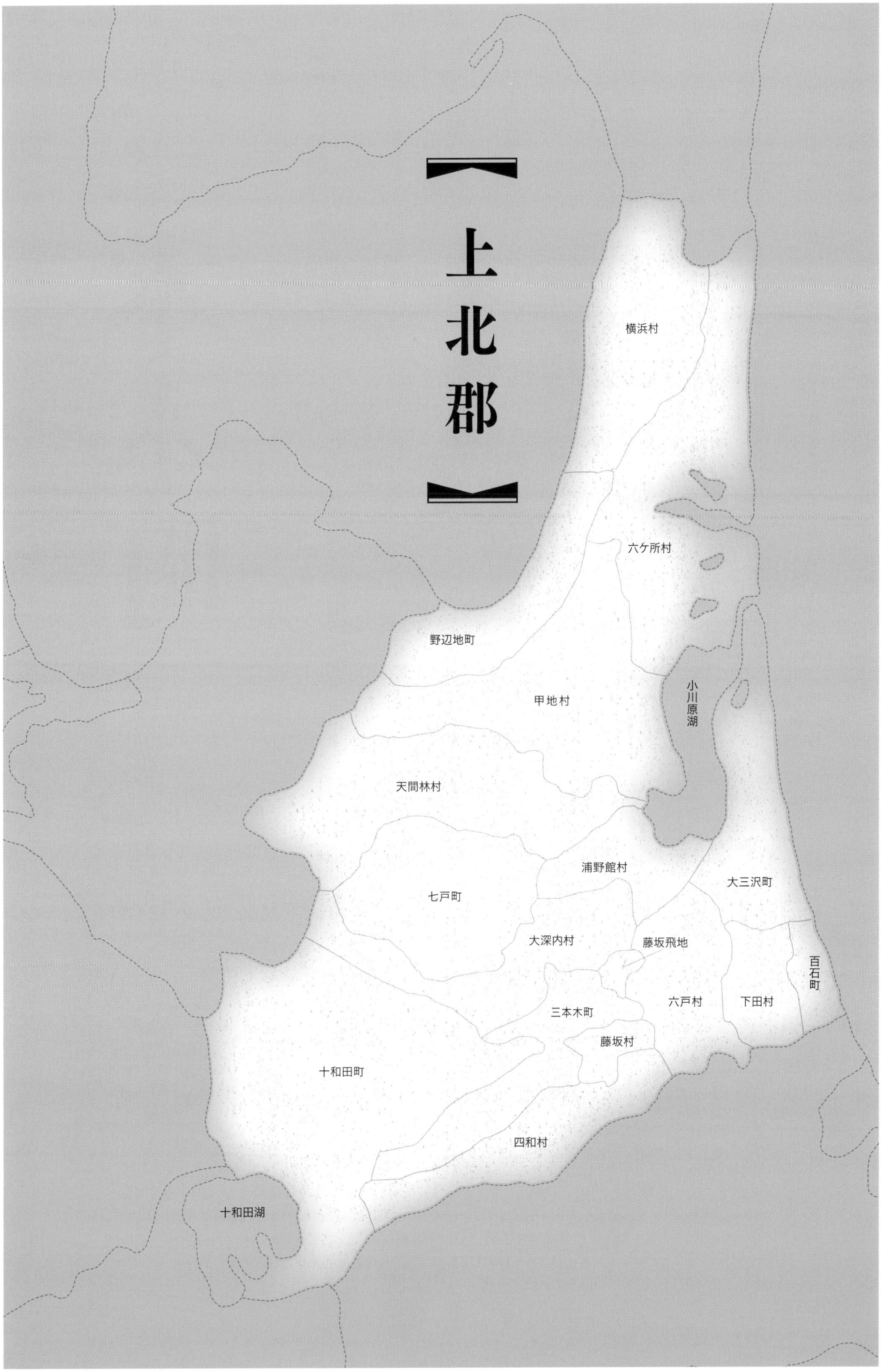
横浜村
六ケ所村
野辺地町
甲地村
小川原湖
天間林村
浦野館村
大三沢町
七戸町
大深内村
藤坂飛地
百石町
六戸村
下田村
三本木町
藤坂村
十和田町
四和村
十和田湖

上北郡①　文・中園裕

三本木町《さんぼんぎまち》〈現十和田市〉

開拓と都市計画で発展

三本木村は1910（明治43）年9月1日に町制を施行した。上北郡内で野辺地町、七戸町に次いで誕生した町である。町制施行には、新渡戸伝と十次郎親子の三本木原開拓事業をはじめ、軍馬補充部三本木支部の存在が大きく影響していた。

軍馬の育成は多額の費用と物資を要し、多くの雇用を生み出した。日清戦争で軍馬の需要が高まったことが拍車を掛けた。こうして三本木村は、上北郡内でも経済的に相当な発展を遂げた。

1898（明治31）年、上北郡役所の移転をめぐり、野辺地町と七戸村（現七戸町）の間で争いがあった。このとき三本木村は郡役所のあった七戸村ではなく、野辺地町と同盟を結んだ。野辺地町の郡役所移転に協力する代わりに、三本木村へ県立の農学校誘致を約束させたのである。

結果的に郡役所は移転せずに終わったが、同年10月に青森県農学校（現県立三本木農業高校）が誕生。町制施行の3年後には、町と古間木（現三沢）駅を結ぶ鉄道敷設を申請し、1922（大正11）年に十和田鉄道を開業させた。

新渡戸伝に始まる町の開拓事業は、紆余《うよ》曲折を経ながらも、十和田湖水を利用した大規模な国営開墾事業に継承された。事業は後に三本木町長を務める水野陳好《のぶよし》らを中心に、国や県への猛烈な陳情と

アーケードができる前の十和田市中心街。通称・稲生町6丁目で、左側の道路が官庁街通り
＝1965(昭和40)年ごろ(青森県所蔵県史編さん資料より)

請願によって実現した。
三本木町の中心街は2度の人火で多くが焼失した。だが、都市計画が実施されて街並みは大幅に整備された。復興の途上でアジア太平洋戦争が勃発したが、敗戦後に再び都市計画が施行され、軍馬補充部は解体。跡地は官庁街通りとして整備された。

55（昭和30）年、三本木町は市制施行を遂げた。だが、翌年、市を十和田湖の玄関口に位置付け、観光都市として発展させる意図から、十和田市と名称変更した。

こうして上北地域の中心地となった十和田市は、中心商店街に64（昭和39）年から数年かけてアーケードを設置。東北一の長さを宣伝した。73（昭和48）年には市で最初の百貨店である松木屋デパートも開店した。

現在、既に松木屋は閉店し、アーケードも一部撤去された。だが、十和田市現代美術館を中心とする街並みづくりが進められ、中心街は新たな展開を見せている。

三本木町は、稲生川や新渡戸十次郎が計画した中心街の町割りで語られることが多い。しかし、町域は切田川上流の奥まであり、町全体は広大な農耕地帯と山間部で占められていた。町の西端からは十和田湖もそう遠くない。三本木町は大変奥行きが広い町だったのである。

三本木原国営開墾事業の起工式。式典当日の産馬通りで、写真奥の鳥居は太素塚＝1938(昭和13)年7月3日(十和田シティホテル・下山勝氏提供)

【一口メモ】 1889（明治22）年4月1日の市制町村制施行で、三本木《さんぼんぎ》、赤沼《あかぬま》、切田《きりだ》の3村が合併して新たに三本木村が成立。役場は三本木に置かれた。1910（明治43）年9月1日に町制施行。55（昭和30）年2月1日、三本木町《さんぼんぎまち》、大深内《おおふかない》、藤坂《ふじさか》の2村が合併して三本木市《さんぼんぎし》となり、3月1日には四和村《しわむら》が編入された。しかし、翌年10月10日に十和田市《とわだし》と名称変更。2005（平成17）年1月1日には十和田市と十和田湖町《とわだこまち》が合併し、新たに十和田市となった。三本木の名は大字として存続する他、学校など諸施設に残されている。

上北郡②　文・中野渡一耕

大深内村

おおふかないむら

〈現十和田市〉

開墾で水田が3倍半に

大深内村は、現十和田市の北部にある六つの村が明治の大合併で統合して成立した。村名は代表的な旧村三つの名前を合わせたものである。

地理的、経済的に隣の七戸村（後に町制施行）との結び付きが強く、村内の田畑も多くを七戸村の地主が所有していた（『十和田市史　上』より）。飛び抜けて大きな地主は存在せず、村制施行以来、七戸村を中心に村外出身の村長が相次いだ。ゆえに、昭和の大合併では七戸町や浦野館村《うらのだてむら》（現東北町）への分村合併を希望する地域もあった。

明治の村制施行当時、水田は村北部の砂土路《さどろ》川沿いの一部に広がるのみだった。さらに1884（明治17）年の軍馬局出張所（後に軍馬補充部三本木支部）の開設によって、村内の耕作適地が陸軍に次々と買い占められた。ただでさえ山林・原野の大部分は国有地で、農民の経営が零細化したという。

現在、旧村域西部の深持地区には広大な水田が広がる。24（文政7）年ごろから、地域住民により用水路（小増沢用水）の開発が進められ、1905（明治38）年に完成。その後「カメ田」といわれる粘土客土法による開田が行われ、水田面積が飛躍的に増大した。

深持の三本木原を見下ろす丘陵地帯には、昭和の大合併後の68（昭和43）年に高森山公園が造成

大深内村の早坂青年団による農作業＝1931(昭和6)年ごろ(青森県所蔵県史編さん資料より)

三本木市役所大深内支所。旧大深内村役場の建物を使用した＝1955（昭和30）年ごろ（青森県所蔵県史編さん資料より）

され、現在は家族連れでにぎわう「駒っこランド」が併設されている。

大深内村中央部の洞内地区は奥州街道沿いに位置し、古くから集落が形成されていたと思われる。06（明治39）年に青森県最初の耕地整理事業が行われた。昭和恐慌の時期にも農村振興事業として、大沢田地区90町歩（1町歩＝約1ヘクタール）余が開田され、豊ケ岡集落がつくられた。

軍馬補充部というと三本木町のイメージがあるが、三本木支部本部用地2800ヘクタールのうち約半分が大深内村に属していた。本部用地は洞内北方や八斗沢周辺などに広がり、馬の放牧地や耕地として利用された。これらの土地は、敗戦後に陸軍から村に払い下げられ、新たに開墾された。

大深内村では、三本木町との境界近くに長根尻、南平、豊栄といった新しい集落がつくられ、農家の次男や三男、外地引き揚げ者ら341戸が入植した（『軍馬のころ』より）。現在でも真っすぐな道路を挟んで帯状に集落が延び、周辺とは景観を異にしている。

1889（明治22）年から1954（昭和29）年にかけて、大深内村の水田面積は約3倍半に広がったが、それは先人の苦労の足跡といえよう。

【一口メモ】 大深内村《おおふかないむら》は1889（明治22）年4月1日の市制町村制施行で、大沢田《おおさわだ》、立崎《たちざき》、八斗沢《はっとざわ》、馬洗場《うまあらいば》、洞内《ほらない》、深持《ふかもち》の6村が合併して成立。人口が多かった大沢田、深持、洞内から1字ずつ取って村名とした。村域は大部分が丘陵地帯で、国道4号を挟んで東西に広がり、西側は青森市《あおもりし》に接していた。役場は洞内に置かれた。1955（昭和30）年2月1日、三《さん》本木町《ぼんぎまち》、藤坂村《ふじさかむら》と合併して三本木市《さんぼんぎし》（翌年に十和田市《とわだし》）となり、大深内の村名は消えた。しかし、大深内の名は学校や郵便局に残されている。

上北郡③　文・宮本 利行

藤坂村
ふじさかむら
〈現十和田市〉

教育、農漁業の育成地

藤坂村は、奥入瀬川北側の相坂村と、南側の藤島村が1889（明治22）年に合併して成立した。村名は旧村名から1字ずつ取って付けられた。

1901（明治34）年、相坂地区に青森県水産試験場相坂鮭鱒《さけます》人工孵化《ふか》場（現地方独立行政法人青森県産業技術センター内水面研究所）が設立されると、03（明治36）年に藤坂漁業組合が結成され、藤坂地区に鮭捕獲留が建設された。

藤坂村は水利に恵まれ、藤島地区に古淵堰《ぜき》、相坂地区に大光寺堰が開削されたことで開田が進んだ。この結果、経済的に安定したこともあり、教育にも力を入れていた。

明治末年から大正にかけて、相坂、藤坂の両青年団、藤坂処女会が組織され、藤坂農業補習学校も開校。上北郡でも教育の先進的な地域となっていった。

20（大正9）年、相坂平耕地整理組合の結成で耕作規模の拡大が図られると、秋田県鹿角《かづの》からの入植者による喜多と、三戸郡からの入植者による大和の集落が、それぞれ形成された。

また、47（昭和22）年、軍馬補充部三本木支部の農地解放で藤高農場集落、翌年には藤坂村有地の解放で富庫美集落が形成された。こうして藤坂村は上北郡における稲作や野菜の主要生産地へと発展していった。

31（昭和6）年や34（昭和9）

青森県農事試験場藤坂試験地。この建物は現在も残っている＝昭和戦前期（青森県所蔵県史編さん資料より）

年の大凶作で、東北地方では婦女子の身売りと欠食児童が急増し、大きな社会問題となった。そこで農林省（現農林水産省）は東北各県に凶作防止試験地を設置して育種試験を進め、35（昭和10）年、藤坂村に青森県農事試験場藤坂試験地を設けた。藤坂試験地における水稲育種事業の目的は、青森県を対象とした早熟の耐冷性多収品種の育成だった。

49（昭和24）年、こうした期待に応えるべく育成されたのが「藤坂五号」だった。育成に携わり、中心的役割を担った田中稔（青森県農業試験場長）は「早生《わせ》で多収の品種を育成することは、相撲取りに例えると、体重が軽くて強い相撲取りを見つけるような難しいものだった」と記している。

田中は後に、寒冷地の稲作農家から「稲の神さま」と呼ばれた人物である。藤坂五号は53～54（昭和28～29）年の冷害で特性を発揮し、東北の冷害を克服できる主流品種となった。

55（昭和30）年、三本木町、大深内村、藤坂村の3町村が合併して三本木市（翌年に十和田市と改称）が誕生した。その際、村制時の藤島と相坂は市の大字となった。

一本木地区の旧国道4号沿いに立つ奥州街道の一里塚
＝1982（昭和57）年5月6日（青森県所蔵県史編さん資料より）

【一口メモ】藤坂村《ふじさかむら》は1889（明治22）年4月1日の市制町村制施行で、相坂《おおさか》、藤島《ふじしま》の2村が合併して成立。役場は相坂に置かれた。1955（昭和30）年2月1日、三本木町《さんぼんぎまち》、大深内村《おおふかないむら》と合併して三本木市《さんぼんぎし》（翌年に十和田市《とわだし》）となり、藤坂の村名は消えた。しかし、藤坂の名は諸施設などに残されている。

上北郡④　文・中園裕

四和村　しわむら
〈現十和田市〉

後藤川上流にダム建設

四和村は、現十和田市の南部に位置した。村域は東西に長く、南側の村境が現在の五戸町と新郷村に接していた。このため、当初、四和村は三本木町より五戸町との交流が深かった。

村内には丘陵地が多く、畑作や畜産が盛んだった。こうした地域特性から、隣の三本木町に陸軍の軍馬補充部三本木支部が設置された影響は大きかった。実際、支部と戸来《へらい》放牧地（現新郷村戸来地区）を結ぶ軍馬の輸送道路が計画されたとき、四和村は村内を通る道路の開削に協力している。

良質の軍馬を産出することは、畜産農家にとって名誉であり、大きな収入となった。このため、馬産業が一層盛んになり、四和村は駿馬《しゅんめ》の産地となった。また、村南部の滝沢地区には１９３８（昭和13）年に滝沢牧野組合が設立され、畜産業の振興に貢献した。

四和村はやませが強く吹き付けるため、稲作ではしばしば凶作に見舞われた。しかし、窮民救済事業の一環で道路が整備された結果、三本木方面との交流が深まった。現在、国道4号をはじめ、県道や市道が十和田市中心街と四和地区との間を密接に結んでいる。

第1次産業が主産業の四和村にとって、村内を流れる後藤川の氾濫は深刻な問題だった。事実、35（昭和10）年から49（昭和24）年までの14年間に8回も氾濫があっ

完成間もない頃の四和ダム＝1960年代（青森県所蔵県史編さん資料より）

1969(昭和44)年2月に十和田市内で最初に設置された、旧四和村東部の伝法寺地区に架かる歩道橋。交通量が多い国道4号沿いの市立伝法寺小・中学校の児童・生徒のために架橋された＝2014(平成26)年12月6日(筆者撮影)

た。

後藤川は四和村の最西端から、村内の南端を東西に横断し、村の東端で奥入瀬川に合流していた。このため、川が氾濫すれば村内の広範囲に被害を与えたのである。

こうした事情から、四和村は上流にダムを建設することになり、事業計画を青森県に提出。県は現地調査を開始したが、ダムの建設には膨大な予算が必要なため、農林省（現農林水産省）へ陳情することになった。また、村でもダムに対する村民の認識を高めるため、沖浦ダム（現黒石市にある浅瀬石《あせいし》川ダムの前身）へ視察に出掛けている。

こうして50（昭和25）年から県直営で工事が開始された。工事には四和村の婦人会や青年団も積極的に協力した。ダム建設中の55（昭和30）年、四和村は三本木市と合併し、翌年に十和田市となったが、四和ダムの建設は進められた。

61（昭和36）年6月、およそ10年の歳月をかけて四和ダムは完成した。既に四和村がなくなってから6年が経過していた。ダムの完成を待ち望んでいた旧四和村民の喜びは計り知れないほど大きいものがあったであろう。

【一口メモ】 四和村《しわむら》は1889（明治22）年4月1日の市制町村制施行で、米田《まいた》、滝沢《たきさわ》、大不動《おおふどう》、伝法寺《でんぽうじ》の4村が合併して成立。役場は米田に置かれた。四つの村が和衷協同して村を形成する願いから村名が決められた。1955（昭和30）年2月1日、三本木町《さんぼんぎまち》、大深内《おおふかない》、藤坂《ふじさか》の2村が合併して三本木市《さんぼんぎし》となり、3月1日に四和村が編入された。翌年10月10日に三本木市は十和田《とわだ》市に名称変更。四和の村名は消えたが、小・中学校や郵便局に四和の名が残されている。

上北郡⑤　文・中園 美穂

十和田町《とわだまち》〈現十和田市〉

湖水が大きな役割担う

十和田町は、十和田湖の北東部に位置する町だった。中心部は町東部の国道102号沿いに展開し、町内の多くは山林に覆われていた。

同町の前身は法奥沢村である。村は青森県内で最も広く、十和田湖と接していた。このため、湖が景勝地として有名になると、村長を中心に十和田湖を国立公園とする運動が展開され、1931（昭和6）年に村名は十和田村と変更された。

55（昭和30）年、町制を施行し十和田町となった。町の北西部には八甲田連峰。また、谷地、猿倉、蔦温泉が湧き、奥入瀬渓流など多くの景勝地がある。

だが、豊富な水量を誇る景勝地は開発の対象になった。奥入瀬川上流は水力発電の水源として活用された。39（昭和14）年に立石、43（昭和18）年に十和田、55（昭和30）年に法量、61（昭和36）年に蔦の各発電所が建設された。

これらの発電所による固定資産税は町の財政を潤し、福祉事業を充実させた。また、発電所からの電力は、工業都市を目指す八戸地域へ供給された。天然資源の開発と利用が町の経済を支え、町民の生活を向上させたのである。

63（昭和38）年、国道102号と103号が合流する焼山地区に十和田湖温泉郷（2020年＝令和2年4月から奥入瀬渓流温泉）が誕生した。温泉郷は、豊かな湧

焼山地区に誕生した十和田湖温泉郷＝1970（昭和45）年ごろ（青森県所蔵県史編さん資料より）

十和田発電所。この他にも奥入瀬川には数多くの発電所がある＝１９７０（昭和45）年ごろ（青森県所蔵県史編さん資料より）

出量を誇る猿倉温泉から引湯しており、町営保養所「町民の家」（現「市民の家」）も設けられた。

翌年には町営リフトが完成し、温泉地の背後にある湯ノ平《ゆのたい》高原にはスキー場が開設された。この後、温泉郷には旅館や保養所の他、貸別荘などが造られた。

観光開発で語られがちな十和田町だが、70（昭和45）年ごろまでの主要産業は農林業だった。70年代半ば以降、豊富な山林原野を造成した牧場を主軸に、畜産業が台頭しだした。町の西部に広がる牧草地には黒毛和種や短角牛などが放たれ、76（昭和51）年には湯ノ平牧野が全国草地コンクールで日本一に輝くなど、畜産業が盛んになった。

75（昭和50）年、十和田町は町制20周年を機に、十和田湖を有する町として十和田湖町と名称を変更した。町が十和田湖とともに歩んだ歴史を象徴する措置だった。

平成の大合併で十和田湖町が十和田市となった現在、奥入瀬渓流に比べて十和田湖への観光客は減少している。しかし、渓流の美や発電事業は湖がなければ成り立たない。市の主産業である農業や畜産業も、湖水が大きな役割を担っている。十和田湖が十和田市を支える大きな存在であることは変わりないのである。

【一口メモ】 １８８９（明治22）年4月1日の市制町村制施行で、法量《ほうりょう》、奥瀬《おくせ》、沢田《さわだ》の3村が合併して法奥沢村《ほうおくさわむら》が成立。役場は奥瀬に置かれた。１９３１（昭和6）年9月7日に十和田村《とわだむら》と名称変更し、55（昭和30）年4月1日に町制を施行。75（昭和50）年4月1日、十和田湖町《とわだこまち》と名称変更したが、２００５（平成17）年1月1日に十和田市《とわだし》と合併して新たに十和田市となった。

上北郡⑥　文・荒井悦郎

大三沢町《おおみさわまち》〈現三沢市〉

古間木地区統合で成立

大三沢町の前身は三沢村である。同村は米作やイワシ漁の他、イワシを原料に魚肥や煮干しなどを生産する、人口4千人足らずの農漁村だった。

1891（明治24）年9月、日本鉄道（後に国鉄、現JR東北本線）の上野―青森間が開通。青森県内には青森、浅虫（現浅虫温泉）、小湊、野辺地、沼崎《ぬまさき》（現上北町《かみきたちょう》）、尻内（現八戸）、三戸の7駅が設けられた。10月に沼崎駅と尻内駅の間に下田駅ができた。

このうち、下田駅と沼崎駅の距離は約20㌔と長く、日本鉄道は94（明治27）年4月、三沢村、六戸村（現六戸町）、下田村（現おいらせ町）の境界付近に古間木《ふるまぎ》（現三沢）駅を開設した（いずれも現青い森鉄道駅）。

三沢村役場のある中心部（現米軍三沢基地南東）から、駅まで幅3・6㍍、延長5・1㌔の道路（古間木停車場道）が新設された。駅までは1、2軒の人家があるくらいで、原野には松が茂り、見通しがきかないほどだったという。この道路の建設で、鉄道による産物の移出が促進された。

1940（昭和15）年ごろから海軍が三沢飛行場を建設した。敗戦後の45（昭和20）年9月に米軍が接収、拡大して三沢基地とした。34（昭和9）年の三沢村の人口は約9千人だったが、三沢基地ができた48（昭和23）年には2万人を

夕暮れの古間木駅前商店街。奥が米軍三沢基地方面＝1956（昭和31）年（野坂千之助氏撮影・提供）

米軍専用線で遊ぶ子どもたち。実は日本海軍が敷設したものだ＝1956（昭和31）年（野坂千之助氏撮影・提供）

超えた。村外から基地の建設者や従業員が流れ込んだためで、村の人口の6割強を男性が占めた年もあった。流入者の半分は青森県外からだった。

48（昭和23）年、三沢村は古間木駅周辺で境界が入り組んでいた六戸村、下田村の各一部と、姉沼北側の浦野館村の一部を合わせ町制施行。大三沢町と改称した。それまで古間木駅周辺では、小学校は3村による組合立で、消防団は各村別の分団に分かれるなど、生活に支障を生じていた。これらの問題は大三沢町の誕生で解消した。

町村の変更は、県の後押しを受けた上北地方事務所を中心に進められた。その背後には、三沢基地を運営する占領軍の古間木地区統合を求める強い意向があった。六戸、下田両村は、基地のある三沢村に比べて立場が弱く、古間木地区の三沢村編入を認める他なかった。

55（昭和30）年ごろには、米軍基地前の通称・大通り周辺に、約1万7千人を抱える新興の街が現出した。米軍兵士や日本人従業員を相手にした飲食店の他、カフェや遊技場などが並び、にぎわった。

農村人口は総人口の1割近くまで減少し、産業構成・人口構成は激変した。基地との交流によって米国文化が流入し、地域の文化も変貌していった。58（昭和33）年には人口3万6千人の三沢市が誕生し、わずか10年で大三沢町の名は消えた。

【一口メモ】 1889（明治22）年4月1日の市制町村制施行で、三沢《みさわ》、天ケ森《あまがもり》の2村が合併して新たに三沢村が成立。役場は三沢に置かれた。1948（昭和23）年2月11日、六戸《ろくのへ》、下田《しもだ》、浦野館《うらのだて》の3村の各一部と合併。町制施行に際し、名称を変更して大三沢町《おおみさわまち》となった。58（昭和33）年9月1日、市制施行に際し、再び名称を変更して三沢市《みさわし》となった。

上北郡⑦　文・中園裕

浦野館村《うらのだてむら》〈現東北町〉

湖開発に活路を求める

浦野館村は上北町《かみきたまち》の前身で、村域の半分以上が小川原湖だった。小川原湖は1958（昭和33）年より前までは、小川原《こがわら》沼（小河原沼とも）と呼ばれていた。

1891（明治24）年、村内に沼崎《ぬまさき》駅が開業した。駅は七戸村（現七戸町）の玄関口となったが、三沢村（現三沢市）や六ケ所村から駅に向かうには沼を迂回《うかい》せねばならなかった。

このため、1913（大正2）年、後に浦野館村の村会議員となる苫米地良平らが、小川原沼の定期航路を実現した。この結果、陸路で6時間以上かかった沼崎駅から六ケ所村の倉内地区までがわずか2時間で結ばれた。

25（大正14）年8月、松竹キネマの一行が映画「湖畔の哀恋」を撮影するため、小川原沼へやって来た。事前に情報を得た苫米地や村議たちは、7月に小川原沼保勝会を立ち上げていた。これを機に沼を宣伝し、観光客を誘致しようとしたのである。

これ以後、小川原沼開発の動きも強まった。37（昭和12）年、上北郡町村長会は沼の開発と高瀬川の改修を青森県会に陳情した。県会は帝国議会へ建議案として上程。案は東北振興の観点から採択された。

58（昭和33）年、浦野館村は町制施行に際し、上北郡の中心地として小川原湖の総合開発を目指す

小川原沼を訪れた松竹キネマの一行。沼崎駅近くの米内山旅館で撮影。前列中央が女優の英百合子、前列左端が村会議員の苫米地良平＝1925（大正14）年8月13日（苫米地良一氏提供）

花切川でのヘラブナ釣り＝1955（昭和30）年（野坂千之助氏撮影・提供）

ため、上北町と改称。翌年、沼崎駅を上北町《かみきたちょう》駅と改めた。

町が描いた湖の開発は、湖と太平洋をつなぐ高瀬川を改修し、河口に港を造り、工業地帯を形成することだった。58（昭和33）年9月の相次ぐ台風で湖畔周辺は大洪水となり、住民からも干拓を求める声が高まっていた。

63（昭和38）年3月、高瀬川の改修工事が着手された。翌年に八戸市が八戸地区新産業都市地域に指定される見込みから、工事には湖畔周辺の町村も期待を寄せていた。

しかし、高度経済成長が行き詰まり、工業地帯の計画は頓挫した。このため、町は小川原湖の観光開発に活路を求めた。83（昭和58）年、湖畔一帯を町立の小川原湖公園に指定し、2年後に桜を植樹した。88（昭和63）年の町制30周年には、湖の伝説にちなんだ「玉代・勝世姫の像」を制作。像は湖の象徴的存在になった。

小川原湖に注ぐ花切川は浦野館村時代から釣りの名所だった。75（昭和50）年に小川原湖釣り友の会が発足。毎年桜まつりの期間に「花切川へら鮒《ぶな》釣り全国大会」が開催されている。開催前には関係者や町民有志が花切川を清掃。川の環境整備を続けている。小川原湖は湖畔の人々によって今も支えられているのだ。

【一口メモ】 浦野館村《うらのだてむら》は1889（明治22）年4月1日の市制町村制施行で、大浦《おおうら》、上野《うわの》、新館《にいだて》の3村が合併して成立。3村から1字ずつ取って村名とし、役場を大浦に置いたが、後に上野へ移転した。1958（昭和33）年9月1日、浦野館村が町制施行と同時に名称変更して上北町《かみきたまち》（現東北町《とうほくまち》）が成立。浦野館の名は現在ほとんど残っていない。

上北部⑧　文・中園裕

甲地村《かっちむら》〈現東北町〉

開拓で畑作、略農地帯に

甲地村は現在の東北町北部に位置し、北は野辺地町、東は六ケ所村と小川原湖（当初は小川原《こがわら》沼）に接する村だった。小川原沼はワカサギやウナギなど水産物が豊富だったが、沼自体は浦野館村《うらのだてむら》（現東北町）に属していた。

しかし、沼に接する面積は甲地村の方が広かった。漁場も浜台、田ノ沢、船ケ沢《ふねがさわ》、鶴ケ崎、蓼内《たてない》各地区の沖合にあり、周辺町村の中で最も数が多かった。

小川原沼が結氷した際、氷に穴を開けて網を流し入れ、ワカサギを引き揚げる氷下曳《しがびき》漁は冬の風物詩だった。この漁法は明治期半ばに、秋田県から甲地村の船ケ沢に住み込んだ漁師の指導で、地元の漁師たちが広めたといわれている。

1894（明治27）年、乙供《おっとも》駅が開業した。当初、駅前には人家がほとんどなかった。1919（大正8）年、駅から天間林村（現七戸町）の坪川流域に沿って乙供森林鉄道（正式には坪川林道）が敷設された。

36（昭和11）年、日本鉱業株式会社が坪川上流にある上北鉱山の経営に着手。4年後に本格的な操業に入った。鉱山からの鉱産物は架空索道（ロープウエー）で野内駅に運ばれた。

だが、鉱山労働者や家族たちは森林鉄道を利用して乙供駅を経由していた。このため、駅周辺には林産物が集積され、鉱山や林業関

鶴ケ崎漁場での氷下曳漁＝1966(昭和41)年2月7日(野坂千之助氏撮影・提供)

てんさい（ビート）の栽培。1960年代に六戸町へフジ製糖の青森工場が建設された。このため、甲地村内でも一時栽培が奨励された＝66（昭和41）年11月6日（野坂千之助氏撮影・提供）

係者たちの旅館が並び、商店街もにぎわった。

　こうして38（昭和13）年には、甲地村役場も村東部の保戸沢地区から、駅前近くの現東北町東北分庁舎の場所へと移された。

　敗戦後、外地からの引き揚げ者や復員軍人たちの食糧と雇用確保を目的に、青森県内の各地で緊急入植が開始された。甲地村内でも満州からの引き揚げ者たちをはじめ、県内や、長野県など県外からの入植者たちが開拓に従事した。このため村内には、満州の地名に基づく林口《りんこう》や巴蘭《ぱあらん》、開拓者の名前に基づく徳万館《とくまんだて》など、開拓にちなんだ地名が多数存在する。

　甲地村内の多くは、ガス平《たい》という字名が象徴するように、やませの常襲地帯である。冬も積雪の多い地域が大半を占めていた。こういった環境の中、50年代に世界銀行の貸出金で始まった上北機械開墾事業が進められていく段階で、水田よりも畑作が推奨され、大型酪農経営が本格化していった。

　戦後開拓は大変な労苦を伴う事業であり、途中で開拓を断念した人々も多かった。しかし、甲地村が東北町となり、現在も県内有数の畑作、酪農地帯となったのは、戦後の開拓事業や開墾作業が大きな役割を果たしてきたからなのである。

【一口メモ】甲地村《かっちむら》は1889（明治22）年4月1日の市制町村制施行で、藩政時代からの甲地村が単独の自治体として成立。そのため、村内に大字は編成されなかった。役場は保土沢《ほどさわ》に置かれたが、1938（昭和13）年に塔ノ沢山《とうのさわやま》へ移転した。63（昭和38）年11月1日、甲地村が町制施行の際に名称変更して東北町《とうほくまち》が成立。甲地の村名は消えたが、小学校や郵便局、公園、バス停などに甲地の名が残されている。

塗り替えられた県南新地図

きょう四月一日を期して県南の地図はまた新しく塗り替えられる。他地方に比して町村合併が遅れていたといわれる県南も本年に入ってようやく活発さをみせ、さきの田子、上郷の合併や三月二十日発足した新〝三戸町〟の誕生などに引きつづいて、きょう四月一日は八戸市と上長苗代村、市川村、館村が、また純農村建設をめざして地引村、田部村がそれぞれ合併、新しい市史、村史の第一頁を飾ることになった。

八戸市と隣接村の合併については昨年九月十三日県の合併案が告示された。この計画では八戸市、是川村、大館村、館村、上長苗代村、市川村、豊崎村、島守村、中澤村一市八カ村が人口十六万の都市を建設するため合併を指定された。これに基き関係市村では九月二十二日合併協議会を結成、岩岡八戸市長を会長に選出して合併への態勢を整えるため以後数回にわたって協議を重ねたが、当時の関係村の意向は原則的には県の計画案に賛意を表しながらも、地理的な、あるいは風俗、人情などの相違から早急の合併実現化に難色を示し、ただ是川村が十二月一日を期して八戸市へ合併するだけに止まった。その後、県の働きかけ、八戸市当局の各村に対する努力によって上長苗代村、市川村、館村の三カ村が急速に歩みよりをみせ、本年一月になってようやく八戸市への合併が具体化し、四月一日を期しての三カ村同時合併が決定されたわけである。

これによって八戸市は二万五千九百九十四世帯、十三万七千九百九十一人の人口を擁することになり（三月一日調べ）名実ともに県南の中心都市として将来の飛躍的発展が期待されるに至った。合併後の八戸市総面積は一八〇.八三平方キロメートルである。また三カ村の合併で八戸市の性格は変り、いままでの臨海工業都市から広大な農業地域を包括することになって農村の振興計画なども八戸市に課せられた今後の大きな問題として重視されることになった。これに対しては八戸市当局もこのほど農政五カ年計画を樹立して今年度から実施することを決定、合併村の最大要望である農政の振興に力を注ぐことになった。さらに懸案となっていた東北本線もいよいよ市内に編入されることになり、尻内駅がその名称を早晩八戸駅と改名するのも必至とみられ、尻内駅前付近は八戸市の表玄関として近代的に整備されることであろうし、〝基地高館〟一帯も八戸市内となり、その植民地的風景は八戸市の一特徴として世人から注目されよう。（原文ママ）

1955（昭和30）年4月1日付

【下北郡】

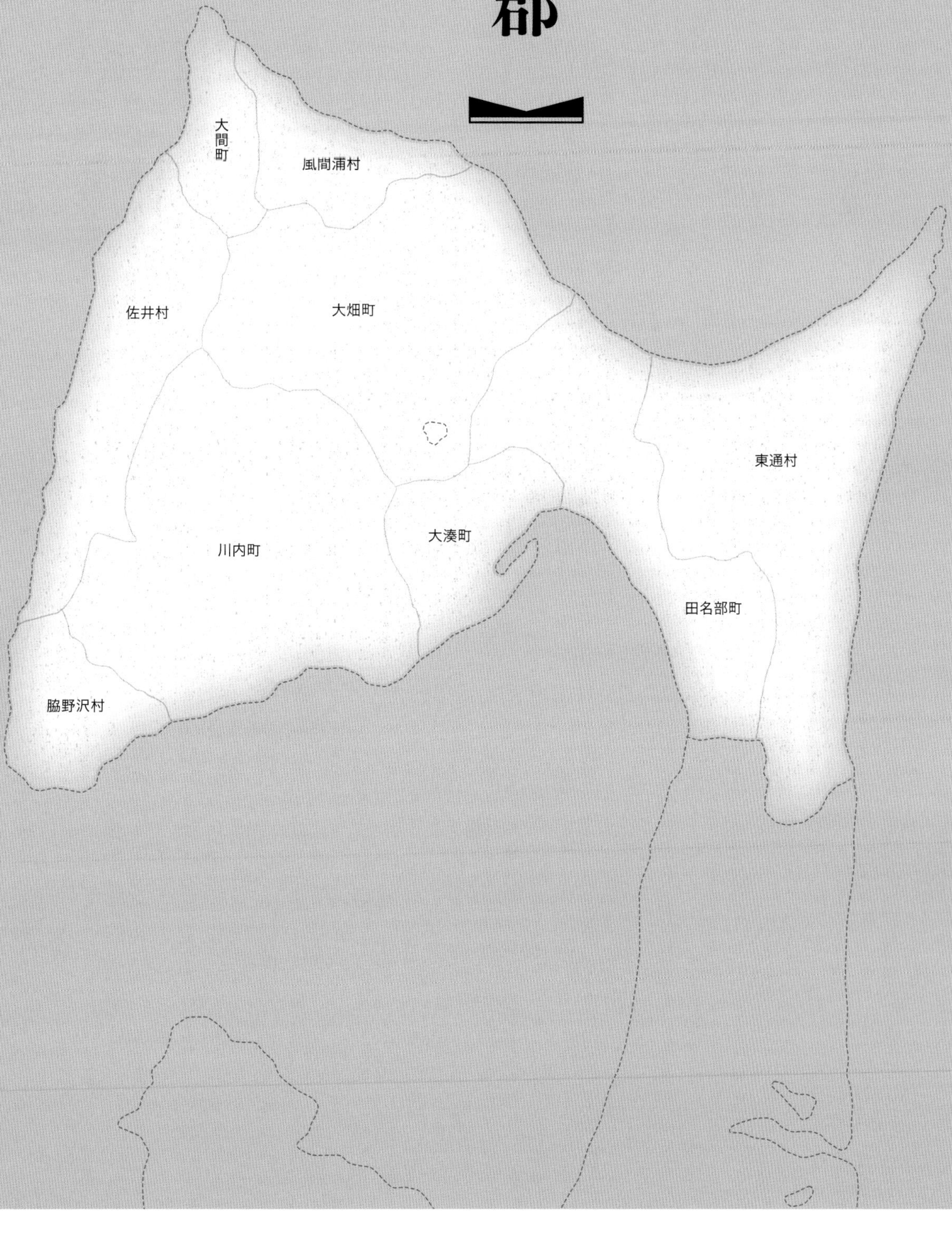

下北郡①　文・荒井 悦郎

大湊町
おおみなとまち
〈現むつ市〉

海軍とともに歩み発展

大湊町は海軍とともに発展した町である。1902（明治35）年、日露戦争に備えて津軽海峡防衛のために創設された大湊水雷団は、日露戦争後に大湊要港部（鎮守府、軍港に次ぐ海軍施設）に昇格した。

第1次世界大戦はヨーロッパに未曽有の惨禍をもたらした。その反省に基づき、世界は平和の枠組みづくりに取り組み、国際連盟が創設された。日本は常任理事国となり、30（昭和5）年にロンドン海軍軍縮条約に調印。協調外交と緊縮財政を進めた。

世界は「海軍の休日」と呼ばれる軍縮の時代に入った。大湊要港部では訓練にスキーを採用した。これが発展して、要港部は青森県のスキー界を牽引《けんいん》する存在となった。セーラー（水兵）がスキー競技に熱中できる平和な時代だった。

しかし、31（昭和6）年、満州事変を契機に日本は戦争の道へ進んでいく。日中戦争開戦前年の36（昭和11）年、日本は軍縮条約から脱退し、海軍は無制限の建艦競争に突入する。そしてアジア太平洋戦争開戦直前の41（昭和16）年11月20日、対米開戦に備え、大湊要港部は鎮守府に準ずる大湊警備府に改編された。

敗戦の色濃い44（昭和19）年、大湊警備府は北進の要衝から本土決戦の防衛拠点へと転換された。陸上防備築城工事が開始され、釜《かま》臥山《ぶせやま》の裾野一帯にトンネルがいく

大湊町立大湊小学校から見た海上自衛隊の艦船。要港部時代は要塞地帯法により民間人による撮影・写生は禁止されていた＝1950年代後半（青森県所蔵県史編さん資料より）

大湊駅前通り。野辺地町と大湊要港部間の新道は兵営道と呼ばれた＝昭和戦前期（中園裕氏提供）

つも掘られ、武器や弾薬の他、食料や衣料などが大量に備蓄された。

大湊海軍工作部では特攻艇「震《しん》洋《よう》」の生産が始められ、敗戦までに50隻ほどが完成した。45（昭和20）年7月には大湊連合特別陸戦隊が編成された。

敗戦時の大湊警備府の総員数は、戦闘部隊と非戦闘部隊を合わせて7万2千人。大湊町所在部隊に限ると、開戦時の6千人が軍人と軍属だけで5万1千人にまで増加していた。他に勤労動員の学徒や女子挺身《ていしん》隊員、徴用工や朝鮮人労務者なども集められ、大湊町の人口は最大8万人を超えたと推定されている。

同8月15日、国民は敗戦を知らされた。翌日、大湊警備府の機能は停止した。この日、動員学徒と女子挺身隊員の即日帰郷を決定。復員も進み、大湊町から去る人々が続出した。

同9月8日、米海軍北太平洋地区指揮官フレッチャー中将が座乗する米海軍揚陸指揮艦パナミントが大湊に入港。翌日、艦上で北日本緊急占領に関する要求書を日本側に交付した。戦後を占領と改革の時代とするならば、この日から青森県と大湊町の戦後が始まったといえよう。大湊警備府が正式に廃止となったのは同11月30日である。

【一口メモ】 1889（明治22）年4月1日の市制町村制施行で、大湊《おおみなと》、大平《おおだいら》、城ケ沢《じょうがさわ》の3村が合併して大湊村が成立。役場は大湊に置かれた。1928（昭和3）年11月10日に町制施行して大湊町《おおみなとまち》となった。59（昭和34）年9月1日、田名部町《たなぶまち》と合併して市制を施行。大湊田名部市《おおみなとたなぶし》となったが、翌年8月1日に名称変更し、むつ市《し》となった。大湊の名は字名の他、海上自衛隊や学校などの施設に数多く残されている。

下北郡② 文・中園裕

田名部町《たなぶまち》〈現むつ市〉

軌道馬車と二つの大河川

田名部町は1899（明治32）年1月1日に誕生した下北郡内最初の町である。盛岡藩の下北での拠点として栄え、近代以降も下北郡役所が置かれていた。

1921（大正10）年9月、野辺地―大湊間に大湊軽便線（翌年、大湊線に改称）が完成した。鉄道敷設の際、同線が通る田名部町では町民の間で、駅の設置を町の中心である本町《ほんまち》地区にするか郊外にするかで争いがあった。結果は郊外となり、現在の赤川駅に田名部駅ができた。

このため、大湊軽便線開通と同じ年に、田名部軌道株式会社（後に田名部運輸軌道株式会社）が、田名部駅から本町を通り柳町まで軌道馬車を運行した。線路上を1頭の馬が木製の客車1両を引く姿は、町民から大いに親しまれた。

田名部町は空襲被害を受けなかったため、戦後の復興は早かった。隣の大湊町は海軍施設が空襲されたが、戦後も海上自衛隊の基地が置かれ、田名部町とともに下北郡の中枢を担った。

昭和の大合併で、青森県当局は田名部町と大湊町が合併し、下北市となるよう持ち掛けた。これに対し、大湊町が反対。県は大湊田名部市とする案を提示した。

しかし、今度は田名部町が難色を示し、市名を下北市にするよう主張した。合併交渉は対立と紛糾を繰り返し、内閣総理大臣の合併

本町地区の大橋付近を進む軌道馬車。画家の今純三も「青森県画譜」に同様の構図を描いている
＝1935（昭和10）年ごろ（むつ市教育委員会提供）

建設中の潮止堰（しおどめぜき）と新田名部川。1975（昭和50）年3月に完成した
＝74（昭和49）年10月（青森県所蔵県史編さん資料より）

勧告まで発せられた。

結局、田名部町が下北市の構想案を撤回。59（昭和34）年9月1日、大湊田名部市が誕生した。当時は漢字5文字、読み仮名8文字で、日本一長い市名だった。

しかし60（昭和35）年、杉山勝雄初代市長は市名を陸奥市に変更する条例を提案。議会で審議の結果、同年8月1日、全国初の平仮名市名となる、むつ市が誕生した。

むつ市は、原子力船「むつ」の存在で全国的に名を知られた。一方、田名部町時代の56（昭和31）年から、25年以上かけて新田名部川を開削したことは忘れられがちだ。

田名部川は中心街を蛇行し、頻繁に洪水を引き起こした。55（昭和30）年10月の集中豪雨では、床上浸水が1400世帯を超えた。この大水害が田名部川の大改修事業のきっかけとなった。

新田名部川は田名部川の放水路であり、巨大な人工河川だった。この川の完成で、むつ市の中心街から水害がほとんどなくなった。現在、新田名部川は漕艇競技場として市民に活用されている。護岸された人工美の新田名部川と、釜臥山《かまぶせやま》を背後に原始河川の姿を残す田名部川との対比は絶妙である。

【一口メモ】 1889（明治22）年4月1日の市制町村制施行で、田名部《たなぶ》、関根《せきね》、奥内《おくない》、中野沢《なかのさわ》の4村が合併し、新たに田名部村が成立。役場は田名部に置かれた。99（明治32）年1月1日に町制を施行して田名部町《たなぶまち》となった。1959（昭和34）年9月1日、大湊町《おおみなとまち》と合併して大湊田名部市《おおみなとたなぶし》となるが、翌年8月1日に名称変更し、むつ市《し》となった。大畑町《おおはたまち》の町域にある恐山と宇曽利山湖《うそりやまこ》周辺は田名部町の飛び地だった。2005（平成17）年3月14日、大畑町が川内町《かわうちまち》や脇野沢村《わきのさわむら》とともにむつ市と合併したため、飛び地は解消された。

新計画たて総仕上げに本腰

町村合併促進法が施行されてから満三年、いよいよ今月いっぱいで合併法が失効となり、十月からは新市町村建設促進法にその事業が移行されることになる。当初三市三十三町百二十七村だった本県市町村数がこの三年間に六市三十八町三十七村と県計画の七八%、自治庁計画の一〇五%という進行をみたことはまず一応の成功とみるべきで一部には鶴田町分町問題など全国異例のケースを生んだものの封建性の根強い本県としては全体として予期以上の成果であった。

さらに今月に入って合併の可能性が濃くなってきた町村は田名部、大湊による下北市の実現、西郡柏村の五所川原（あるいは木造か森田）編入合併などだが、県は来月から本格的実施に入る新市町村建設促進法に備え、これら既合併町村および未合併町村を含めた新しい再編案を検討し、その推進母胎となる新市町村建設審議会設置案を来る二十日招集する臨時県議会に提案することになった。

新市町村建設促進法のねらいは合併促進法によって合併した市町村の指導と合併事業の継続、合併計画の変更、調整などだが、合併法時代合併計画に入りながら未合併のままとなっている町村はいずれも至難なところだけに県当局も今まで以上に苦労の多いことを覚悟しているようだ。新法が実際施行にあたって合併法時代と異なる点の主なのを拾ってみると

①建設審議会の権能が合併審議会当時にくらべかなり弾力性をもつこと

②小規模町村で未合併なところには国の財政援助措置が行われぬ場合がある

などで②の場合はっきり規定はしてはいないが地方交付税の配分、起債の制約などの面で財政上かなりの影響をおよぼすようなふくみをもたせている。また①では現行の合併審議委員三十五名にたいし二十名とし、そのうち五名以内を問題があった場合、特別に知事が任命、合併により生じた争いの調整、あっせんに当ることになる。そして該町村あるいは部落にたいし知事勧告をしてもなお未解決の場合は審議会は内閣総理大臣と協議し、総理大臣勧告をするという合併の紛争問題がそのまま総理大臣につながるという仕組み。反面合併市町村にたいしては交付税法の特令（合併補正という性格）や補助金施設整備費など優遇措置をし画期的な町村区画の地図を合理的、能率的に塗りかえようというもの。県はこれら新法の趣旨と内容を各町村に普及する一方、今までの合併地域もふくめた全町村の再検討に乗出し今月中に合併再編の新計画を作製して来月早々から合併総仕上げにいよいよ本腰を入れる態勢を固めている。（原文ママ）

1956（昭和31）年9月10日付

【中津軽郡】

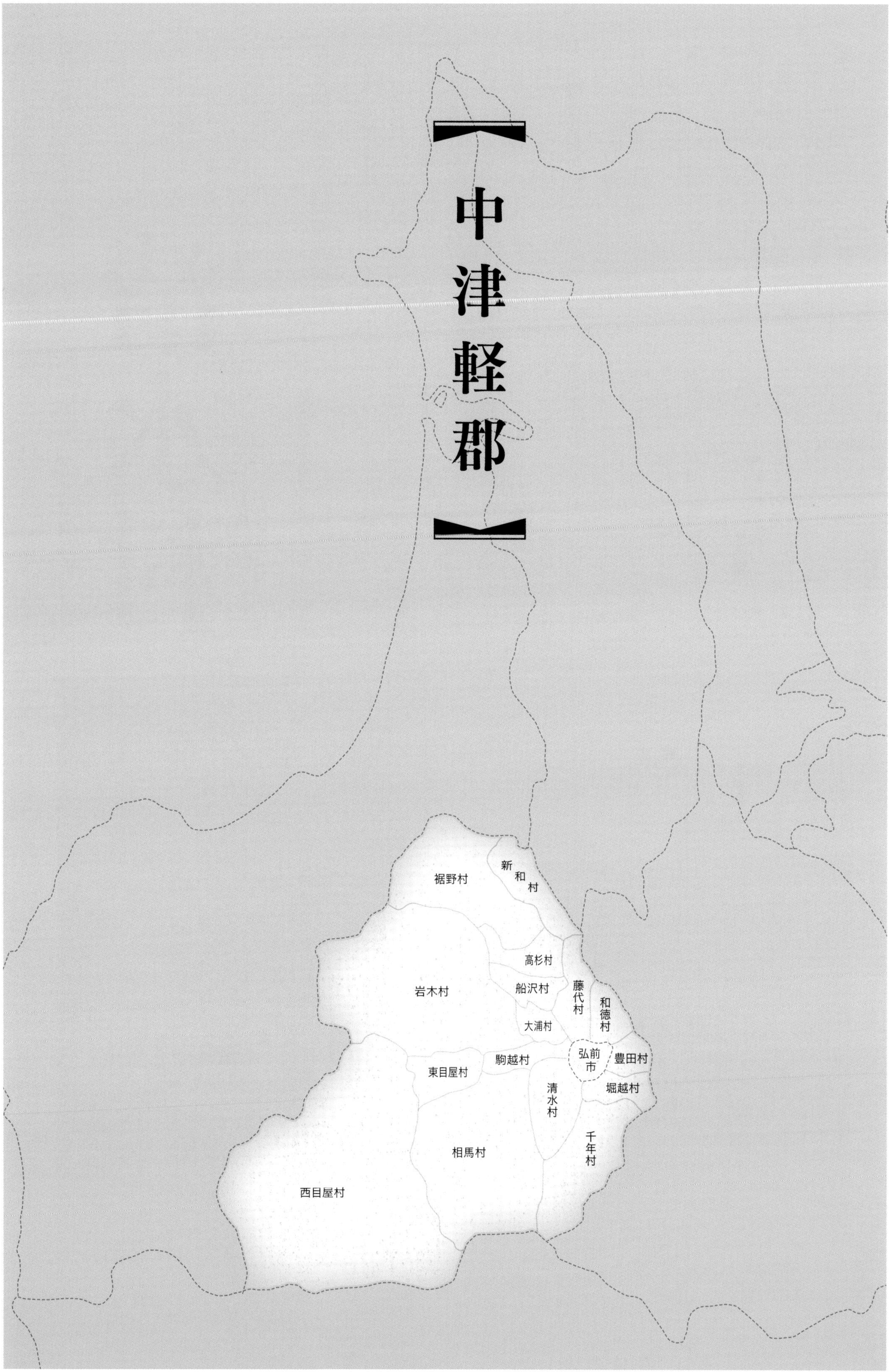
裾野村
新和村
高杉村
岩木村
船沢村
藤代村
和徳村
大浦村
弘前市
豊田村
駒越村
東目屋村
清水村
堀越村
千年村
相馬村
西目屋村

中津軽郡 ①　文・荒井 悦郎

清水村《しみずむら》〈現弘前市〉

弘前師団支えた輜重兵連隊

清水村は弘前大学周辺と寺町、新寺町寺院群の南部に位置する村だった。現在は住宅街だが、村の歴史は陸軍第8師団との関わりなしには語れない。

日清戦争後、日本は満州（中国東北部）の支配権をめぐり、ロシアと対立した。政府はロシアとの戦争に備えて軍備拡張を進めた。陸軍は日清戦争当時の6個師団（近衛師団を除く）に6個師団を増設し、12個師団体制とした。このときに仙台第2師団から分離して弘前第8師団が設けられた。

時期によって違いはあるが、陸軍師団は2個歩兵旅団（旅団は2個歩兵連隊で編制）、騎兵連隊、砲兵連隊、工兵大隊、輜重《しちょう》兵大隊などの部隊を持ち、単独で戦争を行える小単位の軍隊である。兵員は平時でも1万人を超え、戦時には2倍に増強される。

1898（明治31）年に第8師団が創設されると、清水村のリンゴ畑には輜重兵第8大隊（1936年＝昭和11年以降は連隊）、歩兵第31連隊の白壁の兵舎が建てられた。清水村と弘前市の境界付近を通る師団通り沿いに、師団司令部や弘前衛戍《えいじゅ》病院（現国立病院機構弘前病院）など主要施設が立ち並んだ。

これらの施設の敷地は清水村と弘前市にまたがっていた。だが、周辺の境界が変更され、清水村内の主要な師団施設は28（昭和3）

第8師団司令部。戦後、弘前大学農学部（現農学生命科学部）の敷地となった＝大正初期（青森県所蔵県史編さん資料より）

輜重兵第8大隊正門。現在は住宅街になっている＝1932（昭和7）年（弘前市立弘前図書館提供）

年に弘前市へ編入となった。

歩兵第31連隊は25（大正14）年、清水村の南にあった千年村に移転した。最後まで清水村に残ったのは輜重兵大隊だった。輜重とは糧食、被服、武器、弾薬などの軍需品を輸送する兵科のことである。

補給と輸送を担う兵站《へいたん》部門は、戦争の成否を決定する重要な活動を行っていたが、日本軍は輜重に携わる将兵を軽視した。輜重兵大隊に属する輜重輸卒《ゆそつ》には昇進がなく、周囲から蔑視されることもあった。37（昭和12）年に、輜重輸卒は輜重兵特務2等兵と改められ、昇進も可能になった。

44（昭和19）年、米軍との決戦（捷号《しょうごう》作戦）に備え、連隊主力は第8師団とともに満州からフィリピン・ルソン島に転戦した。45（昭和20）年1月に米軍がルソン島に上陸すると、連隊はマニラから山岳地帯への物資輸送に尽力した。7月以降は食糧の欠乏、マラリア患者の続出、ゲリラの襲撃などで戦力を消耗していった。

連隊は9月25日、米軍に降伏した。死者・行方不明者776人、生存者259人。死者の多くは栄養失調（餓死）と推定される。

現在、弘前市清水の兵営跡で、弘輜会（輜重兵第8連隊の戦友会）の建てた石碑が連隊の記憶を伝えている。

【一口メモ】 清水村《しみずむら》は1889（明治22）年4月1日の市制町村制施行で、弘前城下の紙漉町《かみすきまち》と富田《とみた》、小沢《こざわ》、坂元《さかもと》、常盤坂《ときわざか》、悪戸《あくど》、下湯口《しもゆぐち》の6村が合併して成立。役場は富田に置かれた。1928（昭和3）年4月1日、大字富田の一部と紙漉町が弘前市《ひろさきし》へ編入。役場も新寺町《しんてらまち》へ移転した。55（昭和30）年3月1日、和徳《わとく》《わっとく》、豊田《とよだ》、堀越《ほりこし》、千年《ちとせ》、裾野《すその》、東目屋《ひがしめや》、藤代《ふじしろ》、新和《にいな》、船沢《ふなざわ》、高杉《たかすぎ》の10村とともに弘前市へ編入合併。自治体としての清水村は消えたが、弘前市の町名として清水の名は残された。

中津軽郡② 文・中野渡一耕

千年村《ちとせむら》〈現弘前市〉

弘前藩主別邸に村名由来

千年村は、現弘前市の南西部に位置した。村名は明治の大合併時に付けられたが、現千年公民館周辺にあった弘前藩主の別邸「千年山」に由来する。

公民館の前を通る県道127号(石川土手町線)は、江戸時代は弘前藩主の参勤交代路だった。1684(貞享元)年、4代藩主津軽信政の時代、街道沿いにあった小栗山村の松山を千年山と名付け、茶亭「長楽亭」など12の施設を建てた。参勤交代時の休憩所とした他、藩主一家の行楽地として利用した。

しかし、建物の維持に多額の経費を要するためか、江戸中期以降はあまり使われなくなり、1869(明治2)年に正式に廃止となった(田澤正『失われた弘前の名勝』より)。

千年山が造立された頃、周辺の街道の松並木も整備された。明治初年は千株を超えたが、昭和初年には半分以下になり、アジア太平洋戦争末期に軍用機の燃料の代用として松根油《しょうこんゆ》を採るため、大半の松が伐採されたという。現在では千年公民館前の1本の老松に面影をしのぶのみである。この公民館は千年村役場があった場所に立つ。

現在、旧千年村北部はすっかり市街地化している。弘前大学生のたまり場である「西弘《にしひろ》」と称される商店街周辺が村の北端部だった。この辺りは戦前には陸軍第8師団

師団通り。右の建物は歩兵第52連隊の兵舎。1925(大正14)年に同連隊は廃止され、後に歩兵第31連隊が移転した＝明治末期～大正初期(青森県所蔵県史編さん資料より)

千年公民館と一本松＝2015（平成27）年7月12日（筆者撮影）

（清水村の項を参照）関連の施設が立ち並んでいた。

現在の青森県立弘前実業高校がある場所は、かつての歩兵第52連隊であり、弘前市立文京小学校は被服倉庫と陸軍監獄だった。原ケ平地区の丘陵地には射撃場や陸軍墓地があった。これらの敷地は敗戦とともに払い下げられたが、1968（昭和43）年、かつて射撃場があった地に、陸上自衛隊弘前駐屯地（第39普通科連隊他）が誘致された。今も昔も、千年地区は軍事施設のお膝元という性格を持っている。

旧千年村の名勝として、一野渡地区の座頭《ざとう》石が挙げられる。28（昭和3）年に当時の弘前新聞が公募した「津軽十景」の第2位に選ばれた。大和沢川の支流尾神沢の渓谷に屹立《きつりつ》する岩塊で、盲人が琵琶を背負う形に似ているので、この名前が付いた。観光資源の多様化で、現在はかつてほど著名な観光地とは言い難い。

旧千年村南部はリンゴ園と水田が広がる農村地帯だが、藩政時代から清水森地区を中心に栽培される「清水森ナンバ」（唐辛子）は、近年ご当地野菜として注目されている。昭和40年代以降、輸入唐辛子に押され、品種の存続が危ぶまれたが、産学官連携による「在来津軽清水森ナンバブランド確立研究会」の復興活動で生産量は徐々に増えている。

【一口メモ】 千年村《ちとせむら》は1889（明治22）年4月1日の市制町村制施行で、小栗山《こぐりやま》、松木平《まつきたい》、清水森《しみずもり》、大和沢《おおわさわ》、一野渡《いちのわたり》、原ケ平《はらがたい》の6村が合併して成立。役場は小栗山に置かれた。1955（昭和30）年3月1日、清水《しみず》、和徳《わとく》《わっとく》、豊田《とよだ》、堀越《ほりこし》、裾野《すその》、東目屋《ひがしめや》、藤代《ふじしろ》、新和《にいな》、船沢《ふなざわ》、高杉《たかすぎ》の10村とともに弘前市《ひろさきし》へ編入合併。千年の村名は消えたが、千年駅の他、千年の名は弘前市の町名として残されている。

文・小石川透

堀越村《ほりこしむら》〈現弘前市〉

交通の利便性と史跡保護

堀越村は堀越、門外、大清水、取上の4村が1889（明治22）年に合併して誕生した。

4村は近世初期において、弘前城下から碇ケ関を経て秋田領へ抜ける、かつての羽州街道沿いに所在した村々である。当初、羽州街道は堀越から門外、大清水、取上、そのまま松森町、土手町へと延び、弘前城下の中心に通じていた。このルートは「堀越街道」と呼ばれ、17世紀の後半までは参勤交代の経路でもあった。

95（明治28）年の奥羽北線（現JR奥羽本線）弘前―碇ケ関間の開通や、1941（昭和16）年の弘南バスの開業などで、合併後も堀越村は鉄道やバス路線が通る交通の要所として機能することとなった。

一方、1898（明治31）年の陸軍第8師団の設置においては、堀越村の取上地区に騎兵第8連隊が置かれることとなり、現在の弘前市立松原小学校や「くみあいマーケット松原店」の敷地を中心に施設が立ち並んだ。

2016（平成28）年、騎兵第8連隊の覆馬場《おおばば》を利用していた、くみあいマーケット松原店の店舗が解体撤去された。騎兵第8連隊に関連するすべての建物は姿を消したが、規模の大きい煉瓦《れんが》造りの建物は、長らく地域の人々に愛されたものであった。

弘前市が史跡公園として整備を

堀越村内を走る奥羽本線（奥羽北線）。大和沢川に架かる鉄橋から岩木山を望む＝明治末期～大正初期（青森県所蔵県史編さん資料より）

騎兵第8連隊の覆馬場を利用していた「くみあいマーケット松原店」＝2013（平成25）年9月22日（中園裕氏撮影）

行った堀越城跡（史跡津軽氏城跡）は、弘前藩初代藩主である津軽為信の居城として知られる。1594（文禄3）年に、為信は本拠を大浦城（現弘前市賀田《よした》）から堀越城へ移した。

岩木川の西岸に勢力基盤を置いていた津軽氏にとって、激しく争った南部氏の勢力圏だった岩木川東岸への本拠の移転は、津軽一帯の領有を成し遂げたことを領内外に誇示したもので、在地土豪から近世大名への脱皮を象徴する出来事だったのである。

無論、堀越自体が、後年の羽州街道に面した交通の要所だったことが本拠移転の要因だったろう。

現在、国道7号石川バイパスが堀越城跡の上を走る。1980（昭和55）年に暫定2車線として供用が開始された同バイパスは、弘前市の南の玄関口として機能し、地域の利便性の向上と発展に大きく寄与してきた。

その一方でバイパスの敷設は、地域の成り立ちを現在に伝える史跡の保護に大きな影響を与えることとなった。史跡の保護と道路の敷設に伴う開発は相容れない性質を持つからである。

為信が見込んだ交通の要所としての堀越は、異なる価値観が混然として共存する独自の地域性を持つことになったのである。

【一口メモ】 堀越村《ほりこしむら》は1889（明治22）年4月1日の市制町村制施行で、堀越《ほりこし》、門外《かどけ》、大清水《おおしみず》、取上《とりあげ》の4村が合併して成立。役場は門外に置かれた。1955（昭和30）年3月1日、清水《しみず》、和徳《わとく》、豊田《とよだ》、千年《ちとせ》、裾野《すその》、東目屋《ひがしめや》、藤代《ふじしろ》、新和《にいな》、船沢《ふなざわ》、高杉《たかすぎ》の10村とともに弘前市《ひろさきし》へ編入合併。堀越の村名はなくなった。しかし、堀越の名は弘前市の大字として残されている。

中津軽郡④　文・中園裕

豊田村《とよだむら》〈現弘前市〉

都市計画で大変貌を遂げる

　豊田村は、現弘前市の東部と南部に位置する村だった。村の東側には平川が流れ、南津軽郡との境界になっていた。米と雑穀が中心だが、わら工品の生産も多かった。典型的な農村だったが、現在は住宅街と大型ショッピングセンターが林立している。

　1927（昭和2）年、純農村地帯だった豊田村に弘南鉄道弘南線が敷設され、南弘前（現弘前東高前）と新里の2駅が設置された。開設当初、南弘前駅は松森町駅と称した。弘前市の松森町に近かったからだろう。しかし、駅自体は豊田村域にあった。新里駅は老朽化が激しく、原形をとどめる形で改修されたが、弘南鉄道で現存する最古の駅舎である。

　弘南線は弘前―南弘前間を国鉄（現JR）奥羽本線と平行して走る。戦後の高度経済成長を経て、鉄道の運行本数とともに自動車通行量が激増した。このため、両駅間にあった二つの踏切が「開かずの踏切」状態となり、道路渋滞や交通事故が頻発した。

　この二つは、弘前駅に近い豊田道踏切と、それより南に位置する楮町《こうじまち》踏切だった。弘前駅東側の城東地区に団地が形成されて以降、駅の東西を結ぶ道路の利用が多くなった。これに対し、踏切には国鉄と弘南鉄道に加え、貨物輸送用の側線があったため、長時間にわたって遮断機が下りたままとなった。

「開かずの踏切」だった楮町踏切と弘南鉄道弘南線＝1961（昭和36）年7月（川村昭次郎氏撮影、川村英明氏提供）

二つの「開かずの踏切」を解消した豊田跨線橋＝2017（平成29）年7月18日（筆者撮影）

開かずの踏切を解消するため、県道と市道の間に鉄道をまたぐ豊田跨線橋《こせんきょう》が計画された。新たな都市計画道路として建設された豊田跨線橋は、77（昭和52）年開催の「あすなろ国体」に向けて実施された道路整備の一つでもあった。豊田跨線橋の完成により、開かずの踏切は解消され、後に二つの踏切は廃止された。

弘前市編入後の豊田村は、村域が弘前駅の東側に位置していたことから、市の都市計画で区画整理の対象となり、駅前開発と住宅街の建設によって大変貌を遂げた。村時代の曲がった道路は、碁盤目の整然とした都市計画道路に生まれ変わった。地域内には弘南バスの循環バスが走り、買い物客の足を支えた。また、弘南線の南弘前―新里間に弘前運動公園が造営され、77（昭和52）年9月に運動公園前駅が新設された。

旧豊田村域には、村時代からの7大字が残っているが、「田園」や「早稲田」など都市計画で生まれた新しい地名も存在する。明治期創設の現弘前市立豊田小学校がある一方、都市計画によってできた豊田跨線橋にも旧村の名が付けられている。豊田村時代の農村風景は失われたが、新旧の施設や建物に残された豊田の名に、村のたどった歴史が映し出されている。

【ひとことメモ】 豊田村《とよだむら》は1889（明治22）年4月1日の市制町村制施行で、新里《にさと》、境関《さかいぜき》、福田《ふくだ》、福村《ふくむら》、外崎《とのさき》、高田《たかだ》、小比内《さんぴない》の7村が合併して成立。外崎の字名の一つである豊田を村名にしたと思われる。役場は当初、新里に置かれ、後に福村、新里へと移転した。1955（昭和30）年3月1日、清《し》水《みず》、和徳《わとく》、堀越《ほりこし》、千年《ちとせ》、裾野《すその》、東目屋《ひがしめや》、藤代《ふじしろ》、新和《にいな》、船沢《ふなざわ》、高杉《たかすぎ》の10村とともに弘前市《ひろさきし》へ編入合併。豊田の村名は消えたが、豊田小学校の他、豊田跨線橋に豊田の名が残されている。

中津軽郡⑤　文・蔦谷大輔

和徳村〈現弘前市〉

わとくむら、わっとくむら

津軽統一の戦いの地

現在、弘前市内に「和徳」が付く地名は和徳町《わとくまち》一つのみであるが、1955（昭和30）年に和徳村が同市へ編入されるまでは、同村名と同市の大字の二つがあった。

和徳は、江戸時代に弘前藩内で編さんされた歴史書では、大浦（津軽）為信による津軽統一初期の戦いの地として詳しく記される。それは1571（元亀2）年5月に、為信が津軽を支配していた南部高信の居城である石川城（現弘前市石川）を落城させ、その勢いのまま和徳城に攻め込み、城主小山内讃岐を討ち取ったというものである。この記述には脚色や誇張が多いが、和徳が藩の草創を語る上で重要な地であるという人々の認識が読み取れる。

和徳町は、寛文から延宝年間（1661〜81年）にかけて開かれた弘前城下の町人町である。一方、和徳村は和徳町に接しており、城下に接する村という意味で「在郷和徳」と称されていた。和徳町と和徳村は、油川から弘前、碇ケ関、大館、秋田を結ぶ羽州街道と、高崎、田舎館、黒石へと抜ける黒石街道の二つが直結する地にあり、街道整備に伴い発展した地域であった。

明治後期以降、和徳村は鉄道と乗合自動車（バス）という二つの運輸事業の拠点になった。1894（明治27）年12月、奥羽北線（現JR奥羽本線）の青森―

駅前がまだ和徳村だった時代に建設された弘前駅とトテ馬車＝1950年代後半（中園裕氏提供）

弘前間が開通し、和徳村に弘前駅が置かれた。1927（昭和2）年9月、弘南鉄道株式会社が弘前―尾上間を開業した。33（昭和8）年7月11日付の『東奥日報』は、当時の弘前市の列車通学生が東北地方でも仙台に次ぐ千人ほどと取り上げている。

30（昭和5）年、既存の乗合自動車会社2社が合併し、弘前乗合自動車株式会社を和徳村で創業した。41（昭和16）年、国策としてバス事業の統合が行われ、同社は弘南鉄道に買収された。弘南鉄道は36～41（昭和11～16）年にかけてバス会社7社を買収し、その自動車部が独立して弘南バス株式会社を設立した。こうして、1市2郡にわたるバス網は弘南バスに集約された。

戦後、弘南バスは車両や燃料等の不足により休止していた路線を復活させ、路線拡大や長距離化を進めた。55（昭和30）年には、バス事業からの撤退を模索していた津軽鉄道株式会社から事業の譲渡を受け、西、北津軽地方にもバス路線を拡大していった。

旧和徳村域に当たる現在の弘前駅前地区には、弘南バスのターミナルもあって、それらを中心とした交通網によって地域の人や物が結び付けられている。

1936（昭和11）年に弘前市堅田、和泉両地区の境界に建てられた追分石＝2016（平成28）年8月11日（筆者撮影）

【一口メモ】 和徳村《わとくむら》《わっとくむら》は1889（明治22）年4月1日の市制町村制施行で、堅田《かただ》、和徳、高崎《たかさき》、撫牛子《ないじょうし》、大久保《おおくぼ》、津賀野《つかの》、百田《ももた》、向外瀬《むかいとのせ》、清野袋《せいのふくろ》の9村が合併して成立。役場は堅田に置かれ、旧村名は和徳村の大字となった。1936（昭和11）年1月1日、大字和徳の全域と堅田、高崎の各一部が弘前市《ひろさきし》へ編入。52（昭和27）年4月1日には豊田村《とよだむら》の一部が和徳村へ編入された。55（昭和30）年3月1日、清水《しみず》、豊田、堀越《ほりこし》、千年《ちとせ》、裾野《すその》、東目屋《ひがしめや》、藤代《ふじしろ》、新和《にいな》、船沢《ふなざわ》、高杉《たかすぎ》の10村とともに弘前市へ編入合併。和徳の村名はなくなった。しかし、和徳の名は弘前市の町名や学校名など地域に根付いている。

中津軽郡⑥　文・福井 敏隆

藤代村

ふじしろむら

〈現弘前市〉

新旧の地名が混在

藤代村は、江戸時代の弘前藩の行政区画の一つである藤代組のうち、藤代村を中心に10村が合併して成立した村である。岩木川中流域左岸の河岸段丘上に位置した。水田耕作を中心とした地域であるが、リンゴ栽培も見られる。

大字は旧村名を継承し、村の西端である藤代には、弘前藩祖津軽為信の菩提《ぼだい》寺、曹洞《そうとう》宗の革秀寺《かくしゅうじ》があり、本堂と為信霊屋は国重文に指定されている。明治期に鳥町に致遠《ちえん》尋常小学校、中崎に三省《さんせい》尋常小学校が置かれたが、両校は弘前市立致遠小学校、三省小学校として現存している。

10の大字のうち、船水が歴史的には一番古くまでさかのぼれ、1337（建武4）年の「曽我貞光申上案」（『遠野南部家文書』）に「船水楯」が出てくる。三世寺も49（貞和5）年の「陸奥国先達旦那系図注文案」（『米良《めら》文書』）に寺名が見え、また字色吉の神明宮境内には7基の板碑が並び、20（元応2）年銘のものもある。天文年間（1532～55年）成立の「津軽郡中名字」には、船水と三世寺の他、町田の地名も見える。同書の「名久井苞《なくいやち》」が中崎のことだという。

船水、町田、中崎、三世寺、大川の各地区は、県道37号（弘前柏線）沿いに家並みが続く。1941（昭和16）年に現弘南バスが事業を引き継いだが、その2

弘前藩祖津軽為信の菩提寺である曹洞宗革秀寺の本堂＝2014（平成26）年5月17日（筆者撮影）

弘前市立致遠小学校の運動会＝1965（昭和40）年ごろ（福士利昭氏提供、いき出版『写真アルバム　弘前・黒石・平川の昭和』より転載）

年前から前岡バスが弘前―三世寺―板柳間を運行していた。

　道路と平行し、江戸時代に開削された用水路の土淵堰《どえんぜき》と岩木川が流れる。町田地区にはＪＡつがる弘前の弘前西支店や総合物流センターがある他、２００３（平成15）年に弘前地区環境整備センターが建ち、景観が変わった。大川地区の介護老人保健施設サンタハウス弘前も道路沿いで存在感を示している。

　藤代、土堂、石渡、鳥町、萢中の各地区は岩木川の北部に位置する。岩木川に架かる１９５８（昭和33）年完成の富士見橋を渡り、弘前市浜の町の北を通る県道31号（弘前鯵ケ沢線）の両側に続く地域である。

　石渡地区には日本酒「豊盃」を醸造する30（昭和５）年創業の三浦酒造や、河西《かわにし》体育センターがある。鳥町と萢中は変化が大きく、鳥町は97（平成９）年に浜の町北と町名が変更になり、大字名が消えた。萢中から藤野２丁目に変わった地域は「藤代工業団地」と呼ばれ、三光化成株式会社の弘前工場や弘南バス株式会社の本社が立ち並び、これからの発展が望まれる。

　昭和の大合併で弘前市へ編入された藤代地区は、歴史ある古い地名と、開発の進展によって新しく命名された地名が混在する地域といえよう。

【一口メモ】 藤代村《ふじしろむら》は１８８９（明治22）４月１日の市制町村制施行で、藤代、土堂《つちどう》、石渡《いしわたり》、鳥町《ちょうじょう》、萢中《やちなか》、船水《ふなみず》、町田《まちだ》、中崎《なかざき》、三世寺《さんぜじ》、大川《おおかわ》の10村が合併して成立。役場は船水に置かれた。１９５５（昭和30）年３月１日、清水《しみず》、和徳《わとく》《わっとく》、豊田《とよだ》、堀越《ほりこし》、千年《ちとせ》、裾野《すその》、東目屋《ひがしめや》、新和《にいな》、船沢《ふなざわ》、高《たか》杉《すぎ》の10村とともに弘前市《ひろさきし》へ編入合併した。藤代の村名は消えたが、藤代の名は大字として継承された。

中津軽部⑦　文・福井敏隆

船沢村《ふなざわむら》〈現弘前市〉

岩木山東麓の純農村地帯

船沢村は弘前藩の行政区画の一つである高杉組のうち、蒔苗、細越、折笠、宮館、中別所と、1876（明治9）年に成立した富栄の6村が合併してできた村である。大字は旧村名を継承。村の東北端にある中世の館跡として知られる中別所館跡の堀を通称・船沢と呼んでおり、村名はこれにちなんだといわれている。

村の中央を現在の県道35号（五所川原岩木線）が通る。1939（昭和14）年当時、弘前バスが弘前—船沢間を運行していたが、後に弘南バスに引き継がれた。

40（昭和15）年、中別所から分かれた岩木山麓の開拓地である弥生地区が組み入れられ、7大字となった。弥生地区には76（昭和51）年「弥生いこいの広場」ができたが、地番的には弘前市百沢に入る。

役場の置かれた旧富栄村は、1876（明治9）年に鶴田、三ツ森、四戸《しと》野沢《のさわ》、小島の4村が合併して成立。新村が富み栄えることを願って村名にしたという。ただし、旧村名は通称としては残るものの、字名は存在しない。

中別所地区には「石仏《いしぼとけ》」「公卿《くげ》塚」と呼ばれる板碑を50基ほど集めた場所があり、1287（弘安10）年銘のものがある。翌年に建てられた「正応の板碑」は国重要美術品に認定されている。宮館地区には、津軽地方で独自に発達し

国指定名勝の瑞楽園＝2015（平成27）年9月21日（筆者撮影）

船沢村立船沢小学校弥生分教場の卒業記念写真
＝1948（昭和23）年（葛西康憲氏提供、いき出版『写真アルバム　弘前・黒石・平川の昭和』より転載）

た庭園技術、大石武学流で作られた国指定名勝「瑞楽園」があり、津軽の豪農の庭園として注目される。

細越地区にある弘前市立船沢小学校は、明治期に富栄地区に建てられた富栄尋常小学校の後身だ。富栄にある市立船沢中学校は、1950（昭和25）年に折笠地区から移転したものである。

折笠はリンゴ栽培が盛んで、リンゴ栽培家として活躍し、スターキングの栽培普及に努めた対馬竹五郎の生誕地である。対馬は弥生地区のリンゴ栽培にも力を入れた人物で、開拓には船沢村の農家の次男と三男が従事した。

富栄で忘れてならないのは、講道館柔道を世界に広めたコンデ・コマこと前田光世《みつよ》が1878（明治11）年に生まれたことだ。前田は青森県尋常中学校（現県立弘前高校）などを経て東京専門学校（現早稲田大学）に進み、講道館で柔道を学び、アメリカやヨーロッパを遍歴し柔道を広めた（後に七段に昇段）。1915（大正4）年、ブラジルに渡り、海軍兵学校の柔道師範をした後、ベレン市に住み、アマゾン開発に従事し、同地方への移民を先導した。41（昭和16）年に同市で永眠したが、彼の業績は弘前公園追手門近くの顕彰碑で知ることができる。

岩木山の東麓に位置し、水田耕作とリンゴや蔬菜《そさい》栽培を主とする船沢村は、純農村として発達し、現在もその状態は変わっていない。

【一口メモ】 船沢村《ふなざわむら》は1889（明治22）年4月1日の市制町村制施行で、蒔苗《まかなえ》、富栄《とみさかえ》、細越《ほそごえ》、折笠《おりかさ》、宮館《みやだて》、中別所《なかべっしょ》の6村が合併して成立。役場は富栄に置かれた。1955（昭和30）年3月1日、清水《しみず》、和徳《わとく》、豊田《とよだ》、堀越《ほりこし》、千年《ちとせ》、裾野《すその》、東目屋《ひがしめや》、藤代《ふじしろ》、新和《にいな》、高杉《たかすぎ》の10村とともに弘前市《ひろさきし》へ編入合併。船沢の村名は消えたが、折笠に弘前市の船沢出張所がある。

文・福島春那

高杉村 たかすぎむら 〈現弘前市〉

西浜街道沿いに展開

高杉村は中津軽郡の中央にあり、現弘前市の北西部に位置していた。

弘前の城下町に近接する農村地帯の一つで、近隣と同様、昭和に入り、リンゴ栽培が盛んに行われるようになった。1953（昭和28）年刊『高杉村勢要覧』によれば、耕地面積735町4反のうち、水稲が399町4反、果樹が275町を占めている（1町＝約1ヘクタール、1反＝約10アール）。

弘前市の中心街から旧高杉村域を通り、鰺ケ沢町へつながる県道31号（弘前鰺ケ沢線）は、かつての西浜街道をなぞっている。鰺ケ沢、大間越へと抜け、秋田藩へと延びるこの街道は、古くは参勤交代の道であったという。『弘前藩丁日記（国日記）』所収の「御郡中駄賃定」では、この街道を「高杉通《どおり》」と呼んでいる。

高杉村は、弘前と鰺ケ沢をつなぐ西浜街道において、弘前城下のすぐ次の宿継場だった。また、百沢への道と、藤崎への道が交わる交通の要所であり、早くから開けていたという。

現在の弘前市中別所にある、1288（正応元）年銘の板碑には高杉の古称「高相《たかすぎ》」の地名が見られ、高杉の名は中世以来の歴史を持つといわれる。

俗謡にも「独狐《とっこ》、高杉、馬ぐつの出どこ」とうたうものがある。馬ぐつとは、わらで編まれた馬の蹄《ひづめ》にかぶせる靴のこと。旅人たち

独狐児童館の子どもたち。1975（昭和50）年に保育所の認可を受け、現在では「とっこ保育園」となっている＝69（昭和44）年（弘前市提供、いき出版『写真アルバム　弘前・黒石・平川の昭和』より転載）

紫雲山南貞院に再建された観音堂（中央）＝2005（平成17）年（青森県所蔵県史編さん資料より）

が汚れた草鞋《わらじ》を取り替えるため、馬ぐつや草鞋が売れ、往来がにぎわった光景が目に浮かぶような一節である。

西浜街道は巡礼の道でもあった。高杉村には津軽三十三霊場の四番札所・高杉聖観音があり、鯵ケ沢方面へと進んだ十腰内には五番札所・巌鬼山神社がある。高杉聖観音は明治維新に伴う神仏分離により取り下げられたが、人々の観音信仰は根強く、昭和に入り、紫雲山南貞院《なんていいん》に観音堂が再建されたという。

高杉聖観音は、現在の加茂神社の場所にあった。加茂神社の社殿の周囲には杉木立が伸び、霊場の雰囲気を今に伝えている。「はるばるとまうで（詣で）車の宮めぐり名は高杉の宮に残れり」との御詠歌からは、城下から訪れる参詣者の姿がうかがえる。

1965（昭和40）年の弘前大学民俗学研究部による報告では、（旧高杉村の）独狐にはよく巡礼とか、旅をしている神信心《かみしんじん》の厚い人が訪れ、村の信心深い人が彼らを家に泊めたという。こうした旅人のうち、護符や薬草、唱え言などを持ち伝えた者を「弘法大師さま」と呼んだとある（『こまおどり8号』より）。これは弘前市への編入合併以降の調査報告である。

上地で暮らす人々のありさまは、いにしえより連綿と続いてきた暮らしの中で培われてきたのである。

【一口メモ】 高杉村《たかすぎむら》は1889（明治22）年4月1日の市制町村制施行で、独狐《とっこ》、前坂《まえざか》、薬師堂《やくしどう》、高杉、糠坪《ぬかつぼ》の5村が合併して成立。役場は独狐に置かれたが、後に前坂へ移転した。1955（昭和30）年3月1日、清水《しみず》、和徳《わとく》《わっとく》、豊田《とよだ》、堀越《ほりこし》、千年《ちとせ》、裾野《すその》、東目屋《ひがしめや》、藤代《ふじしろ》、新和《にいな》、船沢《ふなざわ》の10村とともに弘前市《ひろさきし》へ編入合併。高杉の村名は消えた。しかし、高杉の名は弘前市の大字として残されている。

中津軽郡⑨　文・中園裕

新和村《にいなむら》〈現弘前市〉

土淵堰とため池の景観美

新和村は、現在の板柳町と鶴田町の西方に位置した。村内のほとんどが平野で、水田とリンゴ畑が広がっていた。岩木川の西岸を走る県道37号（弘前柏線）沿いに集落が点在し、役場のあった種市地区から西へ向かう県道125号（小友板柳停車場線）沿いに小友の集落がある。

1890（明治23）年、村南部の青女子と板屋野木村（95年＝明治28年に板柳村と改称）の間に幡龍《ばんりゅう》橋が架けられた。橋は対岸の板柳村との交流を深めた。

1918（大正7）年に陸奥鉄道（現JR五能線）が開通し、板柳駅が開業した。これ以降、弘前方面と五所川原・鯵ケ沢方面との流通が盛んになった。事実、鉄道の開通2年後に板柳村は町制施行を遂げている。

戦後も新和村民は幡龍橋を渡って板柳町の中心商店街へ買い物に出掛けるなど、両町村の交流は深かった。昭和の大合併に際し、青森県は北津軽郡の板柳町を中心に小阿弥、六郷、沿川の3村と、南津軽郡の畑岡村、そして岩木川対岸の中津軽郡新和、裾野両村を加えて板柳市とする構想を推進していた。しかし、郡を越えての合併は成立しなかった。

かつての幡龍橋は木造だったが、34（昭和9）年に鉄筋コンクリート製になった。しかし、75（昭和50）年の大水害で橋の中央部が流

鉄筋コンクリート製になった幡龍橋＝1936(昭和11)年9月5日(矢川写真館・矢川元氏提供)

砂沢溜池と岩木山＝2016（平成28）年5月3日（筆者撮影）

出。79（昭和54）年に現在の橋に架け替えられた。

新和村の北部は水元村（現鶴田町）に接し、津軽富士見湖（廻堰《まわりぜき》大溜池《おおためいけ》）が存在する。藩政時代に造られた灌漑《かんがい》用のため池だが、近代以降は村や県、そして国が護岸と築堤を行ってきた。

大溜池以上に見逃せない灌漑施設が土淵堰《どえんぜき》だ。村の南隣に位置する藤代村が水源で、新和村を縦断し西、北両津軽郡の町村へ灌漑用水を供給する重要な堰である。土淵堰は幅が広く、河川と見間違えるほど立派なもの。特に種市周辺を流れる堰は県道37号と平行し、一つの美しい景観を成している。

土淵堰と並び、村内にある重要な灌漑設備として砂沢溜池と砂沢下溜池がある。二つのため池は道路を挟んで南北に分かれている。北にある下溜池が少し小さいが、隣接しているので一つの広大なため池に見える。砂沢溜池の南側に存在する砂沢遺跡は、日本で最も北に位置し、県内で最も古い弥生時代の遺跡として知られている。

豊富な水をたたえた砂沢溜池に映える岩木山は大変美しい。ため池と岩木山の光景は、鶴田町の津軽富士見湖が有名である。しかし、砂沢溜池から見る岩木山も景勝地として誇っていいものだ。土淵堰とため池は新和村にとって生活上はもちろん、景観上からも欠かせない存在だったのである。

【一口メモ】 新和村《にいなむら》は1889（明治22）年4月1日の市制町村制施行で、種市《たねいち》、青女子《あおなご》、小友《おとも》、三和《みわ》、笹館《ささだて》の5村が合併して成立。役場は種市に置かれた。5村が新しく和することを願って村名とした。1955（昭和30）年3月1日、清水《しみず》、和徳《わとく》《わっとく》、豊田《とよだ》、堀越《ほりこし》、千年《ちとせ》、裾野《すその》、東目屋《ひがしめや》、藤代《ふじしろ》、船沢《ふなざわ》、高杉《たかすぎ》の10村とともに弘前市《ひろさきし》へ編入合併。新和の村名は消えたが、小・中学校に新和の名が残されている。

文・福島 春那

裾野村《すそのむら》〈現弘前市〉

数多くの霊地を有する

弘前城下と鰺ケ沢をつなぐ、かつての西浜街道、現在の県道31号（弘前鰺ケ沢線）を西へ向かう。水田とリンゴ畑が広がる旧高杉村を抜け、旧裾野村の入り口、鬼沢地区へ差し掛かると、途端に坂とカーブが連続する。裾野村はその名の通り、山あいに集落が連なっていた。

1955（昭和30）年、周辺町村と合併し新生した弘前市は、農村都市としての一面を併せ持つこととなった。弘前城下と西浜を結ぶ旧裾野村は新生弘前市の周縁的な位置にあり、その最たる所と目された。

56（昭和31）年、弘前市政調査会は旧裾野村域のうち、十面沢、十腰内両地区において調査を実施、『裾野地区住生活調査報告』を発行している。民家における窓の少なさが指摘される一方で、青森県内の他地域と比較して平均血圧が低いという。

水田単作地帯と違い、自家消費のための水田と現金収入のためのリンゴ畑を有し、自家用野菜の栽培も行えるため、白米偏重の食事に陥りづらい。また、リンゴの果樹の剪定《せんてい》した枝が燃料となり、薪《まき》ストーブの普及率が高いのも理由の一つではないかという。

一方、岩木山北麓の裾野に広がる一帯は、津軽総鎮守の岩木山神社を擁する南麓と異なり、鬼神や大人《おおひと》の伝承に彩られ、「カミサマ」

鬼神社の裸参り＝1981（昭和56）年2月5日（小山内文雄氏撮影、小山内豊彦氏提供、泰斗舎『写文集　愛しの昭和　青森市』より転載）

大石神社境内の奉納木馬＝2016（平成28）年10月3日（筆者撮影）

と呼ばれる巫者《ふしゃ》たちの行場《ぎょうば》があることでも知られている。

　鬼の伝説は「鬼沢」の地名からもうかがえる。鬼神社には大きな鍬《くわ》や鋤《すき》などの農具が奉納されていて、旧暦元旦の裸参りや、旧暦正月29日の七日堂祭でも有名である。この辺りでは鬼は悪いものとはせず、節分の豆まきでも「福は内、鬼も内」と唱える。

　大森地区には大石神社がある。拝殿の後ろに神体の巨石があるのだが、大石神社を訪れてまず目につくのは、境内に立ち並ぶ奉納木馬の数々である。大石神社は子授け・安産の神として、近隣の女性たちからあつく信仰されてきた。

　かつて岩木山は女人禁制であったが、このように女性の個人的な祈願のため親しまれてきた大石神社がある。側道を登ると「赤倉」と呼ばれる巫者たちの行場があり、多くの女性巫者を集めてきた。

　十腰内には、津軽三十三霊場の五番札所・巌鬼山神社がある。徒歩で一番札所から順に回った場合には、この巌鬼山神社で日暮れを迎え、ここで1泊し朝早々に鯵ケ沢へ旅立っていくのが習わしであったという。

　このように、岩木山の裾野たるこの村は数多くの霊地を有し、古くより津軽野の人々の心に深く結び付いてきたのだった。

【一口メモ】 裾野村《すそのむら》は1889（明治22）年4月1日の市制町村制施行で、大森《おおもり》、貝沢《かいざわ》、鬼沢《おにざわ》、楢木《ならのき》、十面沢《とつらざわ》、十腰内《とこしない》の6村が合併して成立。岩木山の裾野に広がるという意味で村名を決定し、役場は大森に置かれた。1955（昭和30）年3月1日、清水《しみず》、和徳《わとく》、豊田《とよだ》、堀越《ほりこし》、千年《ちとせ》、東目屋《ひがしめや》、藤代《ふじしろ》、新和《にいな》、船沢《ふなざわ》、高杉《たかすぎ》の10村とともに弘前市《ひろさきし》へ編入合併。裾野の村名は消えた。裾野の名は中学校や郵便局以外に多くは残っていない。

中津軽郡⑪　文・工藤大輔

大浦村

おおうらむら

〈現弘前市〉

大浦氏の拠点 岩木町の中心

大浦村は、かつては「大浦郷」と称され、鎌倉時代は北条得宗（幕府の執権北条氏の嫡流《ちゃくりゅう》を指す）領として歴史にその名を刻んでいる。また、「宿命の対決」ともいわれる下国安藤氏と南部氏との争いの中で、夷島に退いていた下国安藤氏が津軽奪還を目指して南部氏と激戦の果てについに力尽きたのも、この大浦の地だったという。

そして、南部氏が津軽の西海岸地域の覇権を維持することももくろんで、その一族である南部光信らが種里（現鰺ケ沢町）にやって来た。光信は１５０２（文亀２）年、大浦に城を築き、嫡男盛信を配置した。以来、「大浦屋形」といわれ、後に初代弘前藩主となる為信の代に至るまで、90年余り大浦城は大浦氏の拠点として機能していた。

大浦城があった場所には現在、弘前市立津軽中学校がある。１９４９（昭和24）年に大浦村と隣村の駒越村と岩木村が、三ヶ村学校組合をつくり設置した学校である。学校はもちろん子どもたちの教育の場であるが、一方で地域コミュニティーの拠点でもある。特にこの地域では集落ごとの結び付きが強く、その連合体によって１村を成していたといわれる。津軽中学校は、運動会など村の行事などにも使われていたようだ。

大浦城の大手門の建物は、１６１１（慶長16）年の高岡（弘

旧大浦村の中心地だった賀田地区の街並み。写真左側に村役場があった。村役場は岩木村役場、岩木町役場を経て、現在は弘前市岩木総合支所となっている＝1950年代後半（弘前市立岩木小学校提供）

大浦城跡にあった津軽中学校旧校舎＝1980（昭和55）年ごろ（弘前市立津軽中学校提供）

前の古名）城築城の際に追手（亀甲門）の二の門として移築され、「賀田門《よした》」と呼ばれていたという。この賀田門は明治期に破却され、現在その姿を目にすることはできないが、弘前公園内には「賀田御門跡」の解説板が立てられている。

大浦村は１９５５（昭和30）年の駒越村、岩木村との合併により、岩木村の一部となった。当時、国の指示を受けた青森県が主体となって市町村合併を進めており、中津軽郡においては弘前市との合併を要請した。

しかし、これら3村は弘前市とではなく、3村での合併の道を選んだ。それは地理的状況や経済事情、さらには生活環境を考えた結果であった。さらにもう一つ、3村による学校組合、すなわち「県下に施設を誇る津軽中学校」を設置していたことも要因だったという。3村合併は、大浦城という地域の歴史が取り持った縁…といっては、いささか大げさであろうか。

3村合併後、かつての大浦城下である賀田地区にあった大浦村役場は岩木村役場となった。61（昭和36）年2月1日の町制施行後には、賀田を中心に市街地が形成されるようになった。旧大浦村は昭和の時代も岩木町の中心的な位置を占めていたのである。

【一口メモ】 大浦村《おおうらむら》は１８８９（明治22）年4月1日の市制町村制施行で、賀田《よした》、熊嶋《くまじま》、高屋《たかや》、横町《よこまち》、八幡《やわた》、鼻和《はなわ》、植田《うえだ》の7村が合併して成立。役場は賀田に置かれた。１９５５（昭和30）年3月1日、岩木《いわき》、駒越《こまごし》の2村と合併。新たに岩木村（61年＝昭和36年2月1日に岩木町、現弘前市《ひろさきし》）となり、自治体としての大浦村は消えた。大浦の名は史跡大浦城址以外には、ほとんど残っていない。

文・宮本 利行

駒越村
こまごしむら
〈現弘前市〉

岩木川が運命を決める

駒越村は、岩木川に沿ってできた集落である。かつて岩木川は村内の真土周辺から二股に分かれていた。弘前城が築城される際、岩木川の流れは西方に統一されたが、駒越村域は岩木川の中州のような状態だったため、洪水でたびたび氾濫した。

岩木川の船の渡し場は、弘前公園の鶴ノ松辺りだった。馬に乗って川を渡ったことから、この地は「駒越」と名付けられた。藤代は「下駒越」といわれ、駒越村の一部で津軽為信の菩提《ぼだい》寺である革秀寺《かくしゅうじ》の寺領があった。藤代に改名されたのは、４代藩主信政の時代になってからである。

駒越村は、弘前城下から岩木山神社に向かう百沢街道の渡船場としてにぎわった。だが、１８８３（明治16）年に岩木橋が架けられてからは単なる通過地となった。

昭和の大合併の際、中津軽郡すべての村が弘前市と合併する「大弘前市」の実現が検討されていた。このとき駒越村、大浦村、岩木村は要請を受け入れず、１９５５（昭和30）年３月１日、３村が合併して岩木村（後に町制施行）が誕生した。

しかし合併後、旧駒越村の村元、平田、高田、宮元、川原田、南袋各地区が、弘前市への編入を求めて分村運動を展開した。岩木村は弘前市が分村をそそのかし、圧力をかけたとして反発。運動は政治

木橋だった頃の岩木橋。1960（昭和35）年に永久橋へと架け替えられた＝56～57（昭和31～32）年（弘前市岩木総合支所提供）

鳥井野地区を流れる岩木川＝1955(昭和30)年6月4日(弘前市立岩木小学校提供)

問題化していった。

この問題は青森県や自治庁（現総務省）が調停に入り、ようやく解決をみた。村元、平田、高田は岩木川の西側に位置し、岩木村と陸続きのため、分村は認められなかった。だが、宮元、川原田、南袋は岩木川の東側に位置し、弘前市と陸続きのため、弘前市へ編入。分村が認められた。旧駒越村にとって岩木川が重要な存在だったことが分かる。

合併後の駒越地区は岩木山麓と弘前市街地をつなぐ拠点として位置付けられた。79（昭和54）年開通の「アップルロード」はその象徴的存在だ。この道路は特産リンゴの出荷を円滑にするため、交通量の多い弘前市街を通過せず、幹線道を直接つなげるために建設された。岩木町の百沢を起点に、駒越の兼平や鳥井野を通り、上岩木橋を渡って石川の国道7号に出て、大鰐弘前インターチェンジに連絡。大消費地である首都圏への輸送に大きく貢献した。

78（昭和53）年、青森県立津軽高校が県立岩木高校と改称し、駒越に校舎を新築移転した。駒越地区はもちろん岩木町唯一の高校として親しまれたが、少子化の影響から2017（平成29）年3月、県立弘前中央高校に統合され、69年の歴史に幕を閉じた。

【一口メモ】 駒越村《こまごしむら》は1889（明治22）年4月1日の市制町村制施行で、駒越、真土《まつち》、龍ノ口《たつのくち》、鳥井野《とりいの》、如来瀬《にょらいせ》、一町田《いっちょうだ》、兼平《かねひら》の7村が合併して成立。役場は駒越に置かれた。1955（昭和30）年3月1日、岩木《いわき》、大浦《おおうら》の2村と合併。新たに岩木村（61年＝昭和36年2月1日に岩木町、現弘前《ひろさき》市《し》）となって、自治体としての駒越村は消えた。しかし、駒越の名は大字として残されている。なお、56（昭和31）年9月1日、岩木村大字駒越のうち、字宮元、川原田、南袋の3地区が弘前市へ境界変更した。

中津軽郡⑬　文・佐藤良宣

東目屋村《ひがしめやむら》〈現弘前市〉

半世紀にわたって飛び地

　東目屋村は、岩木川の上流域に位置した。旧村域を通る県道は「目屋街道」と呼ばれ、西目屋村に通じている。産業は稲作の他、リンゴ栽培が中心で、かつては林業や炭焼きも盛んだった。

　1889（明治22）年の市制町村制施行で5村が合併する際、目《め》屋郷《やのごう》にちなみ、村名を東目屋村と定めた。目屋郷は建武新政期の頃の文書にも現れる地名であり、東目屋村、西目屋村周辺を指すものと考えられている。

　戦後、財政上の問題から全国各地で市町村合併が進められた。政府は1953（昭和28）年に町村合併促進法を成立させ、積極的に合併を推進。青森県もこれに協力した。

　東目屋村が属していた中津軽郡は16村あった。ここで課題になったのは、同郡の中心都市である弘前市との合併だった。当時の弘前市は財政赤字のため、周辺の村は市との合併に難色を示した。

　一方、弘前市は自治庁（現総務省）の意向や、全国的な大規模町村設置の流れを受け、中津軽郡の大部分の村と合併する意向を示し、県も大規模合併に同調した。青森県町村合併促進協議会は54（昭和29）年8月12日、新和村を除く中津軽郡15村と弘前市の合併を進める第2次試案を答申。翌月13日に県は合併を進める告示を出した。

　しかし、その少し前の8月31日

目屋街道沿いの国吉地区にある丸竹酒造＝2012（平成24）年10月5日（筆者撮影）

1970（昭和45）年ごろの弘前市立東目屋小学校（『創立40周年記念誌』より転載）

に結成された中弘地区市村合併協議会には、駒越、大浦、岩木、相馬、西目屋の5村が参加していなかった。このうち、駒越、大浦、岩木の3村は、独自に合併への動きを始めていた。また、残りの村と弘前市の合併も、住民を巻き込んで議論百出。合併への道のりは紆余《うよ》曲折の連続だった。

55（昭和30）年2月、前述の5村を除き、新和村を含む中津軽郡11村と弘前市が合併を申請。それとは別に駒越、大浦、岩木の3村も合併を申請した。相馬、西目屋両村は弘前市との合併を選ばず単独で残った。このため、相馬、西目屋、岩木、駒越の4村に囲まれていた東目屋村は、合併後に弘前市の飛び地になることが確実になった。

県は飛び地をつくらないため、東目屋村と弘前市に対し、村を合併から除外するよう求めたが、両者ともに反対した。結局、同年3月1日に11村が弘前市へ編入合併。駒越、大浦、岩木の3村も合併し、新しく弘前市と岩木村（後に町制施行）が成立した。

この結果、東目屋地区は約半世紀にわたり、弘前市の飛び地となった。しかし2006（平成18）年2月27日、弘前市と岩木町と相馬村が合併。東目屋地区の飛び地は解消されることになった。

【一口メモ】 東目屋村《ひがしめやむら》は1889（明治22）年4月1日の市制町村制施行で、国吉《くによし》、桜庭《さくらば》、米ケ袋《よねがふくろ》、中野《なかの》、中畑《なかはた》の5村が合併して成立。役場は国吉に置かれ、後に桜庭へ移された。1955（昭和30）年3月1日、清《し》水《みず》、和徳《わとく》、豊田《とよだ》、堀越《ほりこし》、千年《ちとせ》、裾野《すその》、藤代《ふじしろ》、新和《にいな》、船沢《ふなざわ》、高杉《たかすぎ》の10村とともに弘前市《ひろさきし》へ編入合併。東目屋の村名は消えた。現在、西目屋村《にしめやむら》が中津軽郡唯一の村として存在。東目屋の名は弘前市の出張所をはじめ、小学校や中学校などに残されている。

陳情団が大挙 激化する分村運動

県町村合併審議会は十七日午前十時から青森市新町県民生会館会議室で委員二十六名および県側から津島知事、長谷川総務部長、小笠原地方課長らが出席、合併後猛烈な分村運動が起きている津軽地方七地区十五部落について県が調査した資料を中心に審議した。

この日朝から『合併反対、分村させろ』と約五百名に上る分村陳情団が貸切バスで出青し、会場を取巻いて『ボスによる町村合併絶対反対』『不合理な合併から離れよう』などのノボリを林立させ『会場に入ることを遠慮してもらいたい』という県当局を尻目に強引に会議室に入って、審議経過を見まもるという息づまる光景がみられた。審議会は極めて慎重に県の調査報告に対し検討を加え、結局金木町（分村部落長富）板柳町（飯田、林崎）鶴田町（梅田、中泉）鶴田町（石野、野中、境）尾上町（日沼、薄田、新山）浪岡町（増館、川倉）常盤村（福館）の七地区に対し今後特別調査委員会を設け、さらに調査の上、二十四日に同調査委員会を開いて結論を出すことにし同三時半閉会した。（原文ママ）

1955（昭和30）年11月18日付

危ぶまれる農共組合の統合

町村合併による町村区域変更に伴い県は農業共済組合の整備統合に着手、年度末までに現在の百六十二組合から六十六組合に統合を計画、共済組合合併促進審議会設置案を二十日の県議会に提出するが、予算的裏付けがないことと津軽地帯各単組の反対にあい県の統合計画は予定よりぐっとずれ大半が明年に持込まれる傾向が強くなった。

県は今秋来各郡市ごとに合併推進協議会を開いて統合促進を図ってきたが三八、上北の統合機運進捗にくらべ南郡、北郡をのぞいた津軽地区、とくに中弘地帯は県計画にかなりの反論を示してきた。反対理由としては①町村合併に矛盾があり何ら地方の発展にプラスしていない。したがって同合併に則した組合統合は一律的で地域的事情を無視している②合併された町村区画に単位をおいても農家負担の軽減にならない―の二点をあげ、とくに弘前市から飛び地として問題になった東目屋の統合については猛烈な反論を呼び起している。これに対し県は共済組合法五条（組合の区域は市町村または特別の区域による。但し特別の事由ある時は市町村または特別の区域によることができる）の趣旨は原則的に町村単位にすべきだとしている。しかし問題は町村合併と同様の利害的あるいは小さな名誉心保持や部落感情的な利己心が露骨にあらわれてきたものとして注目される。

現在組合合併の推進母体となっている機関は従来から存置されている県共済保険審査会だが、統合運動に必要な予算の措置がないため同審査会だけでは大した成果も期待できぬといった状態。辛うじて組合合併が決まった場合は国庫補助金として一組合につき一万円以内が交付される程度で全組合が予定どおり統合されたとしても、その助成金のワクは全県でわずかに六十万円だけ。一方最近とくに事務態勢を確立した県共済連では合併指導に乗り出そうとしているが、結局県の予算措置がないため手も足もでないといった格好。したがって十二月県議会に提案される合併促進審議会設置がどんな内容の、どの程度の予算規模を持つものか関係方面の注目するところ。（原文ママ）

1955（昭和30）年12月15日付

【南津軽郡】

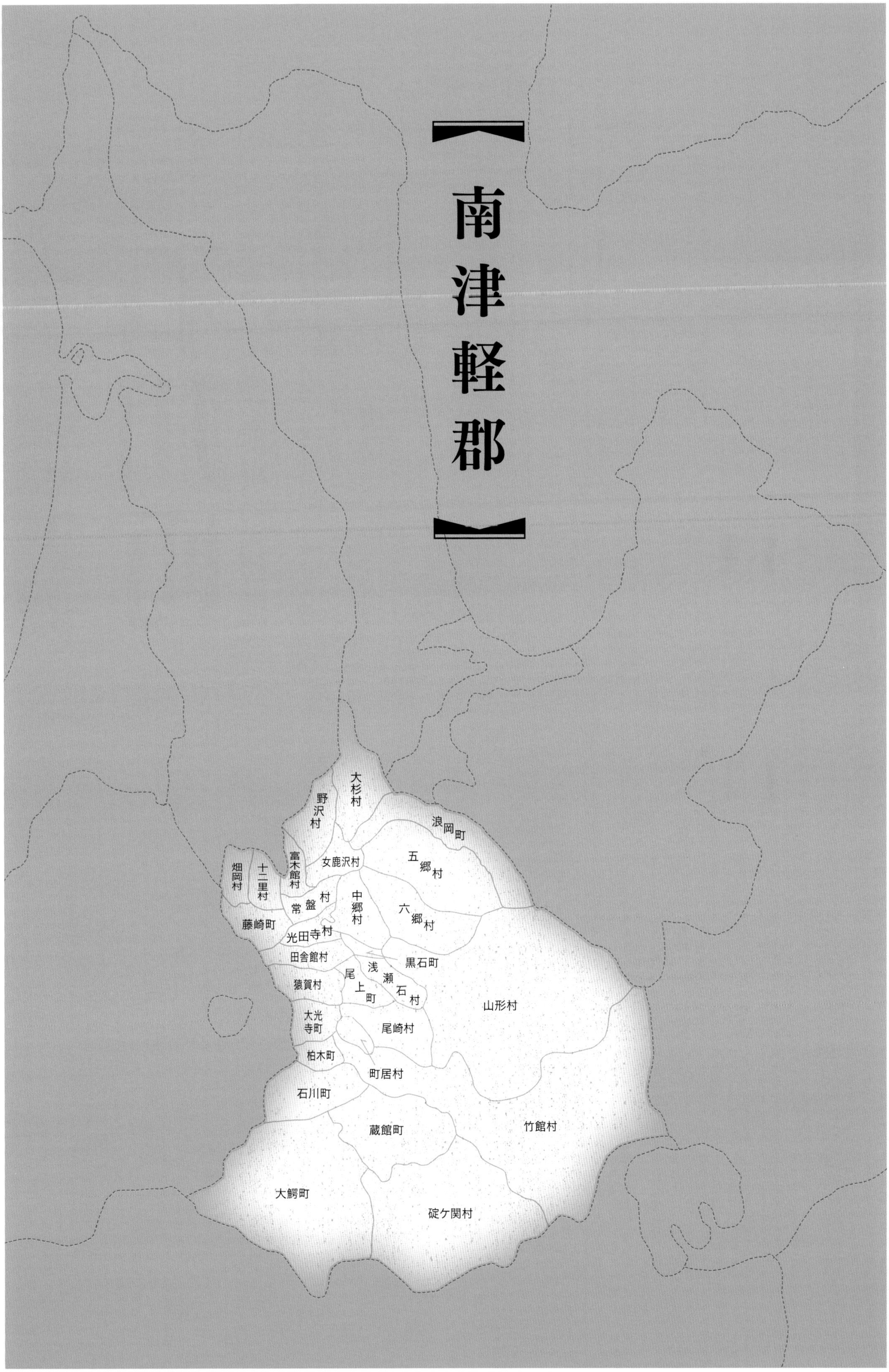
大杉村
野沢村
浪岡町
富木館村
女鹿沢村
五郷村
畑岡村
十二里村
常盤村
中郷村
六郷村
藤崎町
光田寺村
田舎館村
黒石町
尾上町
浅瀬石村
猿賀村
山形村
大光寺町
尾崎村
柏木町
町居村
石川町
蔵館町
竹館村
大鰐町
碇ケ関村

南津軽郡① 文・小石川 透

石川町《いしかわまち》

〈現弘前市、大鰐町〉

歴史的な独自性に誇り

津軽平野の南の入り口であり、平川中流域に位置して羽州街道にも面した石川町は、古来より交通の要所だった。

津軽地方に進出した南部氏は、石川城を拠点とした強固な支配体制を確立したとされ、弘前藩初代藩主である津軽為信による攻略まで、石川城は津軽地方南域最大の南部氏の軍事拠点であり、政庁として機能し続けたと考えられる。

町制施行前の石川村には、１８９５（明治28）年の奥羽北線（現ＪＲ奥羽本線）弘前―碇ケ関間の開通に伴い、鉄道が敷設された。１９１６（大正５）年６月には石川停車場（駅）が設置され、「百貨の集散地として車馬輻輳《ふくそう》の街と化し、今は文化の中心地と成り」（『青森県南津軽郡石川町郷土史』より）という殷賑《いんしん》ぶりだったようだ。事実、この7年後の23（大正12）年に村は町制施行を遂げている。

52（昭和27）年には、弘前電気鉄道（現弘南鉄道大鰐線）の中央弘前―大鰐間が開通したこともあり、町内に津軽大沢、新石川（現石川）、鯖石の各駅が設置され、より交通の要所としての地域の特色は強くなっていった。

そんな中、石川町と弘前市の合併をめぐり、地域を巻き込んで大きな混乱が発生した。この事態は、中津軽郡の村々との合併を進めてきた弘前市が、交通網の整備に伴

大正期の大仏ケ鼻城跡。その前を平川が流れる（青森県所蔵県史編さん資料より）

弘南鉄道大鰐線の石川駅。開設当時は新石川駅だった。JR奥羽本線の石川駅よりも石川の中心街に近い
＝2008(平成20)年8月30日(中園裕氏撮影)

い、南津軽郡の石川町との合併を視野に入れ始めたことに端を発する。いわゆる「昭和の大合併」の流れの中でのことだったが、石川町議を中心とした猛烈な反対運動が、時折、暴動的な状態になったことで耳目を集めた。

合併反対派の運動は執拗《しつよう》であり、石川町議会や弘前市議会で可決された合併編入案が青森県議会で否決されるなど、異常な状況に発展した。これに対し、自治庁（現総務省）が県に働き掛けを行うなど、混乱収拾への機運が高まり、結果的に一度否決された合併議案は、賛成多数で県議会において採決されることとなった。

合併時の混乱は、石川という町の歴史的な独自性と、それに裏付けられた自己認識やプライドが町民たちに根付いていたことを明らかにした。そのプライドは現在でも、大仏公園（石川城の主郭部分を「大仏ケ鼻城」と呼んだことによる）として整備された、かつての石川城に見ることができる。

威容を誇った石川城は、今では春の桜や初夏の紫陽花《あじさい》などに彩られた市民の憩いの空間に変わり、さらには石川地区の人々の地域の成り立ちを学ぶ場ともなって親しまれている。自分たちの暮らす場所へのこだわりは、現在の石川地区にも脈々と息づいているのだ。

【一口メモ】 石川町《いしかわまち》は1889（明治22）年4月1日の市制町村制施行の段階では、乳井《にゅうい》、八幡館《はちまんだて》、鯖石《さばいし》、小金崎《こがねざき》、薬師堂《やくしどう》、石川、大沢《おおさわ》、森山《もりやま》の8村が合併してできた石川村《いしかわむら》だった。役場は石川に置かれた。1923（大正12）年4月1日に町制施行して石川町となった。57（昭和32）年9月1日、弘前市《ひろさきし》へ編入合併し、石川の町名は消えた。だが、石川の名は弘前市の大字の他、駅名にも残されている。なお、64（昭和39）年4月1日、大字森山の全域と大字小金崎、八幡館、鯖石が一部の地区を除き大鰐町《おおわにまち》へ境界変更した。

南津軽郡 ② 文・中園 美穂

蔵館町 くらだてまち
〈現大鰐町〉

温泉郷の一翼を担う

平川の北側に位置した蔵館町は、市制町村制施行時には村だった。米やリンゴを主産業とするが、温泉が湧出し、共同浴場を中心に客舎や旅館が立ち並んでいた。

対岸には大鰐温泉や阿闍羅山で有名な大鰐村（後に大鰐町）があったため、温泉の名称も蔵館温泉と大鰐温泉とに分けられていた。両村の境界は、大円寺の近くに植生する名木「萩桂《はぎかつら》」で、萩桂の東側が蔵館村、西側が大鰐村だった。

日露戦争以降、傷痍《しょうい》軍人の転地療養を意図して温泉が注目されるようになった。このため、奥羽本線の大鰐駅を最寄りとする蔵館温泉は、第8師団が設置された軍都弘前市から近い交通至便な温泉地として知られるようになる。

大鰐駅は、青森県内外からの温泉客が訪れる玄関口となった。他地域から温泉客がやって来るため、萩桂にちなんだ土産品が誕生した。

蔵館村の菓子屋である「虎屋」が、蔵館村や蔵館温泉を宣伝するために「萩桂餅」を製造販売し、明治末期には土産品として相応の地位を確立していた。村境界に植生する萩桂は、村や温泉地を宣伝する名所だったわけである。

実は、蔵館温泉は対岸の大鰐温泉と合わせ「鰐蔵《わにくら》温泉」と総称され、大鰐蔵館温泉旅館組合が組織されるなど、両温泉の協力態勢が整えられていた。このため、蔵館村は温泉街を形成する大鰐村と共

旧蔵館町域を望む。中央の橋が青柳橋。橋のすぐ右側が老舗温泉旅館であるヤマニ仙遊館、その隣が共同浴場の大湯、右端の大きな建物が同じく老舗の不二やホテル＝1969(昭和44)年2月(青森県所蔵県史編さん資料より)

同する機会が多かった。

それを象徴するのが1916（大正5）年の青柳橋の架橋である。それまで両村を結ぶ橋は相生橋だけだったが、青柳橋の架橋により両村の結び付きは一層深まった。

例えば、大鰐蔵館温泉旅館組合が、19（大正8）年に「大鰐蔵館両温泉之栞」を発行。23（大正12）年の大鰐村の町制施行を経て、大鰐駅の急行停車促進運動で、大鰐町商工会と蔵館村商工会は一致団結していた。34（昭和9）年には、両町村の商工会が合併し大鰐蔵館商工会が誕生した。蔵館村は大鰐駅と温泉を通じて、隣接する大鰐町とは密接不可分な関係を築いていたのである。

51（昭和26）年に蔵館村が町制施行し、翌年には奥羽本線の長峰駅が開業した。そして54（昭和29）年に蔵館町と大鰐町が合併し、新たに大鰐町が誕生した。合併前の53（昭和28）年、平川沿いの温泉群と景勝地の一帯が大鰐蔵館碇ケ関温泉郷県立公園に指定されたが、合併を受けて名称は大鰐碇ケ関温泉郷県立公園（現県立自然公園）と改称された。

合併後、蔵館ないし鰐蔵と呼ばれた温泉名は大鰐温泉に統一された。源泉も集中管理による大鰐統合源泉となった。蔵館町の歴史には、大鰐町との共同から合併、そして両者が統合されていく過程がうかがわれよう。

名木「萩桂」。鳥居を境に奥が大鰐町、手前が蔵館村。写真の萩桂は1943（昭和18）年に枯死。現在の萩桂は2代目である
＝昭和10年代（青森県所蔵県史編さん資料より）

【一口メモ】 蔵館町《くらだてまち》は1889（明治22）年4月1日の市制町村制施行では、蔵館、苦木《にがき》、長峰《ながみね》、駒木《こまぎ》、唐牛《かろうじ》の5村が合併して成立した蔵館村《くらだてむら》だった。役場は長峰に置かれた。1951（昭和26）年12月1日に町制施行して蔵館町となり、54（昭和29）年7月1日、大鰐町《おおわにまち》と合併して新たに大鰐町となり、蔵館の村名は消えた。しかし、蔵館の名は大鰐町の大字として残されている。

南津軽郡③　文・本田伸

大光寺町《だいこうじまち》〈現平川市〉

津軽随一の穀倉地帯

大光寺がある南津軽郡南部は津軽随一の穀倉地帯で、支配者が何度も入れ替わった。中世以来の城館遺構が3カ所確認でき（大光寺新城、大光寺古城、五日市館）、一般に「大光寺城」と総称されている。

鎌倉初期に「富士巻狩りの仇《あだ》討《うち》」で有名な曾我兄弟の一族が地頭代として当地に入り、大光寺や近隣の岩楯（現平川市岩館）で勢力を保った。南北朝期には岩楯曾我氏が大光寺曾我氏をしのいだが、津軽進出を本格化させた安藤氏や南部氏と争って1359（正平14）年ごろに滅びた。

戦国期、大光寺城は南部氏からの独立を目指す大浦（津軽）為信の支配下に入った。その後、弘前城下の建設が進んだことで廃城となったが、1610（慶長15）年3月、弘前城築城のため、領内の古館から木材、石材を集めたと「封内事実秘苑」に記されている。

大光寺城の古材は弘前城北の郭北門（亀甲門）に再利用されたとみられ、柱に多数の矢傷が確認できる。なお、旧平賀町による大光寺新城跡の発掘調査では、時代不明ながら、刀傷のある頭蓋骨が出土しており（『平賀町埋蔵文化財報告書24』より）、激戦の跡がしのばれる。

江戸時代、弘前藩4代藩主津軽信政の治世下で領内総検地が行われ、津軽領の村々の状況を記した

弘南鉄道弘南線の平賀駅＝1970年代後半（青森県所蔵県史編さん資料より）

絵図が作成された。いわゆる「天《てん》和書上絵図《なかきあげえず》」である。
原本は弘前藩から青森県に移管され、後に県立図書館の火災ですべて焼失してしまった。しかし、村側にその控えや写しが残っているケースがあり、大光寺村の天和書上絵図は、その代表的な例である。田畑、道路、用水路、神社などが要領よく書き込まれていて、江戸時代初期の村の様子を知る上で貴重な資料である。

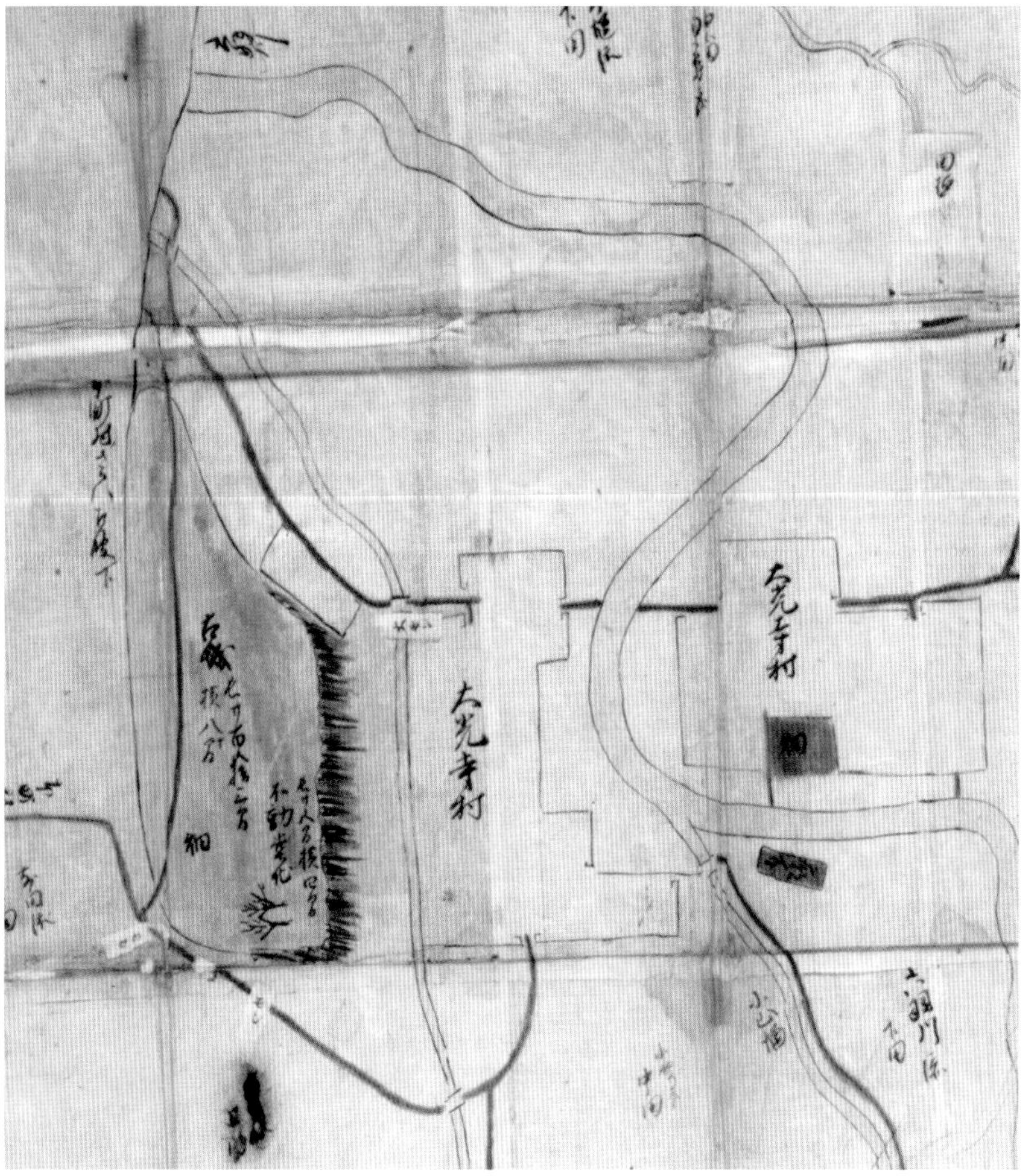

大光寺村天和書上絵図＝1684（天和4・貞享元）年（青森県所蔵県史編さん資料より）

1889（明治22）年の市制町村制施行で、大光寺村と周辺の9村が合併して新たに大光寺村（後に大光寺町）となった。旧平賀町の中心地域で、おおむね黒石・弘前を結ぶ弘南鉄道弘南線沿いに位置していた。

大光寺は、「工芸の大川」として全国に名を馳《は》せた大川亮（1881～1958年）の出身地でもある。豪農の家に生まれた大川は東奥義塾、八戸中学で学んだ後、東京・駒場の農業実科（東京大学農学部の前身）に進んだ。しかし、親に内緒で東京美校（東京芸術大学の前身）に移ったのを知られ、退学させられてしまう。帰郷後は村会議員を務めつつ、自ら立ち上げた「農事研究会」を通じて農業技術と農民生活の改善に尽くした。

さらに、野良着のこぎん刺しやオリゲラ（主として男性が編む雨具の一種）の緻密な模様を見て「農民の副業にできるのでは」と考え、「農閑工芸研究所」を設けて伝統工芸技術の保存と資料収集に励んだ。津軽の農民の暮らしぶりをよく知る大川ならではの発想といえよう。

【一口メモ】 大光寺町《だいこうじまち》は1889（明治22）年4月1日の市制町村制施行の段階では、本町《もとまち》、大光寺、小和森《こわもり》、杉館《すぎだて》、館田《たちた》、館山《たてやま》、苗生松《なんばいまつ》、松館《まつだて》、松崎《まつざき》、荒田《あらた》の10村が合併して成立した大光寺村《だいこうじむら》だった。役場は市制町村制施行時には本町にあったが、3年後に大光寺へ移転した。1943（昭和18）年4月1日に町制施行して大光寺町となった。55（昭和30）年3月1日、柏木町《かしわぎまち》、町居《まちい》、尾崎《おさき》、竹館《たけだて》の3村と合併して平賀町《ひらかまち》（現平川市《ひらかわし》）が成立。自治体としての町名は消えたが、大光寺の名は大字として残され、城跡をはじめ公園や橋の名前となるなど地域に定着している。

文・中園裕

柏木町《かしわぎまち》〈現平川市〉

珍しい男女共学の農学校

柏木町は、弘南鉄道弘南線の平賀駅の東側から南側に位置する町だった。市制町村制施行時は柏木町村だった。県下有数の優良な水田地帯であり、それを象徴するように村には農学校があった。

農学校は1901（明治34）年開校の組合立柏木町高等小学校が前身である。組合には後の平賀町を形成する柏木町、竹館、大光寺、町居、尾崎の5村が加入していた。26（大正15）年に高等小学校が廃止され、柏木町農学校が成立。28（昭和3）年に青森県へ移管され、県立柏木町農学校となった。

高等小学校時代以来の男女共学を貫き、農学校時代になっても女子生徒の在籍が多かった。県立移管を前に当時の『東奥日報』は「農学校に女子生徒のあるのは全国でも稀《まれ》らしい事」と報じた（27年＝昭和2年11月23日付）。これは歴史的にも大変意義深いことである。また、農学校の生徒たちが通学することで村内も大いににぎわった。

27（昭和2）年9月7日、弘南鉄道が開通し、隣村の大光寺村の本町《もとまち》に平賀駅が設置された。農学校は駅の東側近くにあり、駅前には町場が形成された。こうして29（昭和4）年7月1日、柏木町村は町制施行を遂げて柏木町となった。

その後、柏木町農学校は柏木農学校、柏木農業学校と校名を変え、戦後の学制改革で県立柏木農業高校となった。尾上、竹館、田舎館、

柏木町立柏木中学校の音楽室。同校は大坊温泉の東寄りに開校し、1965（昭和40）年に大光寺中学校と統合して平賀町立平賀西中学校となり、廃校となった＝1951（昭和26）年（山口ヌイ氏提供）

青森県立柏木農学校の女子実習活動＝1942（昭和17）年（青森県所蔵県史編さん資料より）

大鰐に分校を設け、南津軽郡内の農業伸展に大きく貢献した。80（昭和55）年に平賀駅前から遠く離れた現在地に移転したが、弘南鉄道が柏農《はくのう》高校前駅を設置。学生に便宜を図り、現在に至っている。

昭和の大合併で柏木町が平賀町となって以降、町内各地で黒鉱開発のため掘削（ボーリング）がなされた。目的の黒鉱は得られなかったが、代わりに温泉が吹き出した。その結果、町内各地に多数の温泉浴場が誕生した。

旧柏木町内では大坊地区の約150戸が、1戸当たり1口5万円を出資して大坊温泉利用協同組合を設置した。大坊で黒鉱開発を行っていた業者から権利を獲得し、老朽化した公民館の代わりに新たな公民館を温泉施設に移設した。こうして67（昭和42）年5月8日、公民館付きの大坊温泉（大坊保養センター）が落成式を迎えた。

農学校が置かれた柏木町は、今も水田が広がる一方、平賀駅東側には平川市役所や病院など、公的施設が並ぶ。世界一大きい扇ねぷたが置かれた「ねぷた展示館」もある。柏木町が平川市の中心としてあり続けていることに変わりはないようだ。

【一口メモ】 柏木町《かしわぎまち》は1889（明治22）年4月1日の市制町村制施行の段階では、柏木町、小杉《こすぎ》、四ツ屋《よつや》、石畑《いしばたけ》、大坊《だいぼう》、岩館《いわだて》、原田《はらた》、石郷《いしごう》、吹上《ふきあげ》、高畑《たかはたけ》の10村が合併して成立した柏木町村《かしわぎまちむら》だった。役場は柏木町に置かれた。1929（昭和4）年7月1日に町制施行して柏木町となった。55（昭和30）年3月1日、大光寺町《だいこうじまち》、町居《まちい》、尾崎《おさき》、竹館《たけだて》の3村と合併して平賀町《ひらかまち》（現平川市《ひらかわし》）が成立。自治体としての町名は消えたが、柏木町の名は大字として残されている。

南津軽郡⑤　文・中園裕

尾崎村《おさきむら》〈現平川市〉

多種多様な鉱物産出

尾崎村は現平川市の中央部に位置し、黒石市と尾上町（現平川市）に接していた。村の西部は水田とリンゴ畑が広がり、わら工品が盛んな農村地帯だったが、東部は山岳地帯だった。対照的な村の東西を横切るように浅井川が流れていた。

山岳地帯を流れる浅井川上流付近は、鉛や亜鉛などの鉱産物に恵まれていた。中でも尾崎鉱山は青森県下唯一の重晶石の鉱山として知られ、１９６０年代まで採掘されていた。

浅井川流域には二つの冷泉（鉱泉）が存在した。「下ノ湯」「上ノ湯」と称され、昭和戦前期に掘削された。泉温が38度ほどだったので加熱して入浴した。戦後しばらくは湯治客でにぎわったが、70年代には廃湯同様の状態だった。

昭和の大合併で尾崎村が平賀町となり、尾崎冷泉が閉鎖された頃、全国的な「黒鉱ブーム」が起こった。尾崎地区周辺でも銅、鉛、亜鉛を含む黒鉱型鉱床が存在するとして、60年代半ばに数カ所で試掘された。目的の黒鉱は得られなかったが、代わりに温泉が吹き出した。この後、平賀町内では次々に掘削温泉が誕生し、町は新興温泉地となった。

冷泉なき後の尾崎地区にも、83（昭和58）年に新屋温泉ができた。緑色の湯が出る温泉として名を知られるが、色が変化するのも特色。

昭和初期の尾崎冷泉と客舎（青森県所蔵県史編さん資料より）

今も平川市の景勝地として知られる白岩＝2016（平成28）年8月14日（葛西優花氏撮影・提供）

その独特さから県内外で人気を集め、今も「温泉通」が頻繁にやって来る。

浅井川上流の山岳地帯に白い岩肌が露出している場所がある。「尾崎の白岩《しろいわ》」と呼ばれる景勝地で、戦前から名前を知られていた。28（昭和3）年に設置された尾崎村保勝会は、村の奥地に存在する白岩までの道路を開削。休憩所などを整備して白岩の宣伝に努めた。

実は保勝会には、村の豊富な鉱産物を開発し、産業を育成するもう一つの目的があった。前述した冷泉も保勝会が設置された頃に確認されていた。会の設立前後数年のうちに掘削され、客舎などが建ち、湯治客でにぎわった。保勝会が内外への宣伝に寄与したことは想像に難くない。

尾崎村には天然セメントも豊富にあった。大正期に施工された青森築港では、セメント原料の大半を占めていたという。保勝会設立の頃は生産されなくなっていたが、尾崎村は多種多様な鉱産物を産出した村だったのである。

鉱産物の生産や開発が行われなくなった現在、冷泉や鉱産物の掘削された跡地は、多くがリンゴ畑になった。かつて鉱産物を多く産出した尾崎村だが、昭和と平成の大合併を経た現在、リンゴと米を中心とする農産物に恵まれている。

【一口メモ】 尾崎村《おさきむら》は1889（明治22）年4月1日の市制町村制施行で、新屋《あらや》、尾崎、平田森《ひらたもり》、町居《まちい》の4村が合併して成立。役場は町居に置かれた。旧4村は大字となった。95（明治28）年2月、大字町居を竹館村《たけだてむら》へ編入し、役場を新屋に移転した。1955（昭和30）年3月1日、柏木《かしわぎ》、大光寺《だいこうじ》の2町、竹館、町居の2村と合併して平賀町《ひらかまち》（現平川市《ひらかわし》）となり、尾崎の村名は消えた。しかし、尾崎の名は大字として残されている。

文・中園裕

町居村 まちいむら 〈現平川市〉

大字一つで村として独立

町居村は、弘南鉄道弘南線の平賀駅より東側に位置する小さな村だった。1889（明治22）年の市制町村制施行時に尾崎村の大字となり、同村の役場所在地となった。95（明治28）年に竹館村へ編入、6年後に独立の村となった。

大字一つで村になったこともあり、町居村は「東西一里南北二十町」の小村だった。一方、隣の竹館村は「東西実に六里十町、南北三里八町に及び南津軽郡第一の大村」だった（『青森県総覧』より）。しかし、人口の差は面積ほど大きくなかった。竹館村は大正期を通じて約3500～4600人で推移したのに対し、町居村は約1200～1500人もあった。

村内のほとんどは平野で、水田とリンゴ畑が広がる肥沃《ひよく》な土地だった。それだけに村の南東部に存在する村社の熊野宮周辺は、小高い丘に大きな杉林が茂り、周辺の環境と趣を異にしている。

境内には村社にふさわしく出征将兵に対する慰霊碑など、村の記録をとどめた石碑が多数ある。事実、満州事変で郷土の将兵が出征した際、在郷軍人や村の関係者を中心に武運長久祈願が執り行われている。

村の学校は町居尋常小学校だけだった。1879（明治12）年に開校し、何度か火災に遭って移転を余儀なくされた。1920（大正9）年に山元273番の2号に

熊野宮で行われた武運長久祈願＝1932(昭和7)年1月4日(青森県所蔵県史編さん資料より)

南田温泉の屋外温泉プール＝1972（昭和47）年ごろ（青森県所蔵県史編さん資料より）

落ち着き、敗戦後の47（昭和22）年に町居村立町居小学校となった。その際、小学校に併設して村立町居中学校が誕生した。3年後に独立校舎へ移転し、55（昭和30）年の合併で小学校とともに平賀町立となった。だが、58（昭和33）年に町立平賀東中学校に統合。町居中学校はわずか11年で幕を閉じた。

76（昭和51）年、町居小学校も町立平賀東小学校に統合され、廃校となった。平賀東小、中学校は旧町居村域外にある。現在、町居保育園が旧村域内で町居の名を有する唯一の教育施設だ。

72（昭和47）年7月20日、南田地区に平賀アップルランド南田温泉（現津軽南田温泉ホテルアップルランド）が開業した。リンゴ問屋を営み、平賀町観光協会の会長も務めた葛西甚八が、従業員の厚生施設を兼ねて建設したものだ。館内に大石武学流の庭園を有し、屋外温泉プールを設け、レジャーランド的要素を備えていた。温泉プールは多くの子どもたちに大人気だった。

86（昭和61）年、山元地区に平賀観光温泉が開業した。その際、地元の人たちが大喜びして入りに来たという。南田温泉とは対照的に、小さく静かな地元の温泉だ。

町居村は小さいながらも多様な経験を積み重ねてきた村だったのである。

【一口メモ】 町居村《まちいむら》は1889（明治22）年4月1日の市制町村制施行時は尾崎村《おさきむら》の大字だった。95（明治28）年2月、大字町居は竹館村《たけだてむら》に編入され、1901（明治34）年7月1日に町居村として独立した。役場は山元《やまもと》に置かれた。55（昭和30）年3月1日、柏木《かしわぎ》、大光寺《だいこうじ》の2町、竹館、尾崎の2村と合併して平賀町《ひらかまち》（現平川市《ひらかわし》）となり、町居の村名は消えた。しかし、町居の名は大字として残されている。

文・中園裕

竹館村 たけだてむら
〈現平川市〉

郡内最大面積178平方㌔

竹館村は、南津軽郡最大の村だった。現在の平川市は平賀町、尾上町、碇ケ関村が合併して成立した。このうち、平賀町が総面積の3分の2近くを占めていた。

平賀町は1955（昭和30）年3月1日、大光寺町、柏木町、尾崎村、町居村、竹館村の5町村が合併して成立した。このうち、竹館村を除く四つの町村は、町の西北に位置する平賀駅周辺の平野部に集中していた。いずれも面積は狭く、最大の尾崎村でさえ20平方㌔に満たなかった。

平賀町の総面積約220平方㌔のうち、竹館村は約178平方㌔もあった。町の大半は竹館村だったのだ。平川市の総面積に換算しても半分以上を占める。本当に広大な村だったのである。

広い村域を誇った竹館村だが、多くは山岳地帯だった。このため、水田より畑作が多く、リンゴ生産が多い点に特徴があった。これは村に青森県内最初のリンゴ専門組合たる竹館産業組合が結成されたからである。

竹館産業組合は07（明治40）年4月30日に発足し、唐竹地区に事務所があった。組合はリンゴの等級標準を制定し、検査の制度を定め、冷蔵リンゴの販売を担うなど、リンゴの栽培や販売で指導力を発揮した。

県内外の果実品評会に積極的に参加するなど、組合が竹館リンゴ

浅瀬石川の上流に位置し、黒石温泉郷で最も奥地にあった温川温泉＝1960（昭和35）年ごろ（筆者提供）

御鼻部山の旧展望台と弘南バスのバス停＝1963(昭和38)年6月8日(筆者提供)

の名声に努めた功績は大きかった。青森県のリンゴは単に生産量の多さだけで有名になったのではない。竹館産業組合のような各方面の活躍があったからなのだ。

竹館村の東半分は、浅瀬石川《あせいし》流域に沿って山岳地帯が広がっていた。流域には温川《ぬるかわ》温泉があり、支流には切明温泉がある。しかし両温泉より下流に温湯《ぬるゆ》や板留《いたどめ》などの温泉が多数点在するため、山形温泉郷（現黒石温泉郷）として宣伝されてきた。

浅瀬石川の最上流部は竹館村の東端で、滝ノ沢峠と御鼻部山《おはなべやま》が存在する。そして山頂付近には十和田湖の展望台がある。どちらも1キロ余りで湖畔に達する。

御鼻部山の展望台には、かつて弘南バスのバス停と、簡素な東屋《あずまや》があった。展望台は65（昭和40）年8月の国立公園大会に常陸宮夫妻が来県するため改築された。滝ノ沢峠の展望台には、60（昭和35）年に建設した休憩所があった。71（昭和46）年に平賀町が県の助成を得て改築したものだが、今は撤去されて展望台だけが残っている。

十和田湖や黒石温泉郷の多くは竹館村域ではなかった。しかし、竹館村は黒石温泉郷の魅力を支え、十和田湖の眺望を世間に紹介する役割を果たしてきたといえよう。村域が広いだけでなく、懐も深い村だったのである。

【一口メモ】 竹館村《たけだてむら》は1889（明治22）年4月1日の市制町村制施行で、沖館《おきだて》、小国《おぐに》、切明《きりあけ》、葛川《くずかわ》、唐竹《からだけ》、新館《にいだて》、広船《ひろふね》の7村が合併して成立。中心集落だった唐竹と沖館から1字ずつ取って村名とし、役場は沖館に置かれた。1955（昭和30）年3月1日、柏木《かしわぎ》、大光寺《だいこうじ》の2町、町居《まちい》、尾《お》崎《さき》の2村と合併して平賀町《ひらかまち》（現平川市《ひらかわし》）となり、竹館の村名は消えた。

竹館の名は竹館小学校に残され、竹館リンゴの名もよく知られている。

南津軽郡⑧　文・中園 美穂

猿賀村 さるかむら〈現平川市〉

猿賀神社とともに存在

　猿賀村は、南津軽郡の中央西端部に位置する穀倉地帯だった。村には旧暦8月15日の大祭で有名な猿賀神社が鎮座する。大正末期の資料によると、神社本殿の東側にある御手洗池には、いつの頃からかハスが植えられ、毎年ハスが開花する季節になると多くの人々がやって来た。このため、神社をはじめ、ハスの花が咲く池も猿賀村の名所となった。

　1927（昭和2）年、弘南鉄道が弘前―津軽尾上間で開業。村に津軽尾上駅が誕生した。駅名は尾上とあるが、駅自体は尾上村ではなく、猿賀村の大字中佐渡にあった。鉄道を通じて、南津軽郡の特産物である米やリンゴなどが輸送された。駅は物資の輸送以外に、猿賀神社の大祭で大勢の参拝者が利用し、臨時便も出たほどだった。

　猿賀神社の境内林は、アオサギ、ゴイサギ、カワウが巣をつくる繁殖地として学術調査が進んだ。このため、35（昭和10）年、「猿賀の鵜《う》及び鷺蕃殖地《さぎはんしょくち》」として国の天然記念物に指定された。青森県観光協会に対し、村が猿賀神社と鵜鷺繁殖地を名所に挙げたのは、猿賀神社に国指定の天然記念物が存在することも大きな理由だったろう。

　33（昭和8）年、村は神社の境内と近接する猿賀尋常小学校の校舎跡地を利用し、猿賀公園を造ろうと、御手洗池を一周できるよう

建設中の猿賀公園。中央から左一帯が見晴ケ池、その右が鏡ケ池で、右奥の茂みが猿賀神社
＝1975（昭和50）年11月（青森県所蔵県史編さん資料より）

猿賀神社の社殿を模した津軽尾上駅に併設されたスーパーマーケット「ショッピングおのえ」
＝1980（昭和55）年ごろ（青森県所蔵県史編さん資料より）

整備していた。池の東側一面の過湿地である萢《やち》を掘削し、ボートを浮かべる計画も講じられた。御手洗池は、俗称「弁天池」ないし「蓮池」と称され、「鏡ケ池」とも呼ばれた。

55（昭和30）年に猿賀村が尾上町と合併し、尾上町観光協会が誕生した。協会は猿賀神社を観光の拠点に位置付けた。

ところが60（昭和35）年、猿賀神社の大祭が新暦と旧暦で開催される事態が生じた。観光協会が新暦、神社側と地元住民が旧暦を採用したからである。しかし、新暦と旧暦ともに大祭は振るわず、結局のところ、翌年以降は旧暦で開催されることになった。

71（昭和46）年度から、尾上町を「信仰と観光の町」とするため、猿賀公園の整備が進められた。神社北側も公園計画の対象地となり、さらに鏡ケ池の東隣にある見晴ケ池の中央には「エビス島」が設けられた。岩木山を望める猿賀公園は83（昭和58）年12月に完成し、町民の憩いの場にもなった。

79（昭和54）年9月、町の玄関口である津軽尾上駅の駅舎は、猿賀神社の社殿を模して改築された。駅舎は神社とともにあった猿賀村の歴史と、合併後もこの地域が神社を中心に存在し続けていることを象徴している。

【一口メモ】 猿賀村《さるかむら》は1889（明治22）年4月1日の市制町村制施行で、八幡崎《やわたざき》、大袋《おおふくろ》、日沼《ひぬま》、蒲田《がまた》、新山《にいやま》、西野會江《にしのぞえ》、猿賀、原《はら》、中佐渡《なかさど》、長田《おさだ》の10村が合併して成立。役場は八幡崎に置かれた。1955（昭和30）年1月1日、尾上町《おのえまち》と合併して新たに尾上町となり、猿賀の村名は消えた。しかし、猿賀の名は尾上町（現平川市《ひらかわし》）の大字として残され、猿賀神社や猿賀公園など地域に根差している。

南津軽郡⑨　文・中園裕

光田寺村

こうでんじむら

〈現田舎館村、藤崎町〉

自治向上の模範村

光田寺村は、現田舎館村内を東西に流れる浅瀬石《あせいし》川の北側に位置する村だった。

　村名の由来について『田舎館村誌』は、合併した旧村の中心だった前田屋敷村の「田」と東光寺村の「寺」を合わせ、「田」で「光」る村になるのが望ましいためと記している。

　同書は東光寺村の「光」を村名の由来とすることには否定的だが、村は稲穂が光り輝く文字通りの米どころだった。実は村名成立の正確な理由は今も不明なのだ。

　初代村長の中山福太郎は20年近く村長を務め、村長退任後も村会議員として村政を支えた。第7代村長の中山泰秀は、水田単作地帯だった村の産業発展を意図し、副業としてわら工品を奨励した。彼は製筵《せいえん》機を普及させて製造の機械化を図り、村内の関係者も産業育成に努めた。この結果、わら工品は米に次ぐ村の主産業となった。

　１９２３（大正12）年、水野錬太郎内務大臣が村を視察。自治功労に尽くした中山泰秀村長ら関係者を表彰した。光田寺村のわら工品は青森県内各地で大きな反響を呼び、中山村長に指導を仰ぐものが続出した。こうして村は自治向上の模範村として位置付けられた。

　光田寺村の歴史に鉄道は欠かせない。１８９４（明治27）年に奥羽北線（現ＪＲ奥羽本線）が開通。村の西部に川部駅ができた。

名物だった川部の駅そば屋＝1961（昭和36）年11月25日（竹内覚氏提供）

川部駅を出て前田屋敷駅に向かう国鉄黒石線の気動車（手前）と奥羽本線を走る蒸気機関車
＝1963（昭和38）年7月（川村昭次郎氏撮影、川村英明氏提供）

1912（大正元）年、黒石線（当初は黒石軽便線）が川部―黒石間に敷設された。18（大正7）年には川部―五所川原間を陸奥鉄道（現JR五能線）が結んだ。川部駅は津軽地域の分岐点となり、駅前には町場が形成された。

黒石線と五能線は本数が少なく、戦前戦後を通じ、川部駅での乗り換え時間は長かった。このため、ホームにあった駅そば屋が通勤客や旅人の人気を呼んだ。駅そば屋が消滅しつつある昨今、今はなき川部の駅そばを懐かしむ声は多い。

黒石線は川部と黒石を結ぶ短い路線だった。35（昭和10）年に唯一の中間駅として、役場所在地の前田屋敷集落の北側に駅ができた。当初は村民から喜ばれたが、自動車社会となって乗客が減少した。国鉄は廃止路線の対象とし、84（昭和59）年に弘南鉄道が経営を継承したが、結局98（平成10）年に廃止された。前田屋敷駅のホームは撤去され、現在は跡形もない。

前田屋敷の神明宮周辺は、四方から道路が集まる地勢になっており、光田寺村の中心地だった面影を残している。役場跡地には田舎館村老人福祉センター喜楽荘が立ち、前庭には石碑が並んでいる。二人の中山村長に対する頌徳碑《しょうとく》もあり、光田寺村の歴史を知る大切な空間となっている。

【一口メモ】 光田寺村《こうでんじむら》は1889（明治22）年4月1日の市制町村制施行で、前田屋敷《まえだやしき》、川部《かわべ》、和泉《いずみ》、境森《さかいもり》、十矢倉《つちやぐら》、堂野前《どうのまえ》、東光寺《とうこうじ》の7村が合併して成立。役場は前田屋敷に置かれた。1955（昭和30）年4月1日、田舎館村《いなかだてむら》と合併して新たに田舎館村となり、光田寺の村名は消えた。同年11月3日に大字東光寺の一部が常盤村《ときわむら》（現藤崎町《ふじさきまち》）へ境界変更した。光田寺の名は保育園以外、ほとんど残されていない。

南津軽郡⑩　文・中園裕

畑岡村《はたおかむら》

〈現板柳町、藤崎町〉

郡を越えて合併実現

南津軽郡畑岡村は1955（昭和30）年3月10日、北津軽郡の板柳町などと合併した。村は地理的に板柳町の南部に位置し、産業的には物資の集積する板柳駅に依拠していた。前年に県立へ移管となった板柳高校へ通学する学生も多かった。村内に板柳町との合併を望む声が強かったことで、郡を越えた合併が実現したのである。

しかし、合併に納得しなかった村南部の林崎、飯田の両地区では分村運動が起こった。このため、合併の翌年に住民投票が行われた。その結果、林崎は藤崎町に境界変更となったが、飯田は分村が成立せず、板柳町のままとなった。

この境界変更で、林崎地区の児童は板柳町立畑岡小学校から藤崎町立藤崎小学校へ転校になる。このため児童の親たちが猛反対。学校や町教育委員会と協議の結果、畑岡小学校への区域外就学が許可された。

だが、今度は飯田地区の親たちが藤崎小学校への区域外就学を求めて運動し、要望が認められるなど変則的事態が続いた。青森県や両町の教育委員会と双方の親たちが協議説得の結果、80（昭和55）年に林崎地区の児童が藤崎小学校、飯田地区の児童が畑岡小学校へ全員入学となった。

板柳駅南側の辻地区には岩木川養魚場があった。金魚などを養殖していたが、食用のための「いず

かつて辻地区にあった岩木川養魚場。右に青森県立板柳高校の旧校舎、左にリンゴの貯蔵庫が見える
＝1970（昭和45）年6月17日（青森県所蔵県史編さん資料より）

リンゴ畑に囲まれたJR五能線の林崎駅＝2017（平成29）年5月20日（筆者撮影）

み鯛《だい》」（ティラピア）も養殖していた。鯛とあるが、海産魚の鯛とは全くの別種で淡水魚である。一時期は『板柳町勢要覧』でも紹介されていた。

　養魚場の周辺はリンゴ畑だったが、畑岡村が板柳町となって久しい70年代には自動車社会と都市計画が及んだ。72（昭和47）年から国道339号のバイパス道路が建設され、旧畑岡村域の林崎、横沢、辻の各地区を縦断し、養魚場の近くを通ることになった。

　バイパス敷設後、住宅街が形成されて駅や養魚場周辺の街並みは急速に変わっていった。77（昭和52）年のあすなろ国体を前に、町がインフラ整備を進めていたからだ。また、38（昭和13）年創立の板柳高校が、40周年を前に新しい敷地に新校舎を建設していた時期とも重なっていた。新校舎は旧校舎のすぐ近くだが、場所自体は旧畑岡村域の太田地区だった。

　村役場のあった林崎地区には、35（昭和10）年4月に開業した林崎駅がある。集落の外れにあり、広大なリンゴ畑に囲まれた無人駅だ。

　畑岡村は合併を通じて板柳町と藤崎町の間で揺れ動いた。しかし、両町がリンゴの町であることは変わらない。リンゴ畑の中にたたずむ林崎駅は、郡を越えて村を割った畑岡村の歴史を鎮めるかのようにのどかな光景を見せている。

【一口メモ】 畑岡村《はたおかむら》は1889（明治22）年4月1日の市制町村制施行で、林崎《はやしざき》、深味《ふかみ》、長野《ながの》、太田《おおだ》、辻《つじ》、横沢《よこさわ》、飯田《いいだ》の7村が合併して成立。役場は林崎に置かれた。1955（昭和30）年3月10日、南津軽郡の畑岡村は北津軽郡の板柳町《いたやなぎまち》、小阿弥《こあみ》、沿川《そいかわ》の2村と合併。新たに板柳町となり、翌年8月10日に大字林崎が一部の地区を除き藤崎町《ふじさきまち》へ境界変更した。畑岡の村名は消えたが、畑岡の名は保育所と踏切に残されている。

南津軽郡⑪　文・中園裕

十二里村《じゅうにさとむら》〈現藤崎町、板柳町〉

小さな村々に歴史と地域性

十二里村は、文字通り12の村が集まって成立した村である。旧12村は村の大字となったが、村内を南北に縦断する現県道196号（五林平《ごりんだい》藤崎線）沿いに8大字、村の南部を横断する現県道285号（浪岡藤崎線）に4大字が存在した。大字ごとにも結び付きに強弱があり、地域性があった。

村の北部に位置した俵舛と下俵舛は、東に隣接する柏木堰とともに開拓の地としての歴史を有していた。柏木堰には3集落の鎮守である崇染宮《そうぜんぐう》がある。毎年奉納されるトシナ（年縄）は、「千俵《せんたわら》」と呼ばれる特徴ある立派なものだ。以前は3集落内で藩政時代以来の獅子舞も伝えられていた。

西北部の西中野目、吉向、亀岡は、「西中3集落」といわれた。3集落の交わる中心部に八幡宮がある。以前は八幡宮近くの十字路周辺で盆踊りなどが行われていた。

中野目は南北に集落が細長く形成され、南北に連なる8大字の中では最も住民が多い。ところが中野目の西側に位置する五林は、二つの小字（藤巻東と藤巻西）を持つが、住民は皆無。多くはリンゴ畑である。火災のたびに住民が中野目に移転したからだった。

県道285号沿いの最西端に位置する水沼は、文字通り当初は沼地で水はけが悪かった。1932（昭和7）年ごろ、当時の農会が豊富な地下水を灌漑《かんがい》用水にし、多

西中野目小学校に通う子どもたち。親子そろって入学式だろうか＝1968（昭和43）年ごろ（藤崎町教育委員会提供）

矢沢正八幡宮。かつて十二里村役場は八幡宮の隣にあった＝2012（平成24）年4月28日（筆者撮影）

数の井戸を掘って用水を確保した。現在は水田とリンゴ畑が広がっている。また、かつて水沼には十二里中学校があったが、今はない。

矢沢は十二里村の中心だった。世帯と人口がともに最大で、商店も多く存在していた。十二里村役場が地区内の矢沢正八幡宮境内の隣地にあった。東隣の中島と小畑は村の南東に位置して密接な関係を保ち、「中小《なかこ》」と称されていた。小畑には小畑小学校があったが、西中野目小学校とともに統廃合され、現在は水沼に藤崎町立藤崎中央小学校ができている。

12の村が集まってできた村は政争が絶えなかった。特に水沼から中島までの村南部と、中野目以北との対立が激しかった。これは村の地理的、歴史的構造から生じたものといえるだろう。

十二里村は水田耕作を中心とする村で、わら工品が盛んだった。しかし、昭和の大合併では、リンゴを主産業とする藤崎町と合併。平成の大合併では、十二里村とも交流が深かった常盤村と合併した。

現在、旧十二里村は藤崎村の中ほどに位置する。十二里の名称はほとんど消えてしまったが、12の大字は現在も継承されている。小さな村にも歴史と地域性があることを、村史が雄弁に物語っていると思う。

【一口メモ】 十二里村《じゅうにさとむら》は1889（明治22）年4月1日の市制町村制施行で、矢沢《やざわ》、中島《なかじま》、小畑《こばた》、水沼《みずぬま》、中野目《なかのめ》、五林《ごりん》、西中野目《にしなかのめ》、吉向《よしむかい》、亀岡《かめおか》、俵舛《たわらます》、下俵舛《しもたわらます》、柏木堰《かしわぎぜき》の12村が合併して成立。役場は矢沢に置かれた。村名は12村が合併したことにちなむ。1955（昭和30）年2月1日、藤《ふじ》崎町《さきまち》と合併して十二里の村名は消えた。翌年2月12日、大字下俵舛、柏木堰の各一部が板柳町《いたやなぎまち》へ境界変更した。十二里の名は郵便局以外、ほとんど残っていない。

南津軽郡⑫　文・中園裕

富木館村
とみきだてむら
〈現藤崎町〉

昭和の合体合併第1号

富木館村は、現在の藤崎町北部に位置する村だった。昭和の大合併では、村の南隣に位置する常盤村といち早く合併し、町村合併の青森県内第1号となった。同日、東津軽郡大野村が青森市へ編入合併したが、対等の関係での合体合併では最も早かった。

戦後、新制中学校の設立に当たり、両村の組合が明徳中学校を設立した。その際、両村は地勢や交通の関係から人や物の交流が盛んで、人情や風俗が相通ずる間柄にあったとうたわれた。明徳中学校は村境に近い常盤村域に設立され、1954（昭和29）年5月3日に誕生した新生常盤村の祝賀会場となった。

しかし、合併の段階では相応の紛糾があった。富木館村北部の福館地区は、当初から隣村の野沢村（現青森市）との合併を望み、常盤村との合併が成立した後も分村を主張していた。常盤村は常盤町になることを主張したが、富木館村は純粋な農村である実情に合わないとして反対した。

実際に富木館村内は津軽平野が広がり、浪岡川と十川《とがわ》が流れて水路的に恵まれ、肥沃《ひよく》な水田地帯だった。このため、豪農が多かった。小さな町になるより、小さいが豊かな村を目指したわけである。

村の豪農では横山喜佐久《きさく》が代表格だった。彼は大正期に村長を2期務め、南津軽郡会や村会の議員

富木館村の豪農で、村政の発展に努めた横山喜佐久の大邸宅＝明治末期（石場旅館提供）

旧富木館村の水木地区に新設された常盤村役場。平成の大合併後に藤崎町の常盤支所となったが、老朽化のため解体された＝1980年代後半（青森県所蔵県史編さん資料より）

となり、各分野の委員等を歴任した。25（大正14）年創立の津軽物産販売組合で理事となり、31（昭和6）年に組織を拡大した津軽物産信用販売購買利用組合の組合長を務めた。横山は富木館村の村政発展に寄与し、南津軽郡の政界・実業界の元老ともいわれた。

　富木館村は南北に細長かったため、小学校は北部の福館に福館小学校、南部の水木に育英小学校があった。両校ともに1879（明治12）年の創立だが、昭和の大合併を経て1972（昭和47）年3月末日、旧常盤村の福島、若松両校とともに常盤小学校に統合。93年の歴史を閉じた。

　だが、新校舎の建設や備品の準備、統合事務に時間を要し、このときは名目の統合に終わった。このため、3月に閉校した四つの校舎に、各地区の子どもたちが分かれて登校することになった。教頭は4校舎ごとに任命され、PTAも校舎ごとに組織された。校長は曜日を変えて四つの校舎を持ち回り、統合事務の処理に明け暮れた。

　74（昭和49）年4月、晴れて常盤小学校の新校舎に子どもたちが通い出した。常盤小学校は旧常盤村の常盤にあったため、福館小学校の子どもたちはスクールバスでの通学となった。現在、旧富木館村域に学校はない。しかし常盤小学校には、今も旧村からの子どもたちが元気に通っている。

【一口メモ】 富木館村《とみきだてむら》は1889（明治22）年4月1日の市制町村制施行で、久井名館《くいなだて》、水木《みずき》、富柳《とみやなぎ》、福館《ふくだて》の4村が合併して成立。4村から1字ずつ取って村名とし、役場を水木に置いた。1954（昭和29）年5月3日、常盤村《ときわむら》と合併して新たに常盤村（現藤崎町《ふじさきまち》）となり、富木館の村名は消えた。現在、富木館の名はほとんど残っていない。

文・中野渡一耕

中郷村
なかごうむら
〈現黒石市〉

黒石町を取り囲み一体化

いわゆる昭和の大合併の中で、合併が望まれたのが中郷村と黒石町である。黒石町は江戸時代の黒石城下町そのままといってよく、ごく狭小（0・9平方キロ）で、周辺を中郷村に取り込まれていた。国鉄黒石駅をはじめ、弘南バス営業所、青森県立農事試験場、黒石営林署などの施設は中郷村域にあり、市街地も連続していた。

黒石町は地所が少ないため、発展性がないということは明治末期から指摘されており、当時から合併の機運はあった。しかし、明治末期の黒石町で中郷村児童預託入学拒否問題が起こった（当時、中郷村には小学校がなかった）。このことが尾を引き、1933（昭和8）年の県による合併勧奨を中郷村側で拒否。アジア太平洋戦争中にも黒石町は合併を図り、一時はまとまりかけたが、敗戦後の農地改革の不在地主問題で再び暗礁に乗り上げた。昭和の大合併時も、中郷村では合併派と反対派の対立が解けなかったが、結局5町村が54（昭和29）年7月に合併し、新生黒石市が誕生した。県内では、昭和の大合併で誕生した新市の第1号だった。

中郷村は水田が大半を占めており、昭和初期には水田生産額が南津軽郡の1割に当たるという肥沃《ひよく》な村だった。リンゴやわら工品の生産も盛んだった。村の代表的な施設が、大字境松にあった県立農

旧中郷村域にあった国鉄黒石駅＝1970年代（須藤重昭氏撮影・提供）

中郷村の代表的施設の一つだった青森県立農事試験場＝昭和戦前期（青森県所蔵県史編さん資料より）

事試験場（現県産業技術センター農林総合研究所）だった。

　同試験場は１９００（明治33）年に、現在の青森市石江に設置されたが、13（大正２）年４月に移転した。境松には05（明治38）年に郡立の農学校が設けられており、移転に当たっては、この農学校の校舎を本館とした。以来、現在に至るまで青森県における農業技術研究の中心施設として機能している。２００７（平成19）年に黒石市街地北側の田中地区に移転したが、ここも旧中郷村域である。

　他の主要施設として、１９１２（大正元）年８月、大字黒石に開業した黒石線（当初は黒石軽便線）の黒石駅が挙げられる。50（昭和25）年には南側に弘南鉄道弘南線の黒石駅も開業した。しかし、国鉄の経営悪化に伴い84（昭和59）年に黒石線は弘南鉄道へ移管され、駅は弘南鉄道駅に統合された。その弘南鉄道黒石線も現在では廃止されている。開業当時は町外れにあった黒石駅も、今では町の中心部である。

　現在の旧中郷村域にはスポカルイン黒石、黒石運動公園、黒石警察署などの主要施設があり、住宅地、商業地としても発展を遂げている。「シャイニー」のブランドで有名な青森県りんごジュース株式会社も当地にある。

【一口メモ】 中郷村《なかごうむら》は１８８９（明治22）年４月１日の市制町村制施行で、境松《さかいまつ》、西馬場尻《にしばばしり》、東馬場尻《ひがしばばしり》、株梗木《ぐみのき》、黒石《くろいし》、野際《のぎわ》、東野添《ひがしのぞえ》、北田中《きたたなか》、小屋敷《こやしき》、飛内《とびない》、上目内沢《かみめないさわ》、下目内沢《しもめないさわ》の12村が合併して成立。役場は株梗木に置かれた。１９５４（昭和29）年７月１日、黒石町《くろいしまち》、六郷《ろくごう》、山形《やまがた》、浅瀬石《あせいし》の３村と合併して新たに黒石市《くろいしし》となり、中郷の村名は消えた。しかし、中郷の名は公民館、郵便局、学校などに残されている。なお、旧中郷村域の大字黒石《くろいし》（旧黒石村）は、黒石城下の旧黒石町と隣接していた。

浅瀬石村 あせいしむら

〈現黒石市〉

文・蔦谷 大輔

城下町からリンゴ栽培地へ

弘南鉄道弘南線の黒石駅の南東、浅瀬石川の南沿いに黒石市の大字として浅瀬石という地名がある。

浅瀬石は、1345（興国6）年3月27日付の公卿《くぎょう》北畠顕信袖判《そではん》御教書に見える「安庶了郷《あせしごう》」が古い表記で、戦国時代から江戸時代にかけては「汗石」とも書かれた。

また、黒石市高賀野には、大浦（津軽）為信による津軽統一の合戦で落城した浅瀬石城があった。城主は南部閉伊《へい》郡（現岩手県宮古市）の千徳城主の流れをくむ千徳氏で、13世紀に津軽平野に南部氏とともに進出したという。

後世、弘前藩内で編さんされた歴史書によると、千徳氏は1574（天正2）年の大光寺城合戦以降、為信方につき、津軽統一を支えた。しかし、97（慶長2）年、為信は千徳氏に謀反《むほん》の疑いがあるとして浅瀬石城に派兵し、千徳氏一族を自害に追い込んで落城させたという。現在、城の跡地には「浅瀬石城址」の石碑と案内板が設置されており、周辺からは侍屋敷、町屋敷、代官館などの城下町の遺構も確認されている（『青森県の中世城館』より）。

江戸時代の浅瀬石村は、平賀郡猿賀組（「組」は弘前藩の地方行政組織）に属する農村であり、中世の城下町としての面影はほとんど残っていなかったようである。

18世紀後半には、鳴海久兵衛、北山長次郎ら村の豪農が、凶作年に

浅瀬石城跡。現在、周辺はリンゴ園になっている＝1960（昭和35）年ごろ（青森県所蔵県史編さん資料より）

救助米を周辺村々に施したといわれ、中小農民は豪農経営に依存する生活を送っていた。

　1880（明治13）年、浅瀬石村の豪農である北山彦作は、リンゴ苗木の配布を受けて、リンゴの宅地栽培を行った。そして、91（明治24）年、北山は株式組織の興農会社を設立し、果樹園を設けてリンゴの増産改良に努めた。こうしたリンゴ栽培の機運は南津軽郡に広まった。1907（明治40）年の浅瀬石村は、山形村と六郷村に次ぐ7338本の植栽が行われており、リンゴ産業が活況であった。

　戦後の46（昭和21）年9月に設立された青森県りんご協会は、57（昭和32）年、リンゴ農家に対する栽培や経営に関する教育活動を行った。その中で、県内外の農家の実地研修を行う計画があり、54（昭和29）年の合併で黒石市となった旧浅瀬石村も研修地の一つになった。浅瀬石村は、まさにリンゴ農家の養成事業を支えた地域だった（『青森県史　資料編　近現代5』より）。

　浅瀬石城跡は現在、個人所有のリンゴ園になっている。中世の城下町だった浅瀬石村が明治時代以降、リンゴ産業で発展したことを象徴しているように思われる。

在郷軍人や青年団による浅瀬石尋常高等小学校の除雪奉仕
＝1931～32（昭和6～7）年ごろ（青森県所蔵県史編さん資料より）

【一口メモ】　浅瀬石村《あせいしむら》は1889（明治22）年4月1日の市制町村制施行で、中川《なかがわ》、浅瀬石、高賀野《こがの》《こうがの》の3村が合併して成立。役場は浅瀬石に置かれた。1954（昭和29）年7月1日、黒《くろ》石町《いしまち》、六郷《ろくごう》、中郷《なかごう》、山形《やまがた》の3村と合併して新たに黒石《くろいし》市となり、浅瀬石の村名は消えた。しかし、浅瀬石の名は黒石市の大字となり、浅瀬石川をはじめ公民館や小学校（2020年＝令和2年3月末統合予定）などにも残されて地域に根付いている。

　文・中園裕

山形村《やまがたむら》〈現黒石市〉

温泉と渓流がダムと共存

山形村は現黒石市東部に位置し、浅瀬石川流域に広がる大きな山村だった。浅瀬石川沿いには、下流側から温湯、落合、板留、二庄内、沖浦、温川《ぬるかわ》と温泉が続き、支流にも要目《かなめ》、古蔵《ふるくら》、青荷、切明《きりあけ》の温泉があった。これらは「山形温泉郷」（現黒石温泉郷）と称されたが、最上流部の温川と切明は竹館村（現平川市）の村域だった。

温湯は、共同浴場の周辺を湯治客宿泊施設の客舎が取り巻く共同体的な湯治場だった。板留は、浅瀬石川の河川敷に上の湯、中の湯、下の湯と三つの共同浴場が並び、山並み迫る情緒豊かな温泉場だった。落合は、戦後に国民宿舎の西十和田荘や屋内温泉プール付きのサニーランドが建てられ、レジャーランド的要素も併せ持っていた。その他の温泉は、地元の人々が利用する静かな湯治場だった。

アジア太平洋戦争末期の1945（昭和20）年、沖浦地区に治水、灌漑《かんがい》、発電などを意図した沖浦ダムが完成した。着工は34（昭和9）年。日本で最初に着工された多目的ダムだった（完成は山口県周南市《しゅうなんし》を流れる錦川の向道《こうどう》ダムの方が早い）。

沖浦ダムは沖浦温泉の近くに造られた。その結果、現在の湯の元橋付近から、上流の小国《おぐに》集落（現水辺の広場）までが「虹の湖」と称された。湖は規模こそ小さかったが、釣りやボートを楽しめる格

温湯温泉の共同浴場。1959(昭和34)年に建設された浴場は屋上が舞台を兼ねていた。丑湯祭りで盆踊りが行われると、浴場を取り巻く客舎は格好の観客席となった＝1990年代（青森県所蔵県史編さん資料より）

好の遊覧施設となった。

　昭和の大合併で山形村は黒石市となった。４年後の58（昭和33）年、虹の湖を含む浅瀬石渓流と温泉郷一帯は、黒石温泉郷県立公園（現県立自然公園）に指定された。翌年、弘南バスが弘前から黒石を通り、温泉郷や虹の湖を経由して、十和田湖畔の子ノ口に至る定期バスの運行を開始した。

　その後、高度経済成長に伴う道路開発や、山林の伐採で山地の治水機能が低下し、沖浦ダムは任に堪えなくなった。このため、88（昭和63）年10月、約3キロ下流に浅瀬石川ダムが建設され、新たな虹の湖が誕生した。実は現在の虹の湖は2代目なのである。

　ダムの完成で、浅瀬石川流域の洪水はほぼなくなり、農業用水も確保された。しかし、浅瀬石渓流の象徴だった「落とし滝」は跡形もなくなった。二庄内、沖浦、一の渡、小国などの集落がダム底に水没した。四つの集落の近くには、いずれも「古里の碑」が建立された。

　沖浦ダムも水没したが、浅瀬石川ダムの渇水期になると、国道102号や旧青荷橋など、水没集落の跡地とともに沖浦ダムが姿を見せる。虹の湖の湖底は「古里の碑」と並び、湖底に沈んだ山形村時代の歴史を映し出す鏡なのである。

沖浦ダムと沖浦温泉の噴湯＝1959(昭和34)年8月24日(青森県所蔵県史編さん資料より)

【一口メモ】 山形村《やまがたむら》は１８８９（明治22）年4月1日の市制町村制施行で、花巻《はなまき》、牡丹平《ぼたんだいら》、石名坂《いしなざか》、豊岡《とよおか》、下山形《しもやまがた》、上山形《かみやまがた》、温湯《ぬるゆ》、南中野《みなみなかの》、大川原《おおかわら》、板留《いたどめ》、二庄内《にしょうない》、沖浦《おきうら》、袋《ふくろ》の13村が合併して成立した。役場は花巻に置かれた。１９５４（昭和29）年7月1日、黒石町《くろいしまち》、六郷《ろくごう》、中郷《なかごう》、浅瀬石《あせいし》の3村と合併して黒石市《くろいしし》が成立。山形の村名は消え、山形温泉郷は黒石温泉郷となった。山形の名は公民館などに残されている。なお、黒石市中心街の山形町《やまがたまち》は黒石町にあった町名なので、山形村とは別である。

文・中野渡一耕

六郷村 ろくごうむら 〈現黒石市〉

法峠と「幻の県道」

　明治の大合併では、合併した旧村（大字）の数にちなむ村名が各地に生まれた。六郷村もその一つで、すぐ北には五郷村（現青森市）もあった。江戸時代の乳井通《にゅういどおり》、現県道146号（浪岡北中野黒石線）沿いで、平地には水田が広がり、丘陵部ではリンゴ栽培が盛んであるなど、地理的にも五郷村と共通する。中心地域は上十川だった。

　この地域は比較的農業生産力が高く、江戸時代以来の地主が多かった。1870（明治3）年、弘前藩は士族救済のため、10町歩（1町歩＝約1㌶）以上を所有する地主から土地を取り上げる政策を断行した。

対象の地主は現黒石市域で20人いたが、うち14人が六郷村在住者で、比較的中規模の地主が多かったのが特徴である。彼らの多くは、明治以降は名望家として地域の文化や政治の担い手となっていった。

　代表的な存在として、上十川地区の宇野清左衛門家や高館地区の大平《おおだいら》兵左衛門家などが挙げられる。宇野家は70（明治3）年の時点で18町歩と、極端な大地主ではないが、当主の清左衛門は青森県下10位を下回ったことがない多額納税者となった。97（明治30）年に尾上銀行を創設。その後、貴族院議員に互選されている。

　長男勇作も六郷村長、県会議員、衆議院議員、第五十九銀行頭取を歴任、次男要三郎は司法界に進み、

法峠の山頂から見た法嶺院の奥の院＝昭和戦前期（青森県所蔵県史編さん資料より）

宇野清左衛門の大邸宅＝明治末期(石場旅館提供)

大審院（現最高裁判所）刑事部長を務めた。同家は戦後の農地改革の際、140町歩の大地主となっていた。

六郷村の名所に、1928（昭和3）年に当時の『弘前新聞』が公募した「津軽十景」の第3位にランクされた法峠《ほっとうげ》がある。村の東端にあった標高454㍍の峠だ。伝承では、鎌倉時代に日蓮の高弟日持が「南無阿弥陀仏」の題目を置いたことが由来という。この峠に1811（文化8）年に法嶺院という寺院が再興されたが、85（明治18）年に山麓の上十川に移転した。

法峠は県道226号（酸ケ湯黒石線）沿いにあるが、この道は車が通行できない「点線県道」である。1936（昭和11）年に秩父宮率いる歩兵31連隊第3大隊の将兵が、上十川から法嶺院、法峠、沖揚平を経て酸ケ湯温泉に至る演習を行った。

これを契機に旧道路法上の県道に昇格したが、その後、本格的に整備されず、現在は「幻の県道」と称されている。地元六郷地区振興協議会では87（昭和62）年より整備・保存活動を実施し、毎年春に沖揚平に至る約15㌔の「幻の県道探索ハイキング」を実施している。

【一口メモ】 六郷村《ろくごうむら》は1889（明治22）年4月1日の市制町村制施行で、高館《たかだて》、竹鼻《たけはな》、三島《みしま》、赤坂《あかさか》、上十川《かみとがわ》、二双子《にそうし》の6村が合併して成立。六つの郷が集まった意味を込めて村名とし、役場を高館に置いたが、後に三島へ移転した。当時、北津軽郡にも同名の六郷村《ろくごうむら》が存在した（現鶴田町《つるたまち》）。1954（昭和29）年7月1日、黒石町《くろいしまち》、中郷《なかごう》、山形《やまがた》、浅瀬石《あせいし》の3村と合併して新たに黒石市《くろいしし》となり、六郷の村名は消えた。しかし、六郷の名は小学校や保育園などに残され、地域に根付いている。

文・中野渡一耕

五郷村《ごごうむら》〈現青森市〉

リンゴ園と山林の村

明治の大合併では、合併した旧村（大字）の数にちなんだ村名が数多く誕生している。五郷村もその一つである。5村が合併して成立したが、北中野、吉内、本郷の3村は水田や果樹園が広がるのに対し、細野、相沢の2村は山間部にあり、全く違った性格を持つ。

北中野は、浪岡町と市街地が連続していた。江戸初期には「四日町」と呼ばれ、中世浪岡城下の一部だったようだ。江戸時代にも浪岡組（「組」は弘前藩の地方行政組織）代官所は中野村（北中野と改称したのは、現黒石市の南中野と区別した明治以降）に置かれた。

本郷と吉内も隣接している。東側の丘陵地帯ではリンゴの栽培が盛んだが、本郷の豪農鎌田政通、形助親子が旧浪岡町域で最初に試植したといわれている。江戸時代、鎌田家は本郷村の漆守を務めていたが、リンゴは漆に代わり新しい商品作物として広がった。

東北地方最初の共産党代議士である津川武一《たけいち》は吉内の出身。小作人の子だったが、東京帝国大学まで進学した。津川が大学在学中の1931（昭和6）年、「北中野青年訓練所ストライキ事件」が起こった。首謀者として検挙されたのが女性活動家の相沢良《りょう》である。相沢は当局の激しい取り調べを受け、25歳の若さで亡くなる。終戦後、津川の手により顕彰碑が建てられた。

湯ノ沢温泉の客舎＝昭和戦前期（青森県所蔵県史編さん資料より）

本郷地区にあった鎌田家の大邸宅＝明治末期（石場旅館提供）

54（昭和29）年の合併で五郷村は浪岡町となり、その2年後に本郷ダムが竣工《しゅんこう》した。近くには湯ノ沢温泉があった。冷泉のため加熱しなければ入浴できなかったが、皮膚病に効能があるため、昭和20～30年代は地域の人々でにぎわった。

さらに山を上ると、「鈴蘭山」と呼ばれるスズランの群生地があった。大正時代から昭和初期にかけて小学校の遠足や、周辺の人々の行楽地としてにぎわった。戦後は杉の植林や草刈り場が失われ、スズランが見られなくなった。そこで、2002（平成14）年に「本郷すずらん山復元の会」が発足。2年後から地元の小学生と会員が毎年千本の植栽を行っている。

相沢と細野は山の中の集落であった。江戸時代には庄屋も兼務で、実質的には一つの村として藩に把握されていた。浪岡から相沢へ向かうバス道路が完成したのは1967（昭和42）年。それまでは本郷へ向かう山道が生活道路だったが、冬季間は交通路が途絶していた。現在は浪岡地区コミュニティバスが運行されている。

過疎化により浪岡町立細野小学校は82（昭和57）年に廃校になったが、旧校舎を利用して「細野山の家」が開設され、2003（平成15）年には温泉施設がオープン、山の湯として人気を集めている。

【一口メモ】 五郷村《ごごうむら》は1889（明治22）年4月1日の市制町村制施行で、北中野《きたなかの》、吉内《きちない》、細野《ほその》、相沢《あいざわ》、本郷《ほんごう》の5村が合併して成立。五つの郷が集まった意味を込めて村名とし、役場を本郷に置いた。1954（昭和29）年12月15日、浪岡町《なみおかまち》、大杉《おおすぎ》、野沢《のざわ》、女鹿沢《めがさわ》の3村と合併して新たに浪岡町（現青森市《あおもりし》）となり、五郷の村名は消えた。現在、五郷の名はほとんど残っていない。

文・中野渡一耕

女鹿沢村

めがさわむら

〈現青森市〉

旧浪岡町中心部に隣接

女鹿沢地区は旧浪岡町中心部に隣接し、国道7号沿いに集落が延びる。水田が中心の地区だが、西部は丘陵地でリンゴ畑が広がる。一方、北部は浪岡町中心部の一部として市街地化している。

昭和の大合併前の女鹿沢村は、女鹿沢、下十川、増館の三つの大字から成っていた。名称は最大集落の女鹿沢の名前が採用された。

大字女鹿沢の通称・松枝地区は村落全体が館跡で、中世北畠氏の時代は浪岡城の西の押さえであったと思われる。藩政時代には増館組（「組」は弘前藩の地方行政組織）代官所が置かれ、11村を管轄していた。

下十川には藩政時代に「大沼袋」という細長い沼があり、その周辺には湿地や広大な林が広がり、鳥類が多数生息していた。そのため、幕府や藩主に納める鷹《たか》を捕獲する「鷹待場」が置かれていた。ところが江戸中期には大飢饉《ききん》で荒廃し、また、江戸後期には沼の干拓が進み、鷹待場の性格も薄れてしまった。現在は、わずかに十川《とがわ》沿いの疎林《そりん》に昔の面影を残すだけである。

大正時代の女鹿沢村は、わら工品の生産や出荷が盛んで、青森県下で第1位になったこともある。女鹿沢村は、平成の大合併前の浪岡町を構成した5村（浪岡、女鹿沢、大杉、野沢、五郷）の中では、面積9・4平方キロと最も狭かった。

女鹿沢村長を4期務めた西塚富太郎の屋敷。手前の道路は現在の県道285号（浪岡藤崎線）＝明治末期（石場旅館提供）

女鹿沢村立女鹿沢小学校の子どもたち＝1951(昭和26)年ごろ(青森市教育委員会浪岡教育事務所提供)

大正末年には5村（浪岡町は１９４０年＝昭和15年に町制施行）が将来的に合併して「大浪岡」を実現しようという動きがあった。だが、実現したのは昭和の大合併時の54（昭和29）年である。その後、大字増館では隣接する常盤村との合併を目指して分村運動があったが、住民投票で否決された。

合併以降、集落内で湾曲していた国道の直線化が進んだ。国鉄（現ＪＲ）奥羽本線を越す立体交差の完成は60（昭和35）年のことである。さらに平成に入ってからは２００９（平成21）年の浪岡バイパス完成で、集落を通る車も減った。旧女鹿沢村役場は下十川駐在所の裏手にあったが、浪岡川河川工事で跡地は削られている。

現在、女鹿沢地区西部の丘陵地には「道の駅なみおか」や、温泉もある「健康の森　花岡プラザ」、国立病院機構青森病院、県立浪岡養護学校などの公共施設がある。このうち青森病院の前身である国立岩木療養所は１９５１（昭和26）年に開院した。花岡プラザの前身である国民保養センター「花岡荘」は、浪岡町立浪岡中学校に統廃合された町立女鹿沢中学校の跡に78（昭和53）年に開業。周辺には花岡公園などが広がり、住民の憩いの場になっている。

【一口メモ】 女鹿沢村《めがさわむら》は１８８９（明治22）年4月1日の市制町村制施行で、下十川《しもとがわ》、女鹿沢、増館《ますだて》の3村が合併して成立。役場は下十川に置かれた。１９５４（昭和29）年12月15日、浪岡町《なみおかまち》、大杉《おおすぎ》、野沢《のざわ》、五郷《ごごう》の3村と合併して新たに浪岡町となり、女鹿沢の村名は消えた。女鹿沢の名は浪岡町の大字として残されたが、２００５（平成17）年4月1日に浪岡町が青森市《あおもりし》と合併して浪岡女鹿沢となった。なお、女鹿沢の名は小学校にも残されている。

文・中園裕

野沢村 のざわむら 〈現青森市〉

ため池が多く眺望抜群

野沢村は、現青森市浪岡地区の西部に位置する村だった。湿地帯が多く、十川《とがわ》や浪岡川の氾濫に悩まされた地域だった。このため、藩政時代から開拓が進められ、ため池や用排水路が造られてきた。現在の水田地帯はかつての萢《やち》で、集落は丘陵地帯にあった。

野沢村の銀地区には新溜池《ためいけ》、すぐ北の樽沢地区には宝溜池、郷山前地区の近くには熊沢溜池、北方の吉野田地区には三太溜池や吉野田新溜池など、大小十数個のため池があった。湿地帯の水質が悪かったから、これらのため池群が村の農業を潤したことになる。

昭和の大合併で野沢村が浪岡町などと合併した際、北部に接する七和村（現五所川原市）の大字下石川が浪岡町へ編入された。両村は県道34号（五所川原浪岡線）でつながっており、以前より交流が深かった。七和村にもため池が多くあり、実際に下石川には姥溜池があった。

野沢村の産業は農業が主体で、米とリンゴが中心を占めていた。戦前に青森県から養蚕村に指定され、一時期は養蚕業が促進された。副業としてのわら工品も盛んだった。また、吉野田に山林が多いため、林産物が豊富だった。

野沢村には１８９２（明治25）年創立の村立野沢尋常小学校があった。村で唯一の学校で、校舎は郷山前にあった。熊沢溜池の近くで、西に岩木山が雄大に広がり、北東には梵珠山を遠望できた。眺望の良い学校だった。

野沢村立野沢小学校。校舎の跡地である郷山前農村公園には記念碑がある
＝1954（昭和29）年ごろ（青森県所蔵県史編さん資料より）

野沢村が浪岡町に合併後、多くの小学校が統合された中で野沢小学校は存続となった。１９９７

熊沢溜池の堤防。周辺は風が強かったが、西に岩木山、東に八甲田連峰が見え、眺望が良かった。現在は堤防が高くなっている＝1954（昭和29）年ごろ（青森県所蔵県史編さん資料より）

（平成9）年には校舎を吉野田に移転新築。熊沢溜池のすぐ北にあり、ため池や小学校からは西に岩木山、東に八甲田連峰を望め、眺望が依然として抜群だった。なお、旧校舎の跡地は郷山前農村公園となった。

47（昭和22）年、野沢小学校に併設された野沢村立野沢中学校は、3年後に樽沢へ独立の校舎を建設して移転した。しかし、全国的に実施された学校統合の影響で、当時の浪岡町にあった6校の中学校は76（昭和51）年に町立浪岡中学校へ統合された。新しい中学校は大字浪岡字稲盛に建設されたので、旧野沢村域の中学生は国鉄（現JR）奥羽本線を越え、遠方へと通学することになった。

野沢中学校のあった樽沢は村の中心部だった。役場の他、駐在所や公民館、農協などの施設がそろい、飲食店や雑貨店などが並び、商店街が形成されていた。学校がなくなった現在、跡地は野沢公園となった。

合併で消える村名が多い中で、野沢の名前の使用は小学校や公園、農協など比較的多数にわたる。それだけ村民に慕われ、地域に定着した地名だったといえよう。

【一口メモ】 野沢村《のざわむら》は1889（明治22）年4月1日の市制町村制施行で、樽沢《たるさわ》、銀《しろがね》、郷山前《ごうさんまえ》、吉野田《よしのだ》の4村が合併して成立。役場は樽沢に置かれた。樽沢と吉野田から1字ずつ取って村名とした。当時、三戸郡にも同名の野《の》沢村《さわむら》が存在した（現新郷村《しんごうむら》、五戸町《ごのへまち》）。1954（昭和29）年12月15日、浪岡町《なみおかまち》、大杉《おおすぎ》、女鹿沢《めがさわ》、五郷《ごごう》の3村と合併して新たに浪岡町（現青森《あおもり》市《し》）となり、2年後の9月30日に七和村《ななわむら》の大字下石川《しもいしかわ》を編入した。野沢の名は消えたが、小学校をはじめ、地域内に野沢の名は数多く残されている。

南津軽郡⑳　文・中園裕

大杉村《おおすぎむら》〈現青森市〉

交通の要所 多数の企業誘致

大杉村は、現青森市浪岡地区の北部に位置する村だった。村は南津軽郡に属していたが、北側の新城村は東津軽郡だった。両村の境には鶴ケ坂から大釈迦にかけて山々が連なり、東、南両津軽郡の郡境だったことが分かる。

ＪＲ奥羽本線の鶴ケ坂―大釈迦間には長い大釈迦トンネルがある。しかし、鉄道敷設時は別の路線を走り、トンネルは短かった。その代わり急勾配の坂を昇降するため、蒸気機関車の時代には補助機関車を連結せねばならなかった。

戦後、奥羽本線の高速化を図るため、線路の架け替えと新トンネルの掘削が行われた。１９６３（昭和38）年7月にトンネルが開通。旧線からの架け替えが行われた。新トンネルは、浪岡側に吹雪を避ける長いスノーシェッドが付けられていた。

71（昭和46）年10月に奥羽本線が電化され、84（昭和59）年9月に将来の複線化を意図して現在のトンネルが造られた。しかし2代目のトンネルは使われず、複線化は今も実現していない。

大杉村の中心駅だった大釈迦駅周辺は、駅の開業以来、青森方面と五所川原方面を結ぶ結節点となった。駅はリンゴなどの農産物を出荷する貨物駅としての役割も担っていた。

村が合併で浪岡町となって以降も、大釈迦は弘前方面へと向かう

2代目大釈迦トンネルでの試運転時の様子。上方右が建設当初からの奥羽本線＝1963(昭和38)年7月23日(川村昭次郎氏撮影、川村英明氏提供)

国道7号（浪岡バイパス）と、五所川原方面へ向かう国道101号の結節点であり続けた。東北自動車道の浪岡インターチェンジは杉沢にあり、浪岡バイパスと津軽自動車道は徳才子で合流する。

交通の要所だったため、大杉地区は企業の立地条件に適していた。このため、70（昭和45）年に、みちのくコカ・コーラボトリング株式会社の青森工場が同地で操業を開始した。大手企業の誘致は地元の雇用を促進した。

83（昭和58）年12月に浪岡町工場等誘致奨励条例が施行されてからは、企業の誘致が顕著になった。88（昭和63）年10月に東大無線株式会社の東北工場、90（平成2）年9月に株式会社ユーメリアファクトリーパークの青森ファクトリー、96（平成8）年12月にかねさ株式会社などが大杉地区に集まった。

2014（平成26）年3月、みちのくコカ・コーラボトリングの青森工場が生産を中止。誘致企業は時代とともに移り変わった。しかし、工業団地は大杉地区の南部に健在で、梵珠山など山々が連なる北部と対照的な姿を見せている。大杉地区は多彩な側面を持ち合わせているのである。

空から見た旧大杉村の大釈迦地区。中央に建設当初からの奥羽本線、右側手前に建設中の2代目大釈迦トンネルが見える
＝1962（昭和37）年11月7日（青森県所蔵県史編さん資料より）

【一口メモ】大杉村《おおすぎむら》は1889（明治22）年4月1日の市制町村制施行で、大釈迦《だいしゃか》、徳才子《とくさいし》、長沼《ながぬま》、杉沢《すぎさわ》、高屋敷《たかやしき》の5村が合併して成立。大釈迦と杉沢から1字ずつ取って村名とし、役場は高屋敷に置かれた。1954（昭和29）年12月15日、浪岡町《なみおかまち》、野沢《のざわ》、女鹿沢《めがさわ》、五郷《ごごう》の3村と合併。新たに浪岡町（現青森市《あおもりし》）となり、大杉の村名は消えた。大杉の名は公民館以外、あまり残っていない。

弘前市・石川町合併案 県議会で否決

二十五日の県議会は二十三日に追加提案された弘前市と南郡石川町の合併問題について自民党が朝から議員総会を開いて検討したが、賛否まちまちで会議は紛糾、午後三時半無記名投票を行った結果、賛成十二、反対二十五で原案を否決した。このため本会議はおくれて午後五時十分開会、弘前市ならびに石川町の陳情団が傍聴席を埋めつくした中で大島議長から討論を省略して採決に入ると宣言、採決の結果、原案賛成六（社三、県ク三）反対二十九（自民全）と野党議員が賛成、与党議員全員が反対するという異常な決議をし、知事提出案件を否決した。このあと会期を二十九日まで二日間延長することとして同五時十五分散会した。町村合併案が県議会で否決となったことは、さる二十八年合併促進法施行以来はじめてのことであり、また知事提出案件が否決となったのは津島前知事時代の二十五年監査委員任命案否決に次いで二回目のことであり、町村合併の将来に大きな波紋を与えるとともに山崎県政の将来に一抹の暗影を投げ与えるものとして注目される。

新市町村建設促進法によると県議会が該市町村議会を通過した合併案を否決した場合、該市町村に県が合併を勧告していたとすれば内閣総理大臣の権限で四カ月後に合併は自動的に成立するという規定だが、両市町村合併は知事勧告でなく自主的合併であるところに今度の否決される大きな要因があった。しかし知事は原案を強引に生かそうとすれば自民党議員総会で否決がはっきりした際弘前、石川両市町に対し緊急に合併勧告をする手段もあり、また否決後も再議に付する権限も与えられているが、与党である自民党県議団との摩擦をあくまで避けるため否決を素直に認めるという態度をとった。とはいえ弘前市が全員賛成、石川町が十二対七で可決という前提に立つ知事提出案件に対し自民党議員が反対の理由を明確にしないのみか県クならびに社会党議員の討論を認めず多数で強引に否決したことは議会の権威保持の上から今後ひろく県民に批判されるところとなろう。

◇山崎知事の話＝地方自治法に規定された機関を尊重して提案されたが、議会で否決されたうえは仕方ない。再議に付する考えはない。

（原文ママ）

1957（昭和32）年3月26日付

東津軽郡

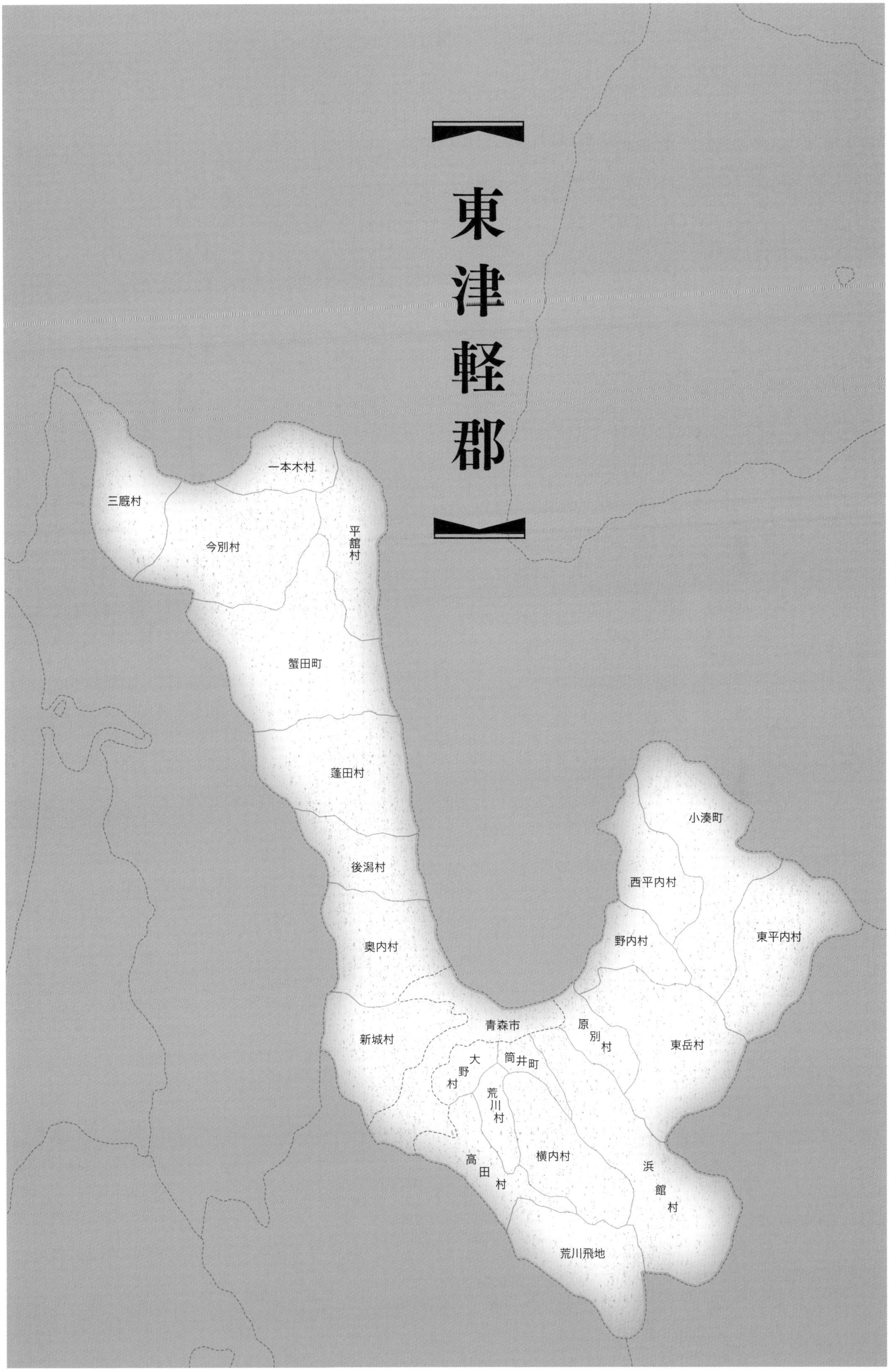
三厩村
一本木村
今別村
平舘村
蟹田町
蓬田村
後潟村
奥内村
小湊町
西平内村
野内村
東平内村
新城村
青森市
原別村
東岳村
大野村
筒井町
荒川村
高田村
横内村
浜館村
荒川飛地

筒井町《つついまち》〈現青森市〉

文・荒井 悦郎

歩兵第5連隊のあった町

青森県立青森高校（青高《せいこう》）と青森市立筒井中学校の用地は、かつて陸軍歩兵第5連隊の兵営敷地だった。

1874（明治7）年、青森町（現青森市）に設置された第5連隊は、翌年、筒井村に約2万4千坪（7・9㌶）の兵営敷地を得て移転した。第5連隊は当初、仙台第2師団、98（明治31）年からは新設の弘前第8師団に所属した。

訓練を行う練兵場と射撃場は、現青森市浪打に造られた。兵営と練兵場の間は直線道路が設けられ、双方を隔てる駒込川には晴雄橋が架けられた。水田に囲まれたこの道路を訓練に向かう兵士たちの行軍がしばしば見られた。

1928（昭和3）年に練兵場は滝内村（現青森市）の浪館に移転した。跡地は住宅地となり、練兵町と命名された（現浪打1、2丁目）。商店街もできて、にぎわいを見せた。

45（昭和20）年7月、青森空襲により市街地は烏有《うゆう》に帰した。翌月、日本の敗戦により軍隊は事実上消滅し、第5連隊兵営はあるじを失った。代わりに校舎を焼失した県立青森中学校（青中《せいちゅう》）が移転してきた。青中は48（昭和23）年に男子校の青高となり、翌々年には男女共学となった。

現在、連隊兵営と練兵場とを結んだ直線道路は桜川4丁目から佃1丁目にかけて、南西から北東に

歩兵第5連隊の正門。現在も青森高校正門の隣に石柱が保存されている
＝明治末期〜大正初期（青森県所蔵県史編さん資料より）

松原通り周辺の住宅街。上方の白い建物は藤聖母園。左上に堤川が見える
＝1965（昭和40）年11月8日（青森県所蔵県史編さん資料より）

向かう斜めの一方通行路となっている。桜川5、6丁目の部分で途切れ、青高の近くにはその続きらしい道路が見られる。これは市街地拡大のため、県営桜川団地造成の区画整理により分断されたためである。もともと歩兵の行軍のみを目的に造られた道路であり、都市計画に生かされることはなかった。

桜川団地は高度経済成長期の始まった62（昭和37）年から67（昭和42）年にかけて青森県住宅協会（後に県住宅供給公社）が宅地造成したもので、当時は「青森市内の1等住宅地」と評された。日本中を熱狂させた東京五輪前後のことで、全国的に団地造成が広がった時期である。

堤川東岸の桜川団地とは対照的に、西側の奥野地区を通る県道27号（青森浪岡線、通称・松原通り）は戦前には「営所通り」と呼ばれ、官舎などの陸軍関係施設が並んでいた。第5連隊の将兵はこの道路を通って青森駅から出征した。また、道路は十和田湖に通じており、34（昭和9）年には鉄道省営バス（現JRバス東北）が和井内まで開通し、車掌が案内嬢を兼ねて観光客を喜ばせた。

奥野地区は戦前からの集落の周囲に、戦後、市街地の拡大によってできた市営アパートなどが立ち並び、今も市内有数の住宅街である。

【一口メモ】 1889（明治22）年4月1日の市制町村制施行で、筒井《つつい》、幸畑《こうばた》、浜田《はまだ》の3村と浦町《うらまち》字奥野《おくの》が合併して筒井村が成立。役場は筒井に置かれた。1952（昭和27）年8月31日に町制施行して筒井町《つついまち》となった。55（昭和30）年1月1日、横内《よこうち》、東岳《あずまだけ》、高田《たかだ》の3村とともに青森市《あおもりし》へ編入合併したが、筒井の名は現在も青森市の大字として継承されている。2014（平成26）年3月15日には青い森鉄道に筒井駅が誕生した。

東津軽郡②　文・荒井悦郎

大野村《おおのむら》〈現青森市〉

正確だった鉄道時計とドン

大野村は旧青森市のすぐ南に位置する村だった。このため、青森市の発展とともに、その影響を最も強く受けた。それを象徴するのが青森操車場（ヤード）である。

１９２５（大正14）年、鉄道院は青函連絡船による貨車航送を開始した。航送を支えた陸上施設が、東北本線東青森―青森間（現青い森鉄道線）に造られた青森操車場である。

青森操車場の役割は、東北本線と奥羽本線、そして北海道から来た貨物列車を分解し、行き先ごとに組成することである。当時、青森市は東北本線（最初のルート）を越えて市街地の南方拡大が進み、操車場の建設用地を確保することは容易ではなかった。そこで既存の東北本線青森―浦町（初代）間を南方へ迂回《うかい》させ、迂回線のさらに南側へ操車場を新設した。

青森操車場は、青森市、大野村、筒井村にまたがる約14万坪（約46万3千平方㍍）の敷地に、延長約30㌔の線路が敷設されていた。26（大正15）年開業時の操車能力は1日当たり貨車７００両、客車２５０両、従業者は１５５人であった。操車場の中央には作業員に時刻を知らせる高い時計塔が立ち、正確な時を刻んでいた。

この時計と競うかのように正確な正午を青森市民に知らせていたのが、午砲（通称・ドン）である。正確な時刻を知ることが難しかっ

貨車航送を支えた青森操車場。左の大きな建物は青森県営体育館＝1965(昭和40)年11月8日(青森県所蔵県史編さん資料より)

現在の午砲台公園＝2012（平成24）年4月21日（中園裕氏撮影）

た時代で、20（大正9）年9月、青森市鍛冶町の柏原彦太郎が午砲を青森市に寄贈。篠原善次郎が運営基金を寄付して午砲台（通称・ドン山）を設置した。場所は操車場の南側に当たる青森市、大野村、筒井村の境界付近で、操車場開設後は線路に分断されて青森市の飛び地のようになった。

午砲台の高さは約7㍍、丸太を束にして組み合わせ、土を寄せて造られた。標準時計に基づいて毎日正午に空砲を撃ち、市民に時を知らせた。砲口は北に向けられ、気象条件によっては脇野沢村（現むつ市）でもドンが聞こえたという。

41（昭和16）年、青森放送局（JOTG）が開局。ラジオの時報が普及し、毎時正確な時刻が分かるようになった。翌年、戦争が苛烈となると金属回収令により午砲は回収され、資源として釜石製鉄所に送られたという。

84（昭和59）年、国鉄貨物輸送方式の変更により青森操車場は機能廃止となった。現在は西側の一部が青い森鉄道青森信号場として使用され、東側には青い森セントラルパークが造成されている。あるじを失った午砲台は48（昭和23）年に解体された。その後、ドン山復元の市民運動が起こり、94（平成6）年に奥野区画整理地内の公園の一角に午砲台公園が完成した。

【一口メモ】 大野村《おおのむら》は1889（明治22）年4月1日の市制町村制施行で、大野、細越《ほそごえ》、安田《やすた》の3村が合併して成立。役場は大野に置かれた。1954（昭和29）年5月3日に青森市《あおもりし》へ編入合併し、大野の村名は消えた。しかし、大野の名は現在も青森市の大字として残されている。

文・中園 美穂

荒川村《あらかわむら》〈現青森市〉

青森市街地と密接な歴史

荒川村は旧青森市の南方に位置し、村内を流れる堤川（荒川）の北岸と南岸に広がる村だった。村域は南北に細長かったが、酸ケ湯温泉周辺に広大な飛び地があった。

村から北に向かう道路は、青森市中心部の柳町通りにつながっていた。青森市の市街地には国や青森県をはじめ、市の公的機関が集中していた。それらの中に青森監獄と裁判所もあった。1891（明治24）年、柳町通り近くの寺町にあった監獄は、荒川村の大字野木（通称・上野平）へ移転されることになった。

このため、裁判所と、遠方に移った青森監獄との間を一直線で結ぶ道路（荒川通り）が開削された。人々が「監獄通り」と呼んだ道路は、青森市の市街地と南方の荒川村を往復するには、この上なく立派なものだった。

その後、監獄は1922（大正11）年に青森刑務所と改称された。しかし、26（大正15）年に青森駅と浦町駅の間に青森操車場が建設され、柳町通りと荒川通りは断絶されてしまった。このため、青森市へ向かうには西寄りの旭町へと遠回りしなければならなくなった。

荒川村の主産業が農業だったこともあり、刑務所には農場が設けられ、囚人たちは耕作作業をしていた。29（昭和4）年9月、青森刑務所は従来よりも青森市の市街地に近い荒川村大字藤戸（現在地）

酸ケ湯温泉の大浴場。後に国民保養温泉第1号に指定され有名になるが、当初は荒川村にあった
＝昭和戦前期（青森県所蔵県史編さん資料より）

荒川通り沿いに立つ青森刑務所＝1950年代後半（青森県所蔵県史編さん資料より）

の荒川通り沿いに移転した。

32（昭和7）年、青森市を中心に都市計画区域が設定されると、荒川村の一部（大字荒川と八ツ役）が区域内に編入された。同市の市街地が東西および南へ膨張した結果、市の郊外として経済や社会上大きな関係があり、距離的にも近い地域が都市計画区域に指定されたのである。しかし、計画の一部は着工されたものの、日中戦争が長期化したため、中断された。

55（昭和30）年、荒川村は青森市へ編入合併した。だが、柳町通りと荒川通りは分断されたままだった。分断が解消されたのは、30年以上経過した86（昭和61）年の青森中央大橋の開通以後である。

これ以降、青森市の中心街と荒川地区の結び付きは強まった。青森県庁に隣接していた県立図書館は荒川通り沿いに移転新築された。荒川通り南方の野木地区には青森総合流通団地が形成された。流通団地の誕生は、東北縦貫自動車道の供用開始を受けて高速化する物資輸送に対応するためだった。

荒川村は荒川通りを通じて、青森市の市街地と密接な歴史を紡いできた。その関係は村が消えた後、荒川通りが県道120号（荒川青森停車場線）となった今も続いている。その意味で荒川村の歴史は、青森市の市街地が拡大発展していく姿を反映していたといえるだろう。

【一口メモ】 荒川村《あらかわむら》は1889（明治22）年4月1日の市制町村制施行で、荒川、八ツ役《やつやく》、上野《うわの》、野木《のぎ》、大別内《おべつない》、金浜《かねはま》の6村が合併して成立。役場は荒川に置かれた。1955（昭和30）年1月15日、浜館村《はまだてむら》とともに青《あお》森市《もりし》へ編入合併した。荒川の村名は消えたが、荒川の名は青森市の大字として残されている。

東津軽郡④　文・中園 美穂

高田村〈現青森市〉

たかだむら

自動車社会が変えた歴史

　高田村は、旧浪岡町の北側に位置する村だった。このため、村は青森市の堤橋から筒井、荒川、高田、大豆坂《まめさか》、王余魚沢《かれいざわ》、浪岡へとつながる大豆坂通りと関わりが深い。大豆坂通りは現在の県道27号（青森浪岡線）と多く重なり、青森と浪岡をつなぐ主要道路の一つだった。

　1936（昭和11）年9月、弘前の歩兵第31連隊の第3大隊長である秩父宮が将兵を統率して、八甲田山麓で演習を行った。このため、南津軽郡の法嶺院山道から城ケ倉を経由し、酸ケ湯から高田村の大字入内へ行軍した。入内の小金山神社の境内に野営した一行は、浪岡を経由し、無事に弘前に帰還した。この野営を記念して、39（昭和14）年、小金山神社の神域に、高田村が「秩父宮殿下御野営所」の石碑を建立した。

　村内を流れる堤川（荒川）は、村の南から北へと貫流し、最上流には下湯温泉が湧出していた。温泉周囲は山菜の宝庫だった。湧出量が極めて少ない96度の泉源は、山菜のあく抜きなどに利用された。事実、温泉熱を利用した釜が数カ所設けられていた。

　下湯温泉は荒川村域にあったが、高田村の温泉と記載する文献もある（『青森市誌　東津軽郡町村誌』など）。荒川から金浜《かねはま》を通り、下湯温泉を経由して酸ケ湯温泉へ向かう細い山道も存在したため、両

下湯温泉の全景＝昭和戦前期（青森県所蔵県史編さん資料より）

青森空港の開港式。この翌年に定期便が就航する＝1964（昭和39）年11月（青森県所蔵県史編さん資料より）

村の山間部は「下湯酸ケ湯地方」と一くくりに理解されていたようである。なお、34（昭和9）年に省営自動車十和田線が開通し、青森市の市街地から酸ケ湯温泉へ向かう道は、現在の国道103号が主流となった。

55（昭和30）年の昭和の大合併で、高田村は青森市へ編入合併した。64（昭和39）年には、酸ケ湯温泉と下湯温泉を最短距離で結ぶ県道122号（酸ケ湯高田線）が地元の要望により全線開通した。市営バスが走行する下湯温泉は、市内の町内会が旅行先として選ぶほど身近な温泉地となった。

77（昭和52）年ごろ、大豆坂の途中に民間業者の造成した太陽台団地ができた。団地の北側には高田スキー場も開設された。かつて青森市から遠方にあった高田村も、合併後は青森市の郊外に位置付けられ、身近な存在になった。

64（昭和39）年、豆坂平に青森空港が開港。翌年、青森―東京間に定期便が就航した。その後、冬季欠航を克服し、滑走路を拡張して87（昭和62）年に新青森空港が完成した。この結果、青森と東京の日帰りが可能になった。

高田村は八甲田の山々を身近に控えた山村的要素の強い農村だった。しかし、現在は青森空港と周辺都市を結ぶバスが頻繁に往復し、自動車が行き交う交通の要衝となった。自動車社会が町や村の様子を大きく変えたことを高田村の歴史は証明している。

【一口メモ】 高田村《たかだむら》は1889（明治22）年4月1日の市制町村制施行で、高田、小館《こだて》、入内《にゅうない》、大谷《おおたに》、野沢《のざわ》、小畑沢《おばたけざわ》の6村が合併して成立。役場は高田に置かれた。1955（昭和30）年1月1日、筒井町《つついまち》、横内《よこうち》、東岳《あずまだけ》の2村とともに青森市《あおもりし》へ編入合併した。高田の村名は消えたが、高田の名は青森市の大字として残されている。

文・石戸谷勉

横内村 よこうちむら 〈現青森市〉

八甲田・十和田観光の入り口

横内村は、県道青森十和田湖線（現国道103号、通称・観光通り）が旧村域を南北に貫き、八甲田・十和田観光の青森側の入り口の村である。この道を八甲田方面に向かい、堤川を越えると旧横内村となる。すぐ右手に大きな鳥居が見えるが、これは大星神社（旧郷社）の鳥居で、1935（昭和10）年に氏子の寄付金によって完成した。

この道をしばらく進むと、右手に横内浄水場の杉木立が見えてくる。八甲田連峰の前岳を源にする横内川を水源とした浄水場で、09（明治42）年に全国で13番目に設置された。84（昭和59）年には、当時の厚生省（現厚生労働省）が開催した「おいしい水研究会」において、この浄水場の水道水を「おいしい」と答えた人が最も多かったことから、以来「日本一おいしい水」と称されるようになった。

雲谷高原には30（昭和5）年10月9日、報知新聞社のプロペラ機「報知号」が着陸している。村民は着陸に備えて雑草を刈り払い、地ならしをして飛行場を整備した。札幌を出発した報知号は、午後4時15分に雲谷に着陸。操縦していた吉原飛行士は、村民の厚意に報いるため、プロペラ1本を村に贈ったが、終戦と同時に占領軍の干渉を恐れて廃棄されたという。

さらに進むと、十和田八幡平国

全国13番目に設置された横内浄水場＝大正初期（青森県所蔵県史編さん資料より）

昭和30年代の萱野茶屋（青森県所蔵県史編さん資料より）

立公園の北入り口、萱野高原に達する。藩政時代からの馬の放牧によって形成された芝草原で、昭和30年代まで放牧地として利用された。雄大な八甲田連峰を借景に、オオバボダイジュ、ナナカマドなどの木々が点在する一帯は「萱野茶屋」とも呼ばれ、茶店が販売する「長生きのお茶」は土産品として有名である。この高原を抜け、火箱沢林道入り口を過ぎると、旧荒川村との村境となる。

　そもそも、この道の整備は、17（大正6）年に東津軽郡会が青森市から十和田湖へ通ずる道路開削の調査費を計上したことに始まる。20（大正9）年7月には、横内から酸ケ湯への道が完成、翌年11月には、明治の文人・大町桂月一行が馬を連ねてこの道を通行した。

　その後、32（昭和7）年には、地元横内の伊香善吉《いこうぜんきち》が青森—酸ケ湯間で私営バスの運行を開始。34（昭和9）年には青森—十和田湖間の整備が完成、同年、鉄道省が伊香から青森—酸ケ湯間の路線権利を買収し、青森—和井内間を区間とする省営バスが開業した。戦時中には運行休止に追い込まれたこともあったが、終戦後程なく再開した。

　現在、この路線はJRバス東北に引き継がれ、今なお多くの観光客を運んでいる。

【一口メモ】 横内村《よこうちむら》は1889（明治22）年4月1日の市制町村制施行で、横内、野尻《のじり》、四ツ石《よついし》、大矢沢《おおやさわ》、田茂木野《たもぎの》、雲谷《もや》、合子沢《ごうしざわ》、新町野《しんまちの》、牛館《うしだて》の9村が合併して成立。役場は横内に置かれた。1955（昭和30）年1月1日、筒井町《つついまち》、東岳《あずまだけ》、高田《たかだ》の2村とともに青森市《あおもりし》へ編入合併した。横内の村名は消えたが、横内の名は青森市の大字をはじめ、浄水場など関係施設に残されている。

東津軽郡⑥　文・工藤 大輔

浜館村《はまだてむら》〈現青森市〉

飛行場の最有力候補地

浜館村は藩政時代からの村落で、1889（明治22）年の市制町村制施行で造道村の大字となり、その後の曲折を経て浜館村となった。そして1955（昭和30）年1月に青森市へ編入合併した。村役場は支所として面影をとどめていたが、2016（平成28）年9月30日をもって、その役割を終えた。

青森市との合併後は、ベッドタウンとして団地の造成が進んだ。1964（昭和39）年の袰懸《ほろかけ》団地を皮切りに、小柳、鴨泊、はまなす、けやき団地などが次々と誕生した。

一方、小柳郵便局前をくねくねと南北に延びる通り（造道小柳線）は、藩政時代の小柳村の痕跡を残すなど、この地域の歩みを感じさせる。

浜館村には31（昭和6）年に開設された青森県営競馬場があった。翌年9月下旬、ここに飛行場を建設しようという話が突然持ち上がった。前年に東北地方を襲った大凶作の救済事業として、青森に飛行場を建設することが決定したのである。いくつかの候補地が新聞紙上をにぎわしていたが、事業を所管する逓信省の調査団の来青に合わせ、一躍最有力として浮上したのがこの競馬場であった。

ここを強く推したのは青森県知事の多久安信、さらに青森市長の北山一郎も絡んでいるという噂《うわさ》も走った。だが、北山の発言によれ

戦後、再開が決まり、建築中の青森県営競馬場＝1949（昭和24）年ごろ（青森県所蔵県史編さん資料より）

駒込川の毒水対策工事＝1965(昭和40)年ごろ(青森県所蔵県史編さん資料より)

ば、競馬場が候補地として推されるのは事前に知っていた節はあるが、推してはいなかったようだ。

　もちろん、これに最も驚いたのは当事者である浜館村だった。村は、藩政時代からの懸案である「毒水（駒込川の強酸性水）」問題を抱えていた。競馬場の敷地だけでは飛行場用地に不足していたが、青森市会では、その南に広がる「毒水の田」は当時の不景気とも相まって「安く手に入るのではないか」と言い放つ者もあった。ただ毒水問題も、同じく凶作救済事業（毒水地帯での凶作の影響は甚大だった）による「毒水排除計画」が3カ年計画で緒に就いたばかりだった。

　浜館村では地主も村会もともに絶対反対の意思を示した。交渉に当たった県とはぎりぎりまで折衝が続いたものの、結局は競馬場への飛行場建設はついえ、誘致に極めて熱心であった油川町（現青森市）に決まるのであった。

　一方、競馬は戦後復活するが、52（昭和27）年に開催休止が決定した後、再開することはなかった。すっかり宅地化されているものの、造道小柳線の西側にあった楕円《だえん》状のトラックは、今もその歴史を足元に刻んでいる。

【一口メモ】浜館村《はまだてむら》は1889（明治22）年4月1日の市制町村制施行で、小柳《こやなぎ》、戸山《とやま》、沢山《さわやま》、駒込《こまごめ》、古館《ふるだて》、松森《まつもり》、浜館、田屋敷《たやしき》、八重田《やえだ》、造道《つくりみち》の10村が合併し、造道村として成立した。役場は浜館に置かれた。その後、1927（昭和2）年5月15日、造道村が改称して浜館村が成立した。55（昭和30）年1月15日、荒川村《あらかわむら》とともに青森市《あおもりし》へ編入合併し、浜館の村名は消えた。しかし、浜館の名は青森市の大字として残されている。

文・工藤 大輔

原別村《はらべつむら》〈現青森市〉

「変幻極まりない」スキー場

原別村は、戦国時代の1546（天文15）年に浪岡御所北畠氏の手によって作成されたとされる「津軽郡中名字」という記録に、「原辺地」とその名を刻んでいる。

また、1985（昭和60）年の『東奥日報』連載「町内拝見」によれば、大字平新田に平家の落人伝説があったという（12月8日付）。さらに大字築木館は、何百年も前に外敵の侵入から守るための館があったことが地名の由来（伝承）であるともいう（6月15日付）。歴史の香りが漂う地域である。

中世までさかのぼるという由緒を持つ大字諏訪沢には、かつてスキー場があった。33（昭和8）年に青森市が発行した『青森名所案内』という冊子に「青森附近のスキー場」という項目があり、「諏訪ノ沢のスキー場」が写真入りで紹介されている。

このスキー場は青森市の東南約6㌔に位置し、交通の便に恵まれてはいなかったものの「変幻極まりない」ゲレンデがスキーヤーを魅了していたようだ。休日には学生をはじめ多くのスキーヤーでにぎわい、全国大会の候補地にもなったという。

ちょうどその頃、諏訪沢スキー場でスキーを楽しんだ日本勧業銀行（現みずほ銀行）の社員が、その思い出を記している。当時のスキーの服装は、古いズボンに正ちゃん帽子といったいでたちで、や

諏訪沢地区の農村風景＝1959（昭和34）年10月（川村昭次郎氏撮影、川村英明氏提供）

青森スキー倶楽部による諏訪沢スキー場での講習会＝1931（昭和6）年1月18日（青森県所蔵県史編さん資料より）

はり休日の諏訪沢スキー場はにぎやかであったようだ。

　社員たちはスキーを満喫した。そして、帰る頃になり、仲間が1人いなくなっていることに気付いた。遭難したのではないかと探したものの姿が見えず、気もそぞろで青森に戻ると、当のご本人は無事帰っていたとか。

　このように人々に愛された諏訪沢スキー場だが、その歴史については謎が多い。例えば、31（昭和6）年1月にヒュッテ（山小屋）がオープンしたことは分かるものの、スキー場自体のオープンが判然としていない。また、いつ閉鎖（廃止）になったかなども明らかではないようだ。資料や証言を集める努力を重ねていかないと埋もれてしまいそうな、昭和の市民娯楽の一こまといってもいいだろう。

　２０１２（平成24）年、原別地区では、「原別のまちづくり計画　みんなで住みよい楽しいまち」をまとめている。これは、地域住民が結集して地域への愛着を深めていこうとの思いから作成されたものである。そして、その取り組みの一つに「地域の歴史や文化を伝えるまち」を掲げている。

　また最近、原別地区では春の風物詩としてミズバショウが注目されている。これも地域住民の活動の賜物《たまもの》といっていいだろう。

【一口メモ】　原別村《はらべつむら》は１８８９（明治22）年4月1日の市制町村制施行で、矢田前《やだまえ》、平新田《たいらしんでん》、諏訪沢《すわのさわ》、築木館《つきのきだて》、後潟《うしろやち》、桑原《くわばら》、戸崎《とざき》、八幡林《やはたばやし》、泉野《いずみの》、原別の10村が合併して成立。役場は原別に置かれた。１９５５（昭和30）年3月1日、新城《しんじょう》、奥内《おくない》の2村とともに青森市《あおもりし》へ編入合併した。原別の村名は消えたが、原別の名は青森市の大字として残されている。

文・工藤 大輔

東岳村 あずまだけむら〈現青森市〉

鉱山とともに一時代築く

東岳村は、標高684㍍を有する東岳の西麓に位置する村だった。

東岳では、大正から昭和30年代にかけて石灰岩の他、銅、鉄鉱石の採掘を行う鉱山が稼行していた。現在でも、東岳の登山道を歩くと、鉱山があった時代に使われていたと思われるディーゼルエンジンが放置されており、煉瓦《れんが》造りの建物（火薬庫といわれている）などを目にすることができる。

昭和10年代、東岳では合名会社藤田組が、東岳の西側中央の山腹で石灰石の採掘を行っていた。その採掘量は年間3万8千～4万㌧を誇り、1916（大正5）年に架設した索道（貨物用リフト）で野内駅へ下ろし、秋田県の小坂鉱山へ石灰石を鉱送した。

他にも、東栄鉱山で石灰石を採石し、東岳鉱山でも鉄鉱石や銅鉱石の試採と探鉱が進められていた。こうしたことを背景に、東岳村の郊外には鉱山住宅が増加していた。

鉱山があるということは、そこで大勢の人が働くことになる。当然、地元の人もいたであろうし、よそからやって来て村の鉱山住宅で生活を営む人々もいた。独り者もいただろうが、家族とともにここで暮らす者もいた。子どもがいれば学校が必要となる。そして、人が増えれば、村には活気が生まれる。

41（昭和16）年当時、東岳村には村立宮田尋常高等小学校があり、

青森市役所東岳支所として活用されていた旧東岳村役場＝1950～60年代（青森市民図書館歴史資料室提供）

東岳がある滝沢地区には滝沢分教場が毎年10月から6カ月間、冬期間のみ開設されていた。しかし、滝沢での児童数の増加もさることながら、滝沢の集落から東南方向に離れた場所にできた鉱山住宅の児童は、宮田の本校に通うのがとても大変であった。そこで村は同年3月、青森県に対して滝沢分教場の通年制を申請し、通学が認められた。

実は、村では申請の前年4月の時点で、本校を増築するための敷地を購入し、工事に着手した。これに併せて滝沢の分教場の工事も行い、ともに11月には竣工《しゅんこう》している。本校の増築工事は教員住宅建設であったようで、分教場の拡充（通年制）を見越したものであったと考えられる。

ところが、東岳の鉱山は昭和30年代前半に相次いで休山することになったようだ（その後、探鉱を再開したものもある）。奇しくも、これは東岳村が青森市と合併する時期とおおむね重なっている。東岳村は鉱山とともに一つの時代を築き、そして幕を下ろしたといっていいだろう。

雪に包まれた宮田地区＝1961（昭和36）年2月（川村昭次郎氏撮影、川村英明氏提供）

【一口メモ】 東岳村《あずまだけむら》は1889（明治22）年4月1日の市制町村制施行で、宮田《みやた》、馬屋尻《まやじり》、三本木《さんぼんぎ》、滝沢《たきさわ》、矢田《やだ》の5村が合併して成立。役場は宮田に置かれた。1955（昭和30）年1月1日、筒井町《つついまち》、横内《よこうち》、高田《たかだ》の2村とともに青森市《あおもりし》へ編入合併した。東岳の村名は消えたが、東岳は現在も青森市の東側にそびえ、郷里の山として市民の愛着を集めている。

東津軽郡⑨　文・中園裕

野内村《のないむら》〈現青森市〉

陸海資源に恵まれた地

野内村は、現青森市東部の夏泊半島の付け根に位置する村だった。青森市の奥座敷として有名な浅虫温泉も、昭和の大合併前は野内村にあった。

1891（明治24）年9月1日に浅虫（現浅虫温泉）駅が開業して以降、浅虫温泉はにぎわうようになり、旅館の番頭さんたちが駅に降り立つ客を誘引し合った。戦前から戦後にかけて浅虫温泉は「東北の熱海」と称され、高度経済成長前後は青森県内有数の歓楽街だった。

1924（大正13）年、海岸沿いに東北大学臨海実験所の附属浅虫水族館ができた。水族館は県内の幼稚園や小学生たちの遠足場所として人気があった。遊覧船に乗り、水族館を見物し、海岸で遊ぶことは子どもたちにとって最高の楽しみだった。

村の中ほどに位置した久栗坂地区には村役場が置かれた。観音寺の眼前に広がる海岸ではホタテの漁が行われ、一時期は海苔《のり》も養殖されていた。現在は、観音寺背後の山が採石のため姿を変えたが、海岸風景は今も美しい。

村の西部に位置した野内地区には、1893（明治26）年7月16日に野内駅が開業。1906（明治39）年にはイギリスの石油会社ライジング・サンが、石油貯蔵タンクを駅前に建設した。大湊要港部の開庁や北洋漁業の推進で、軍

修学旅行で浅虫温泉街にやって来た三戸町立三戸小学校の子どもたち＝1955（昭和30）年6月23日（三戸学園三戸小・中学校提供）

東岳の石灰岩を野内駅まで運ぶ架空索道＝1959（昭和34）年10月13日（川村昭次郎氏撮影、川村英明氏提供）

艦や漁船の石油需要が増加すると見込んでいたのだ。

野内村に石油基地ができたことで、同年、政府は青森港を東北唯一の外国貿易港として特別輸出港に指定した。しかし、重要な石油基地だったために、アジア太平洋戦争末期の45（昭和20）年7月、アメリカ軍から空襲された。

野内駅には、天間林村（現七戸町）にあった上北鉱山や東岳《あずまだけ》からの鉱産物が、架空索道（ロープウエー）を通じて運ばれていた。駅の構内には木材集積場や砕石場があった。駅周辺には食堂や商店が数多く集まった。

浅虫温泉に多数の観光客が訪れ、久栗坂の海岸に豊かな海産物が揚がり、野内駅には多種多様な鉱産物が運ばれていた。野内村は陸海資源に恵まれていたといえよう。青森市と合併の際に反対論が根強く、紛糾を続けたゆえんである。

現在、上北鉱山や東岳の鉱産物は採掘されていないが、石油やガスタンクは存在する。浅虫温泉も歓楽街ではなくなったが、温泉の価値や海岸の美しさは変わらない。

2011（平成23）年4月、青森市の篠田にあった青森県立青森工業高校が野内地区へ移転した。このため、3月12日に野内駅は青森駅方面へ約1・5キロ移転新設された。陸海資源の宝庫だった野内地区は、若き人材が集まる地域として変貌しつつある。

【一口メモ】 野内村《のないむら》は1889（明治22）年4月1日の市制町村制施行で、野内、久栗坂《くぐりざか》、浅虫《あさむし》の3村が合併して成立。役場は久栗坂に置かれた。1962（昭和37）年10月1日に青森市《あおもりし》へ編入合併した。村名は消えたが、野内の名は大字をはじめ、駅や川に残されている。

　文・中野渡一耕

小湊町

こみなとまち

〈現平内町〉

代官所と幻の築港計画

　現在の平内町全域は、江戸時代は弘前藩の分家である黒石藩の飛び地で、小湊に代官所が置かれた。黒石藩は、弘前藩2代藩主信枚《のぶひら》の次男信英《のぶふさ》が5千石を分地されたことに始まり、1809（文化6）年に大名へ昇格した。領地は黒石周辺（4千石）と平内周辺（千石）に二分されていた。

　青い森鉄道の小湊駅を降りてすぐ右手、現在、図書館や町歴史民俗資料館のある一角が、かつての代官所の跡である。今でも土塁の跡が一部残る。明治に入って、中平内村役場や小湊小学校の敷地になった。1928（昭和3）年10月1日、中平内村は町制施行して小湊町と改称。旧村役場は継続して使われた。

　現平内町役場は、江戸時代に黒石藩の御用商人だった竹内与右衛門家の屋敷跡にある。竹内家は明治時代に山林地主として隆盛を極め、明治天皇巡幸の際の行在所《あんざいしょ》（宿泊場所）となった。だが、山林周辺の農民との訴訟に敗れ、大正初期に没落した（『平内町史上』より）。平内町が生んだ津軽民謡の第一人者、高橋竹山《ちくざん》の父もかつては竹内家の杜氏《とうじ》だったという。

　夜越山《よごしやま》山麓は、夜越山森林公園としてスキー場やサボテン公園などの施設がある。もともとは小湊牧野農業協同組合の所有する牧野だった。

青函連絡船の桟橋があった小湊港＝1948(昭和23)年10月10日(川村英明氏提供)

63（昭和38）年に全国植樹祭が夜越山で開催され、68（昭和43）年に町が買収し、公園の整備が進んだ。94（平成6）年には「ふるさと創生資金」を活用した温泉施設もオープンした。夜越山では23（大正12）年にスキー講習会が開かれた歴史もある。

夏泊半島の東側も小湊町域だった。白鳥飛来地として著名な浅所《あさどころ》海岸や、日本北限のツバキの自生地である椿山、夏泊大島など観光資源が多い。

この浅所海岸には戦時中に青函航路の桟橋が造られたことがある。政府は43（昭和18）年12月、青森港が空爆されて青函航路が破壊した場合に備え、小湊港を築港して補助航路にしようとした。

工事は戦争が終わっても継続され、46（昭和21）年に仮設の桟橋が完成。2年後には「第二青函丸」の着岸試験が行われたが、49（昭和24）年に突然、工事は中止された。現在では跡が残るのみだが、本格的に運用されていたら、観光地としての浅所海岸の風景はかなり変わっていただろう。

戦前、大島は国有地だったが、戦後、小湊町が大蔵省から払い下げを受け、55（昭和30）年に地元東田沢地区に移管された。昭和40年代にはレジャー開発の動きがあったが、住民の反対により実現しなかった。長く大島の駐車場が有料だったのも、収益を清掃等の経費に充てていたからである。

上空から見た小湊地区。中央上の大きな2階建ての建物が平内町立小湊小学校。この場所に代官所があった＝1960（昭和35）年10月29日（青森県所蔵県史編さん資料より）

【一口メモ】 小湊町《こみなとまち》は1889（明治22）年4月1日の市制町村制施行で、小湊、盛田《もりた》、福島《ふくしま》、福館《ふくだて》、浅所《あさどころ》、東滝《ひがしたき》、白砂《しらす》、東田沢《ひがしたざわ》、沼館《ぬまだて》、浜子《はまご》、内《うち》童子《どうじ》、田茂木《たもぎ》の12村が合併し、中平内村《なかひらないむら》として成立した。役場は小湊に置かれた。1928（昭和3）年10月1日に町制施行し、小湊町と改称。55（昭和30）年3月31日、東平内《ひがしひらない》、西平内《にしひらない》の2村と合併して平内町《ひらないまち》となった。自治体としての小湊町は消えたが、小湊の名は平内町の大字として残され、駅や港の名称として地元に根差している。

東津軽郡 ⑪ 文・市毛 幹幸

東平内村
ひがしひらないむら
〈現平内町〉

津軽領と南部領の境界

東平内村は、現在の平内町東部に位置する村だった。北は陸奥湾に面し、南は鳴山、松倉山などの山地で、陸奥湾に注ぐ清水川、口広川、堀差川の流域、現在の国道4号沿いに集落が発達していた。

村域東端の狩場沢は、江戸時代には津軽領にあって南部領と境を接する陸上交通の要衝であり、往来の取り締まりのために口留番所が置かれていた。二股川を挟み、津軽領の狩場沢と南部領の馬門に、境界の目印として塚が2基ずつ築かれた。この「四ツ森」と称された藩境塚は、１９６９(昭和44)年に青森県文化財に指定されている。

狩場沢の地内にはヒバの自生林が広がっており、弘前、盛岡両藩の領民間で権利をめぐって紛争が少なくなかったといい、１８２１(文政4)年に相馬大作が弘前藩主津軽寧親《やすちか》暗殺を企てた事件の原因になったという。

一方で、狩場沢集落南方、現在国道4号沿道に所在のイザナギ命、イザナミ命を祭神とする熊野宮は１６９７(元禄10)年創建とされるが、古来、「金精明神」と呼ばれ、安産の神として南部地方からも信仰を集めた。

さらに、寛政年間(１７８９〜１８０１年)の松野木村庄屋の先祖は八戸からの移住者であったといい、この地には南部地方の代表的な民俗芸能「えんぶり」が伝承

清水川駅周辺の上空から望む旧東平内村域の集落と陸奥湾＝1960(昭和35)年10月29日(青森県所蔵県史編さん資料より)

材木の積み出し口として利用された狩場沢駅＝1955（昭和30）年6月23日（三戸学園三戸小・中学校提供）

されていた。

東平内村成立後の１８９４（明治27）年に日本鉄道（後に国鉄、現ＪＲ東北本線）の狩場沢駅（現青い森鉄道駅）が開設された。大正から昭和にかけてセメント樽《だる》材を中心とする貨物輸送が増え、一日平均20車を取り扱ったといい、当時の実績は青森管内第４位を占めたこともあった。

村全域の昭和10年代の土地状況は、田地２７４町歩（１町歩＝約１㌶）、畑地１４７町歩に比し、山林原野５５４１町歩であった。材木生産が盛んで、狩場沢駅がその積み出し口としてにぎわっていた様子を想像できよう。

ホタテは現平内町の特産品だが、狩場沢や清水川で目にしたホタテを、江戸時代にこの地を往来した古川古松軒が『東遊雑記』に、松浦武四郎が『東奥沿海日誌』に記録している。東平内村のホタテに関わる産業の盛んな様は、１９３６（昭和11）年に開業した清水川駅が、ホタテと海産物加工品の出荷でにぎわいを見せていたことにもうかがわれる。

東平内村は、津軽領と南部領の政治権力がせめぎ合う境界の地と民衆文化の交流の地という、二つの顔を併せ持つ個性豊かな地域であった。そして昭和の時代にあっても、地域の風土と伝統を引き継いで産業が振るい、活況を呈したのである。

【一口メモ】 東平内村《ひがしひらないむら》は１８８９（明治22）年４月１日の市制町村制施行で、清水川《しみずがわ》、口広《くちひろ》、狩場沢《かりばさわ》、薬師野《やくしの》、松野木《まつのき》、外童子《そとどうじ》の６村が合併して成立した。役場は清水川に置かれた。１９５５（昭和30）年３月31日、小湊町《こみなとまち》、西平内村《にしひらないむら》と合併して平内町《ひらないまち》となり、東平内の村名は消えた。東平内の名は、中学校以外にはあまり残っていない。

東津軽郡⑫　文・中園裕

西平内村

にしひらないむら

〈現平内町〉

景勝地、療養の地として

西平内村は、夏泊半島の西側に位置する村だった。藩政時代、現在の平内町域全体は黒石藩の飛び地だった。1889（明治22）年の市制町村制施行で東平内、西平内、中平内の3村に分割されることになった。

1918（大正7）年、3平内村の合併と町制施行を実現するため、三平内期成同盟会が設立された。しかし、東、西両平内村が時期尚早として反対し、合併は実現しなかった。その10年後、中平内村が町制施行し、小湊町になった。3平内村が合併して平内町になったのは55（昭和30）年3月31日である。

西平内村は野内村（現青森市）の浅虫温泉に近く、特に土屋地区は村境を越えて交流が深かった。40（昭和15）年、こうした西平内村の特徴に着目し、軍当局は小豆沢地区に軍事保護院の傷痍《しょうい》軍人青森療養所を開設した。日中戦争の長期化で傷痍軍人の保護と療養が国家の重要課題になり、温泉療養が求められたのである。豊かな自然を有する夏泊半島にあり、浅虫の温泉に近いことが転地療養に適すると判断されたのだろう。

実は西平内駅が前年の10月1日に開業した最大の理由は、療養所が着工されたことにあった。小豆沢の住民は新駅を「小豆沢」と命名するよう望んだ。しかし、西平内村で初めての駅となるため、村

戦後、国立となった青森療養所＝昭和30〜40年代（平内町立歴史民俗資料館提供）

明治末期の双子島。この景観は現在もほとんど変わっていない（青森県所蔵県史編さん資料より）

名が駅名になった。

　戦後、青森療養所は国立となり、72（昭和47）年に青森市久栗坂《くぐりざか》地区の国立療養所臨浦園《りんぽえん》と統合され、閉鎖された。現在、療養所跡には社会福祉法人青森県すこやか福祉事業団の「障害者総合福祉センターなつどまり」が立っている。

　西平内村と浅虫温泉の関係は意外なところで結び付いている。明治期半ば以降、中国の「瀟湘《しょうしょう》八景」に基づき、各地で景勝地選びが流行し、「浅虫八景」も選ばれた。このうち権現島（鴎島《ごめじま》）と双子島の二つは西平内村の管内だったが、浅虫温泉の絵はがきで頻繁に紹介されていた。当時の浅虫温泉は海上遊覧が盛んだったので、温泉を訪れた人々は隣村の夏泊半島へ海上遊覧に出掛け、半島の景勝を楽しんだ。

　戦後、国民の慰安や文化水準の向上を目指し、国際交流や外貨獲得を意図して観光事業が盛んになった。その結果、自然公園の性格を持つ県立公園が各地に誕生した。青森県では53（昭和28）年に浅虫夏泊県立公園（現県立自然公園）が誕生した。

　浅虫温泉と夏泊半島が行政区域を越えて同じ自然公園となったのは、西平内村周辺の交流関係が一定の歴史的な役割を果たしていたからである。

【一口メモ】 西平内村《にしひらないむら》は1889（明治22）年4月1日の市制町村制施行で、山口《やまぐち》、藤沢《ふじさわ》、増田《ますた》、小豆沢《あずきさわ》、中野《なかの》、土屋《つちや》、浪打《なみうち》、茂浦《もうら》、稲生《いのう》の9村が合併して成立した。役場は山口に置かれた。1955（昭和30）年3月31日、小湊町《こみなとまち》、東平内村《ひがしひらないむら》と合併して平内町《ひらないまち》となり、西平内の村名は消えた。しかし、西平内の名は青い森鉄道の西平内駅に残されている。

東津軽郡⑬　文・中園裕

新城村《しんじょうむら》〈現青森市〉

女子高生の専用列車も

新城村は、現青森市の「西部地区」と呼ばれる地域にあった。1894（明治27）年12月1日、奥羽北線（現JR東北本線）が青森—弘前間で開通。村内に新城駅が開業した。駅は1909（明治42）年設立の北部保養院や、新城スキー場を利用する人々に使われた。

北部保養院は現在の国立療養所松丘保養園の前身である。スキー場は傾斜地を利用した簡素なもので、駅に近いことから人気を集めた。場所は現在の青森市立新城中学校近くである。

新城駅は15（大正4）年9月11日、津軽新城駅と改称された。現在の駅舎は部分的に改築がなされているが、当時の面影を残す貴重なものである。

55（昭和30）年3月1日、新城村は青森市へ編入された。このため、新城地区にも県立高校ができた。63（昭和38）年に開校した青森県立青森西高校（西高）は、当初は女子校だった。ところが、当時の新城村は、必ずしも交通事情が良いとはいえなかった。

多くの女子生徒が通学する環境を整えるため、西高は青森市や交通関係機関に対策を要請した。その結果、奥羽本線の青森駅発、津軽新城駅着の列車が運行された。まだ新青森駅がなかったので、1駅区間だけの列車だった。

列車は誰でも乗車できたが、ほ

駅に近いことから人気を集めた新城スキー場＝昭和戦前期（青森県所蔵県史編さん資料より）

津軽新城駅から国道4号（現県道247号鶴ケ坂千刈線）沿いを登校する青森県立青森西高校の女子生徒たち
＝1965（昭和40）年ごろ（『創立三十周年記念誌　はるかなる道』より転載）

ぼ西高の生徒が利用したので、市民の間では「西高専用列車」と呼ばれていた。車内での10分足らずの時間は、彼女たちにとって大変楽しいひとときだった。駅を降りた生徒たちは西高まで列を成して登校した。行列の先頭が学校に到着しても、最後列はまだ駅構内にいたほどだった。

70（昭和45）年前後から、新城地区周辺にも自動車社会の影響が現れてきた。69（昭和44）年より西バイパスが建設され、3年後には一部が使用を開始した。奥羽本線も71（昭和46）年10月1日に電化された。

74（昭和49）年5月には沖館地区のフェリー埠頭《ふとう》が完成し、8月に運用を開始した。5年後の9月、東北自動車道の青森インターチェンジが完成。これにより西部地区には、フェリー埠頭から西バイパスを通り、東北自動車道へとつながる高速道路網ができた。

86（昭和61）年11月1日、奥羽本線の青森―津軽新城間に新青森駅が完成した。当初は西高に近い小さな駅で、同校の通学駅だった。しかし、20年以上が経過した２０１０（平成22）年12月4日、東北新幹線が新青森駅へ到来した。

駅開業前後から、駅の近くを走る西バイパス周辺には大型スーパーが次々と建設された。現在の新城地区は、高速交通網が集まる青森市西部地区の拠点となっている。

【一口メモ】 新城村《しんじょうむら》は１８８９（明治22）年4月1日の市制町村制施行で、新城、石江《いしえ》、戸門《とかど》、鶴ケ坂《つるがさか》、岡町《おかまち》の5村が合併して成立。役場は新城に置かれた。１９５５（昭和30）年3月1日、奥内《おくない》、原別《はらべつ》の2村とともに青森市《あおもりし》へ編入合併した。村名は消えたが、新城の名は大字として今も存在し、駅の他、川や学校に残されている。

東津軽郡⑭　文・中園 美穂

奥内村《おくないむら》〈現青森市〉

校地内に海水浴場設置

奥内村は津軽半島の南東に位置し、東は青森湾、西は津軽半島の山地に接する村だった。集落は海側の南北を走行する現国道280号（旧松前街道）沿いに並んでいた。

第1次産業を生業《なりわい》とし、田畑の面積が東津軽郡の中で一番広かった。米をはじめ大豆やジャガイモなどを産出し、水産業も行われ、現在もホタテ養殖業が盛んである。

奥内村の西部には森林が広がり、1924（大正13）年に設置された内真部営林署が森林を管轄していた。管内で伐採された森林資源は、09（明治42）年に完成した青森市と北津軽郡の喜良市村（現五所川原市）を結ぶ津軽森林鉄道によって、青森営林局のある青森市沖館の敷地内まで運搬された。鉄道の支線は奥内村にも張り巡らされていた。

森林鉄道は地域の交通手段として活用され、生活必需品の輸送に利用された。しかし、森林鉄道は4月から11月までの季節的な運行だった。林道が整備され、通年運行できるトラックが山奥まで入ると、役目を終えた森林鉄道は67（昭和42）年に廃止された。

51（昭和26）年に青森市と奥内村などを結ぶ国鉄（現ＪＲ）津軽線が開通し、油川、奥内、後潟の各駅が開業した。冬季の風雪により通行が困難となっていた国道280号沿いの村民にとって、津

青森市立奥内小学校の校地内に設けられていた海水浴場＝1967（昭和42）年（青森市提供）

昭和40年代の奥内駅（1972年発行の鉄道ジャーナル社『日本の駅』より転載）

軽線の開通は悲願だった。

　津軽線の開通は、東津軽郡の圏内を走行する青森バスが「ドル箱」と称した青森―蟹田間に影響を与えた。53（昭和28）年に青森市営バスは、経営の悪化した青森バスを買収し、翌年に事業区域を東津軽郡内にまで広げた。奥内村と県都青森市の交通上の結び付きは、昭和の大合併で青森市となる以前から始まっていたといえよう。

　かつて奥内地区の海には、遠浅で美しい海水と砂浜を持つ海水浴場が設置されていた。63（昭和38）年7月、青森市立奥内小学校の校地内に設けられた海水浴場は、子どもたちの体力向上や健康増進などを考える親たちの願いから誕生した。

　当時、青森県内で校地に海水浴場のあることは珍しかった。67（昭和42）年の夏、合浦公園の海水浴場が海水汚染のために封鎖された際、最寄りに奥内駅があり、市営バスが走行する奥内の海水浴場は大変にぎわった。しかし、72（昭和47）年、奥内の海水浴場も海水汚染のために閉鎖された。その後、護岸されて今はホタテ養殖場に変わった。

　森林鉄道や海水浴場は、高度経済成長と自動車社会の影響によって奥内から姿を消した。だが、奥内が山や海の資源に恵まれた地域であることは今も変わらない。

【一口メモ】 奥内村《おくないむら》は1889（明治22）年4月1日の市制町村制施行で、奥内、前田《まえだ》、清水《しみず》、内真部《うちまんべ》《うちまっぺ》、飛鳥《あすか》、西田沢《にしたざわ》、瀬戸子《せとし》の7村が合併して成立。役場は奥内に置かれた。1955（昭和30）年3月1日、新城《しんじょう》、原別《はらべつ》の2村とともに青森市《あおもりし》へ編入合併した。奥内の村名は消えたが、奥内の名は青森市の大字として継承され、駅や小学校（2020年＝令和2年3月末統合予定）に残されている。

文・宮本 利行

後潟村《うしろがたむら》〈現青森市〉

陸奥湾に面した経済更生村

後潟村は、現青森市の北西部に位置した。東は陸奥湾に面し、西は梵珠山地が広がる。「後潟」呼称の由来は古代の時代に、この地域が「シリベシ（後方羊蹄）」と称され、「シリ」を「後方」と書いたことからだといわれている。

また、1335（建武2）年の北畠顕家国宣に「外浜内摩部郷並未給村々泉田湖方中沢東津軽郡真板佐比内」などの地名が記されているが、この中の「湖方」は「潮方（うしおがた）」で、後に「後潟（うしろがた）」と呼称されるようになったともいわれている。

後潟川と六枚橋川に挟まれた標高182㍍ほどの丘陵地に、安藤氏の城館といわれる尻八館がある。安藤氏とは中世期に津軽半島の外ケ浜および西海岸一帯に勢力を誇った豪族である。

尻八館は1977（昭和52）年から79（昭和54）年にかけて、青森県立郷土館が発掘調査を実施し、室町期の郭《くるわ》や土塁、柵板や門跡の穴などが確認された。また、陶磁器や鉄製品などの遺物の他、古銭や石製品、漆器も発見されている。

後潟村の西部はヒバ材を産出する山林で、09（明治42）年に完成した津軽森林鉄道（青森市—北津軽郡喜良市村＝現五所川原市）で青森営林局まで運搬された。そのため、鉄道ルートの後潟村には支線が造られていた。この森林鉄道は地域の交通手段として生活物資

護岸工事前の六枚橋海岸＝1960〜70年代（工藤謙治氏提供、いき出版『写真アルバム　青森・東津軽の昭和』より転載）

青森市役所後潟支所として活用されていた旧後潟村役場＝1950～70年代（青森市民図書館歴史資料室提供）

の輸送にも利用された。

　後潟村は34（昭和9）年に経済更生運動における経済更生村に指定され、翌年には教化村に指定された優良村だった。経済更生運動とは昭和初期の世界恐慌により、農産物価格が下落して農村恐慌が勃発した際、その打開策として政府が打ち出したものである。これは農民の自力更生を基本として、農山漁村経済の計画的組織的整備を進めたものである。

　青森県における経済更生運動は、町村ごとの実行機関の設置、計画樹立、その実行が主な内容だった。計画では自給自足、多角経営、共同作業、副業奨励、生活改善などの自力更生、隣保共助が柱とされた。また、産業組合の組織化と低利資金の供給も柱とされた。

　陸奥湾に面していた後潟村は、悪天候の際の高潮や波浪、津波、地盤沈下による浸食、汀線《ていせん》の後退で、防災機能が低下することがあり、海岸沿いで暮らす人々にしばしば被害をもたらしてきた。そこで64（昭和39）年から85（昭和60）年にかけて、海岸がコンクリートで整備され、波防ブロックが置かれる護岸工事が行われた。工事の結果、砂浜は失われたが、被害は緩和された。

　たくさんの子どもたちが遊んだ砂浜はなくなったが、護岸された海岸から見る陸奥湾の光景は、今も変わらず美しい。

【一口メモ】 後潟村《うしろがたむら》は1889（明治22）年4月1日の市制町村制施行で、後潟、四戸橋《しとばし》、六枚橋《ろくまいばし》、小橋《こばし》、左堰《ひだりぜき》の5村が合併して成立。役場は六枚橋に置かれた。1956（昭和31）年9月1日に青森市《あおもりし》へ編入合併した。後潟の村名は消えたが、後潟の名は駅の他、青森市の大字として残されている。

文・小泉敦

一本木村《いっぽんぎむら》〈現今別町〉

強風吹く交通の難所

一本木村は、かつて「奥上磯」とも呼ばれた交通の難所であり、冬は西北からの季節風にさらされる陸の孤島であった。

　津軽の方言詩人高木恭造が、一本木村の中心にあった袰月の尋常小学校代用教員として赴任したのは1922（大正11）年のこと。旧制中学校を卒業したばかりの19歳の多感な青年にとって、高野崎と鋳釜崎《いかまざき》に挟まれた袰月は、純朴な子どもたちと心優しい村人に囲まれた初任の地となるが、強い風が吹き抜く自然は容赦なかった。

　後年、高木が袰月を思い起こして作った「陽《シ》コあだね村」は、高野崎と袰月に高木恭造文学碑として建立され、現在も津軽海峡を見詰めている。

　戦後の一本木村には第一一本木、大泊、袰月、砂ケ森、奥平部の各小学校があった。中学校を併設する第一一本木小学校は、津軽海峡から吹き付ける強い風に倒されないようツッパリで補強し、冬には筵《むしろ》で覆った防風柵に囲まれた。

　23歳で第一一本木小学校の教員として赴任した木村清次は、当時の子どもたちの生き生きとした姿を撮影し、メモを添えてアルバムに残している。一部を抜粋しよう。

「例えば、木登り。『危ないからやめなさい』と言っても聞くものではない。仕方がないから『落ちないように気を付けて登れよ』と注意してやる。『ダ、オズバ。木

木登りする今別町立第一一本木小学校の子どもたち＝1956（昭和31）年ごろ（木村清次氏提供）

袰月地区の海岸と集落＝1950年代（澤田至氏提供）

ノボリの名人ダネ』『ズンブ、タゲナー。今別もメルシ、青森もメルドー』『先生もノボレジャ』彼らにはかなわない。全く彼らは木登り名人だ。」

子どもたちにとって一本木村の海や山、野原の自然や生きものは身近な「教材」だった。春は浜辺にイワシの群れが打ち寄せ、夏はコンブを採り、秋はハタンボ（バッタ）やダンブリ（トンボ）を追い掛け、冬は横なぐりの風雪、また波の花（しぶき）の中にクラゲを見ることもあった。四季を通じて風光明媚《めいび》な一本木村は、五感を生かす絶好の野外教育の場だった。

生業《なりわい》が限られていた村の親方衆の中には、一獲千金を狙って北方のニシン漁場へ出稼ぎに渡る者がいた。ヤマジュウの屋号を持つ袰月の小倉十兵衛は早くから北海道のニシン漁業に着眼し、大正期には利尻島沓形村《くつがたむら》のタネトンナイや礼文島のメシコタイを漁場にして大きな富を得ていた。

昭和中期まで、津軽半島の袰月と離島の礼文や利尻の間に築かれた「ニシン航路」を通じ、ヒト・モノ・カネや情報が行き交い、にぎわいを見せていた。

1955（昭和30）年に一本木村は今別村と合併し、今別町となって一本木の村名は消えた。旧一本木村域の袰月海岸周辺は、翌年に龍飛袰月県立公園となり、75（昭和50）年には津軽国定公園に昇格、この地域を訪ねる多くの人々を魅了し続けている。

【一口メモ】一本木村《いっぽんぎむら》は1889（明治22）年4月1日の市制町村制施行の際、藩政時代の一本木村が単独の自治体として成立した。村内に大字は編成せず、袰月《ほろづき》に役場を置いた。1955（昭和30）年3月31日に今別村《いまべつむら》と合併し、今別町《いまべつまち》となって一本木の村名は消えた。一本木の名は漁港とバス停以外、ほとんど残っていない。

立消えの合併促進32市町村が未解決

町村合併促進法もいよいよあますところ四カ月で失効となるが、このところ本県の合併は分町村問題ですっかり立消えとなったようだ。昨年十二月末現在で県計画の七七％より一歩も前進せず三十二市町村は未解決のままとなっている。最も残されたこれらの地域はとかくむずかしいところとされ推進の任にある県当局もへたに手をつけるよりは暫くなりゆきをみようというものらしいが、なかなか自主的に合併しようという兆候はみられない。

合併の支障となっている問題点を探ると①財産処分および財政問題②相手側との経済上の比較③ボスの政治的謀略④部落感情の対立－などあげられるが、合併促進法にかわる新市町村建設促進法の制定により合併事業が継続されたことから急がなくてもできるという考え方が支配している傾向が強い。おまけに鶴田町におこった分町事件はこれら未合併町村に大きな打撃を与えむずかしい合併をますます困難にさせたのみか合併地域の分町村問題に大きな波紋を投げ与え合併推進母体である県地方課の係員もこのところすっかり沈滞しきっている。次は県南地区の残された合併地域および分町村の動きを概観したもの。

◇合併地域

①八戸市－大館＝大館側が諸種の施設を実施してからにしたいとしているが、さきごろ村長選挙を改選したばかりだから、まず当分はのぞみ薄

②島守－中沢＝合併協議会を作り双方委員をあげてこの六月から協議段階に入ろうとしている。まず合併促進法失効ぎりぎりの九月までには可能性十分

③倉石－五戸＝財産問題をめぐって停とん。倉石の一部には（又重部落）新郷村に分村したい動きもあり署名運動が行われるなど複雑

④下田－百石－六戸＝六戸は合併に不参加の態度。下田、百石だけの合併には下田が六戸も入れるべきだと主張、結局意見不調のままで停とん状態

◇分町村問題

概して南部地帯の分町村の動きは津軽ほど激しくなく、現在陳情、請願している程度で表面化していない。しかし六月中には次の地区を県町村合併審議会が取上げるもよう。

①三本木市の北野地区が七戸町へ分町希望。同市早坂地区が浦野館村へ希望

②三戸町の貝森、杉沢地区および大舌地区がともに田子町へ希望

③八戸市の上野、高岩地区が福地村へ希望しているほか旧豊間内地区が五戸町へ

（原文ママ）

1956（昭和31）年6月5日付

北津軽郡

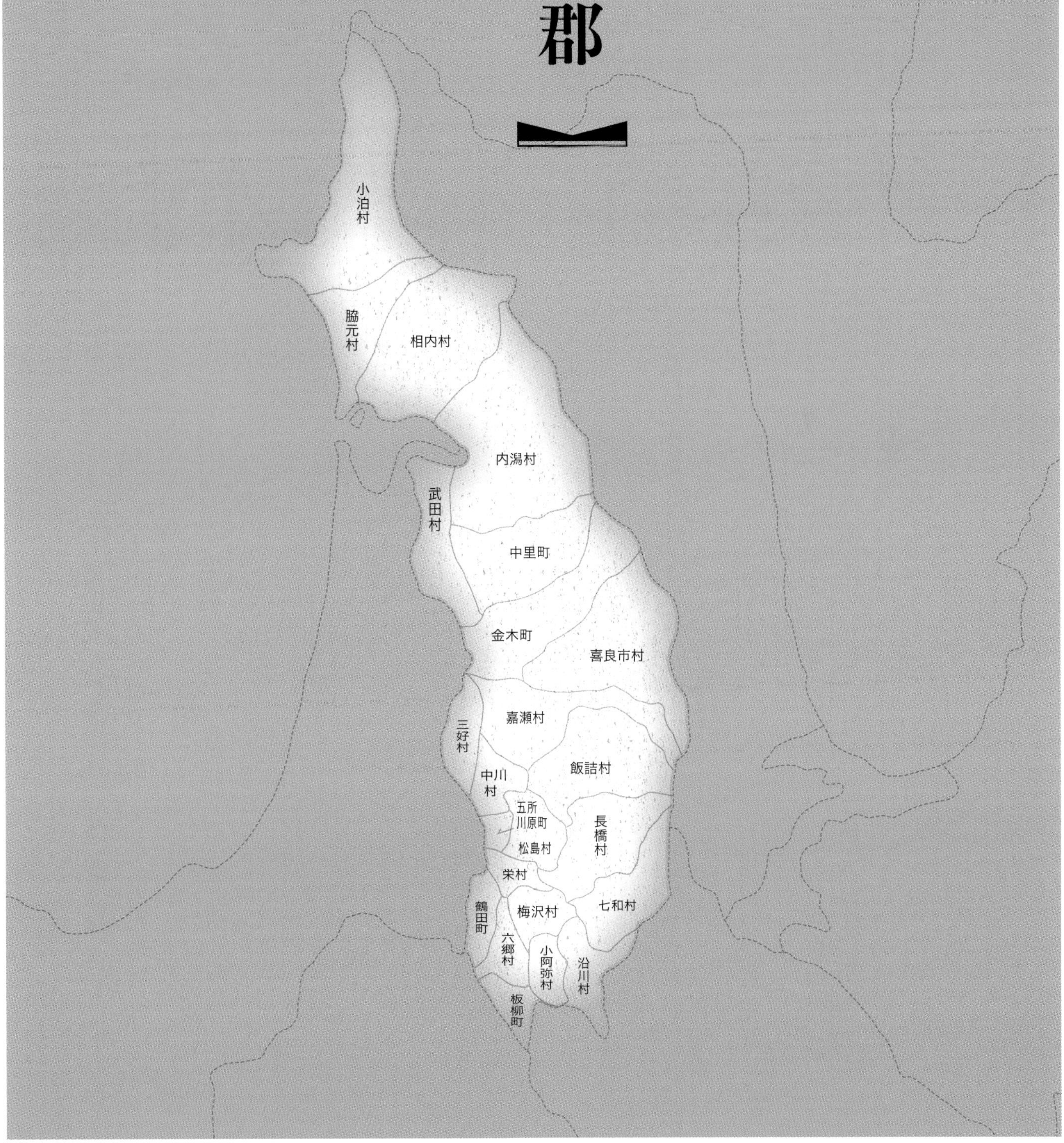
小泊村
脇元村
相内村
内潟村
武田村
中里町
金木町
喜良市村
三好村
嘉瀬村
中川村
飯詰村
五所川原町
長橋村
松島村
栄村
七和村
鶴田町
梅沢村
六郷村
小阿弥村
沿川村
板柳町

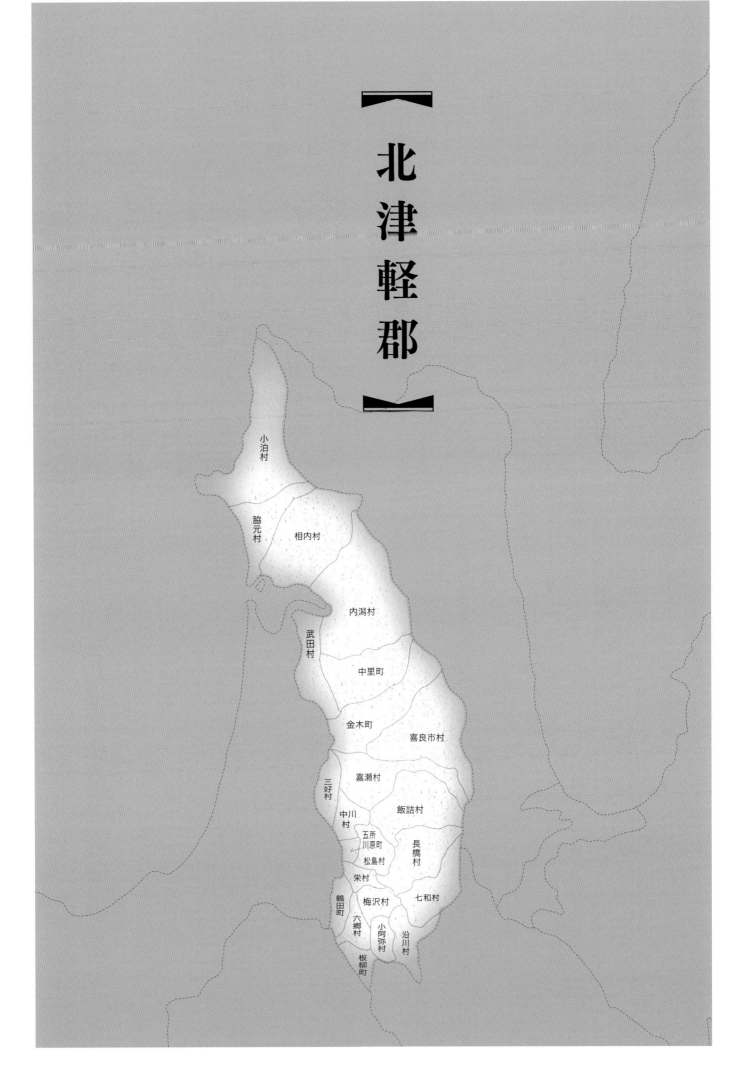

北津軽郡①　文・宮本 利行

脇元村《わきもとむら》〈現五所川原市〉

旧暦8月1日にお山参詣

脇元村は十三湖の北、現中泊町小泊の南に位置し、国道339号が海岸線を通り、日本海に面する漁村だった。北海道のニシン漁場を経営する漁業資本家が多く、大正初めまで北津軽郡内では経済力の高い村でもあった。北津軽郡第一の商業都市である五所川原町で、「脇元の親方衆」といえば最高の顧客として迎えられた。

しかし昭和に入り、ニシンの漁獲が減少したことで漁場が衰退すると、村の有力漁業家らは地元を離れ、北海道や弘前市に移っていった。それ以降、村勢は衰退気味となった。

漁業を主産業とする脇元村は、海岸沿いに集落が形成されていたため、冬の日本海から吹く強い北西風から家屋を守る「カッチョ」と呼ばれる防風柵を海側に設置していた。板や流木で作られ、高さが1㍍から5㍍ぐらいのものまであった。最近は風に強い家が建築されてきたため、カッチョは少なくなり、脇元地区以外ではあまり見られなくなっている。

脇元地区の東には靄山《もややま》がある。標高152㍍ほどで、周辺住民から信仰される山である。岩木山の神となる安寿姫が丹後から逃れて龍飛崎に入り、靄山に移ったといわれ、岩木山とは姉妹の関係だという。

毎年旧暦8月1日に岩木山と同じく「脇元お山参詣」が行われる。

脇元村の助役や村会議員を務めた高橋弥三郎の邸宅＝明治末期(石場旅館提供)

脇元の鎮守洗磯崎神社の氏子らが中心となり、1日早朝になると神社で祈禱《きとう》した後、白装束に御幣《ごへい》を掲げ、「サイギサイギ」の文言を唱えながら靄山を登る。この山は津軽地方の霊山岩木山から遠く離れた村々が、代わりに近くの里山を岩木山として祭ったもので、「模擬岩木山」と呼ばれる。こうした山は中泊町小泊の折戸や下前、今別町大泊、外ケ浜町蟹田など津軽半島の集落に散在している。

　脇元村には青森県立金木高校市浦分校があった。昼間部の定時制高校で、全日制と同じく3年で卒業できた。1953（昭和28）年、組合立定時制金木高校相内分校として設立された当初は、相内村に校舎があった。2年後に脇元村は相内、十三の両村と合併して市浦村となり、市浦村民の通う学校となった。2001（平成13）年、市浦分校に校名変更した際、市浦村立脇元小学校旧校舎に移転した。そして18（平成30）年3月、65年間の歴史を終え、閉校した。

　筆者は高校教員として1988（昭和63）年に新規採用されて赴任したのが金木高校相内分校の姉妹校で、夜間部定時制の小泊分校だった。当時、両分校に赴任するのは20代の若い教員ばかりで、活発に交流していた。本稿を執筆していると、三十数年前の思い出がよみがえってくる。

靄山を目指して参詣する人々
＝1983(昭和58)年9月7日(小山内文雄氏撮影、小山内豊彦氏提供)

【一口メモ】 脇元村《わきもとむら》は1889（明治22）年4月1日の市制町村制施行で、脇元、磯松《いそまつ》の2村が合併して成立。役場は脇元に置かれた。1955（昭和30）年3月31日、相内村《あいうちむら》、西津軽郡十三村《じゅうさんむら》と合併し、新たに市浦村《しうらむら》となり、脇元の村名は消えた。脇元の名は市浦村の大字として残されたが、2005（平成17）年3月28日に市浦村が五所川原《ごしょがわら》市《し》と合併したため、市浦の村名は消えた。

文・榊原 滋高

相内村
あいうちむら
〈現五所川原市〉

営林署の役割大きく

相内村は十三湖の北岸に位置し、かつては相内、太田、板割沢（桂川）の3村から成っていた。福島城跡や山王坊遺跡など十三湊安藤氏関連の遺跡が数多く残され、古くから開けた村だった。

現在は大字の相内と太田が残り、板割沢村は小字の桂川という名称で呼ばれている。相内の名は鮎内川を由来とする説が有力で、相内川に多くの鮎が遡上《そじょう》してきたことによる。

津軽山地を抱える相内村は林業が盛んだった。村民は国有林とともに生き、計り知れない恩恵を受けてきた。中でも市浦営林署の存在は、地元経済と地域活性化に果たした役割が非常に大きかった。

市浦営林署が管轄していた国有林の大部分は旧弘前藩が所有していたもので、全国有数のヒバ産出地帯だった。営林署の歴史は1886（明治19）年の相内小林区署設置（94年＝明治27年に小泊小林区署へ統合）に始まるが、1904（明治37）年に日露戦争が始まり、翌年には増伐要請によって製材産業が興隆した。

09（明治42）年には、津軽森林鉄道（青森市―喜良市村＝現五所川原市）が完成し、翌年には材木の鉄道運搬が開始された。これに伴い、材木運搬が海から陸に替わったことで、十三湊の衰微が決定的となった。10（明治43）年には小泊小林区署を相内小林区署と改

相内地区の虫送りで灯籠を持つ子どもたち。場所は本町（ほんちょう）の十三通（じゅうさんみち）と浜通（はまみち）の交差点付近
＝1969（昭和44）年6月（青森県所蔵県史編さん資料より）

モダンな木造洋風建築だった市浦営林署。2003（平成15）年に撤去された＝2001（平成13）年（筆者撮影）

称し、庁舎も相内村吉野へ移転した。この年、津軽森林鉄道相内支線（相内村―内潟村今泉）の工事に取り掛かり、12（明治45）年に総延長7356㍍の相内支線が完成し、機械化が進んだ。

　この間に森林軌道利用組合が創設され、相内村―中里村の森林軌道を利用した旅客輸送も行われた。当時の運賃は無料で、広く村民から喜ばれた。24（大正13）年に相内小林区署は相内営林署と改称された。33（昭和8）年、相内村長の三和五郎兵衛から宅地提供を受け、村の象徴となるモダンで立派な庁舎が建てられた。

　55（昭和30）年の市浦村誕生に伴い、翌年、市浦営林署と改称した。トラック運材が普及した64（昭和39）年には、地域住民の足としても寄与した津軽森林鉄道相内支線が撤去された。林業は65（昭和40）年に同署管内の総生産量がピークになったが、安価な外国産材の輸入の影響で徐々に衰退した。

　この結果、67（昭和42）年に津軽森林鉄道の運材が廃止され、99（平成11）年に市浦営林署は津軽森林管理署市浦事務所となり、2年後に廃止。庁舎も取り壊された。相内村の繁栄を象徴した市浦営林署の姿を思い浮かべるとき、林業の再生が相内地区の地域活性化に必要不可欠という思いは日増しに強くなっている。

【一口メモ】相内村《あいうちむら》は1889（明治22）年4月1日の市制町村制施行で、相内、太田《おおた》の2村が合併して成立。役場は相内に置かれた。1955（昭和30）年3月31日、脇元村《わきもとむら》、西津軽郡十三村《じゅうさんむら》と合併し、新たに市浦村《しうらむら》となり、相内の村名は消えた。相内の名は市浦村の大字として残されたが、2005（平成17）年3月28日に市浦村が五所川原市《ごしょがわらし》と合併したため、市浦の村名は消えた。

北津軽郡③　文・斎藤 淳

内潟村《うちがたむら》〈現中泊町〉

内潟沼と津軽森林鉄道

内潟村は岩木川下流右岸、津軽平野の北東端に位置した村であり、江戸時代、十三湖東岸に位置した村々から構成された。

村名は、かつて村西部に存在した内潟沼（現在の青森県立中里高校周辺）に由来する。チョウが羽を広げたような形をした内潟沼は、シジミ貝と雑魚（じゃっこ）の宝庫だった。刈り取ったアシガヤを満載した潟舟が行き交う情景は、内潟村の原風景だったが、十三湖干拓建設事業の進展により、１９６５（昭和40）年前後に姿を消し、水田へと変貌を遂げた。

内潟沼の潟端には、一条の軌道が延びていた。津軽山地のヒバ林開発を企図して09（明治42）年に完成した津軽森林鉄道である。森林鉄道の開通は、機能が低下した岩木川水運に代わって地域の交通を刷新するとともに、製材、木工など木材関連産業の発展を促した。特に、本線と相内支線の分岐点に位置する内潟村今泉には、停車場と土場が設けられ、木材の集積拠点としてにぎわった。

本線から分かれた相内支線は、今泉集落を縦断し、十三湖畔を進む旧小泊道と七平山《ななひらやま》を登る山道の岐路に達する。31（昭和6）年、同地点に津島文治、佐々木嘉太郎、奥田順蔵（十三史談会長、元内潟村長）、三上格馬（内潟村長）など地域の有志によって、「吉田松陰遊賞之碑」が建立された。

津軽森林鉄道の今泉停車場＝1921（大正10）年（神成弘氏提供）

サンドポンプ船による内潟沼の干拓＝1960(昭和35)年(中泊町博物館提供)

1852（嘉永5）年、幕末の志士吉田松陰が同地を訪問した記念碑である。碑表は徳富蘇峰の揮毫《きごう》、碑背は青森県知事守屋磨瑳夫の撰文による。

1992（平成4）年、今泉十三湖岸公園内に建立された現松陰碑は3代目となる。同碑は、初代の碑を忠実に復元したものであるが、石材は黒御影に変更され、建立地点も500㍍ほど南側の現在地に移動した。

終戦直前の45（昭和20）年7月14日から15日にかけては、青森県下に米艦載機が一斉に来襲し、各地に被害を及ぼした。米艦載機12機は小泊沖で船舶に攻撃を加えた帰途、内潟村役場のある薄市地区に飛来し、小型爆弾を投下するとともに機銃掃射を行った。薄市で死者3人の他に馬1頭が死に、下高根地区でも死者1人・住宅破壊1戸の被害が生じた。薄市国民学校も一部損壊した。

津軽森林鉄道による木材輸送量は、戦時中を通じて最盛期を迎えるが、戦後徐々に下降線をたどり、67（昭和42）年には終焉《しゅうえん》を迎える。軌道跡の多くは林道や農道に転用された。津軽山地を越えて外ケ浜町の蟹田地区と内潟地区を結ぶ県道12号（やまなみライン）といった幹線道も、基本的には本線跡を母体として整備されたものであり、森林鉄道の遺産は現在もなお活用されている。

【一口メモ】 内潟村《うちがたむら》は1889（明治22）年4月1日の市制町村制施行で、薄市《うすいち》、尾別《おっぺつ》、高根《たかね》、今泉《いまいずみ》の4村が合併して成立。役場は薄市に置かれた。1955（昭和30）年3月1日、中里町《なかさとまち》、武田村《たけだむら》と合併して新たに中里町（現中泊町《なかどまりまち》）となり、内潟の村名は消えた。しかし、内潟の名は駐在所や郵便局などに残されている。

文・斎藤 淳

武田村 たけだむら〈現中泊町〉

洪水常襲克服 穀倉地帯へ

武田村は岩木川下流右岸、津軽平野北端の低湿地帯に広がっていた村で、1889（明治22）年に旧金木新田の村々を統合して誕生した。村名は、同新田の開拓、治水などに功績のあった弘前藩士武田源左衛門に由来する。

低平な地形のため、かつては融雪、長雨、十三湖水戸口《みとぐち》閉塞《へいそく》などに起因する洪水に悩まされ、「（上流に）雨3粒降ればイガル（洪水になる）」と称されるほどだった。

1913（大正2）年の凶作時は「武田村大字長泥の如きは十三湖畔に生ずる河骨《こうほね》を常食として身体浮腫を来たせるものあり。其惨《さん》憺《たん》の状況筆紙の尽くすべきにあらず」（『青森県凶作救済誌』より）というありさまだった。こうした過酷な環境の下、農民運動が活発化し、24（大正13）年には岩木川対岸の車力村（現つがる市）に次いで県下2番目となる長泥小作農民組合が結成された。

18（大正7）年から始まった岩木川改修工事と十三湖水戸口・囲《い》繞堤《にょうてい》工事は、岩木川下流部の洪水被害を軽減し、十三湖岸の開田を可能とした。しかしながら、それらの水田は「腰切田《こしきりだ》」とも称される強湿田が大半であるとともに、平野中央部にはアシガヤが密生する大湿地帯が横たわり、開拓の伸展をかたくなに拒んでいた。

アジア太平洋戦争後の食糧不足は、従来顧みられることのなかっ

通称・竹田地区の開拓風景＝1953（昭和28）年前後（竹内正一氏撮影、中泊町博物館提供）

1955（昭和30）年前後の豊岡水郷集落（塚本忠志氏撮影・提供）

た岩木川下流部の低湿地帯に大規模な干陸《かんりく》計画をもたらすことになった。通称・竹田地区は国営十三湖干拓建設事業に伴う開拓集落であり、戦後間もない時期に入植が始まった。

茫漠《ぼうばく》たる芦原、資源不足、腰切田、地吹雪、融雪洪水、メタンガス混じりの井戸水など、海抜ゼロメートル泥炭地帯の開拓は苦難に満ちたものだったが、官民一体の取り組みによって、10周年記念式典を迎える頃には地域を代表する美田地帯に生まれ変わった。

国営十三湖干拓建設事業は、十三湖囲繞堤に囲まれた十三湖亩および内潟沼・低湿地原野の干陸ならびに排水改良を目的として、48（昭和23）年に着手された。20年以上に及んだ同事業は、「鳥も通わぬ十三湖」と形容された岩木川下流部の湿地帯を穀倉地帯へと変貌させ、70（昭和45）年に竣工《しゅんこう》した。

排水を強化し、地盤強度が増したことによって機械化営農が可能となり、省力化や作業合理化など、農業の近代化にも大きな役割を果たした。一方で、茅葺《かやぶき》屋根の農家が連なる水郷集落、水路を往来する川舟、ロープを手繰って川を横断する渡し舟、萢《やち》下《げ》駄《た》を履いてのアシガヤ刈りなど、川と共存した武田村の情景は次第に失われていった。

【一口メモ】 武田村《たけだむら》は1889（明治22）年4月1日の市制町村制施行で、富野《とみの》、豊島《としま》、豊岡《とよおか》、福浦《ふくうら》、芦野《あしの》、田茂木《たもぎ》、長泥《ながどろ》の7村が合併して成立。役場は富野に置かれた。1955（昭和30）年3月1日、中里町《なかさとまち》、内潟《うちがた》村《むら》と合併して新たに中里町（現中泊町《なかどまりまち》）となり、武田の名は消えた。しかし、武田の名は小学校や郵便局などに残されている。

北津軽郡⑤

喜良市村

きらいちむら

〈現五所川原市〉

文・佐藤 良宣

日本初 本格的な森林鉄道

喜良市村は、旧金木町南東部の山際に位置した古くからの村である。津軽各地の地名を集めた天文年間の「津軽郡中名字」には「忌来市」と見えるが、江戸時代には現在と同じ「喜良市」と書かれるようになった。

村は林業が盛んで、ヒバが豊富にある村内周辺の山地は、藩政時代に伐採が厳しく制限された御留《おとめ》山《やま》だった。しかし、山林の管理を命じられた地域の住民には、見返りとしてまきをはじめ、さまざまな副産物の利用が認められていた。

1873（明治6）年に編さんされた『新撰陸奥国誌』には「産に薪炭檜材あり、広く四方に輸《おく》る」とある。古くから木材や木炭などを多く産出していたことが分かる。このため、村には国有林の管理や経営を行う喜良市小林区署（後に喜良市営林署）が1932（昭和7）年まで存在した。

村周辺を含めた津軽半島一帯の良質な森林資源を活用するため、09（明治42）年11月30日、津軽森林鉄道の本線が完成。翌年5月から運輸が始まった。青森市沖館の貯木場から喜良市村までの67・2キロを、蟹田村（現外ケ浜町）と内潟村（現中泊町）今泉経由で結ぶ日本初の本格的な森林鉄道だった。

それまで木材の搬出方法は、切り出した材木をそりに載せ、命懸けで雪山を滑り降りて川岸に集め、雪解けで増水した川に木を流して

馬そりによる材木の運搬＝1955（昭和30）年1月（東北森林管理局提供）

「昭和更生部落」の入植者住宅＝1937（昭和12）年（竹内芳太郎氏撮影「竹内芳太郎コレクション」より、工学院大学図書館提供）

運ぶというものであった。切り出しの時期が残雪のある春先に限られ、輸送の効率は上がらなかった。森林鉄道は輸送力を向上させ、増大する木材需要への対応を可能にした。しかし、戦後のトラック輸送の発達により輸送量が減少し、67（昭和42）年11月に廃止された。

喜良市村の北部には「更生」と呼ばれる集落がある。昭和農村恐慌で経済的に大打撃を被った農民の生活を改善する試みとしてつくられた。33（昭和8）年、青森県によって設立が計画され、翌年、40戸が入植した。入植者には水田、畑、宅地、家が与えられ、原野の開墾が始まった。この試みは大いに注目され、37（昭和12）年には考現学者の今和次郎と、その教え子の竹内芳太郎が実地調査に訪れている。

「昭和更生部落」は最初の数年間、思うように収穫が上がらない苦境に見舞われたが、39（昭和14）年のジャガイモの大豊作以来、生産が順調になり、食糧事情の悪い敗戦直後にあっても、この集落には野菜が豊富にあったという。

喜良市村は津軽森林鉄道と密接な関係を有するが、農村更生の模範村となった歴史も記憶してほしいと思う。

【一口メモ】 喜良市村《きらいちむら》は1889（明治22）年4月1日の市制町村制施行で、藩政時代の喜良市村が単独の自治体として成立。そのため、村内に大字は編成されなかった。役場は千苅《せんがり》に置かれた。1955（昭和30）年3月1日、金木町《かなぎまち》、嘉瀬村《かせむら》の大字嘉瀬《かせ》、中柏木《なかかしわぎ》、長富《ながとみ》と合併。新たに金《かな》木町《ぎまち》となり、喜良市の村名は消えた。しかし、喜良市の名は金木町の大字として継承された。2005（平成17）年3月28日に金木町が五所川原《ごしょがわら》市《し》と合併した後、大字喜良市は金木町《かなぎちょう》喜良市となった。

北津軽郡⑥　文・佐藤 良宣

嘉瀬村《かせむら》〈現五所川原市〉

津軽民謡と深い関わり

嘉瀬村は、現五所川原市の旧金木町域の中でも南寄りの場所に位置し、古い起源を持つ村である。かつては一面の湿地帯であり、1928(昭和3)年発行の『青森県総覧』(東奥日報社)にも、サルケ(泥炭)の産地であることが記されている。江戸時代前期に新田開発が行われ、現在も水田地帯である。

村は津軽民謡と関わりが深い。この地に田植え踊り「嘉瀬の奴踊り」が藩政時代から伝わっていることは非常に有名である。51(昭和26)年に地元で保存会がつくられ、69(昭和44)年には青森県の無形文化財となっている。

嘉瀬村は民謡歌手「嘉瀬の桃」(本名・黒川桃太郎)を輩出したことでも知られている。彼は大正期から31(昭和6)年に没するまで活躍した。11歳で常盤村(現藤崎町)の豪農横山家で借子として奉公していた。奉公先では盲目の三味線奏者を保護しており、そこで民謡に親しむようになったという。

黒川は大工職人としての修業をし、嘉瀬村に戻ってからは一時、大工仕事をしていたが、後に民謡歌手に転じた。太鼓、笛、尺八、踊りなどの多彩な芸を持ち、金木町神原地区の仁太坊から習った三味線も達者だった。

彼は雰囲気に合わせて即興で作詞し、節回しを変えて演奏するなど、類いまれな才能を持ち合わせて絶大な人気を博した。「津軽じ

津軽鉄道の嘉瀬駅＝1994(平成6)年8月28日(白石健二氏撮影、青森県所蔵県史編さん資料より)

ょんから節」「津軽よされ節」「津軽小原節」の歌詞にストーリーを入れ、節を変えることで、現在の津軽民謡の土台をつくったという。

現在の津軽鉄道嘉瀬駅から北の踏切を越えて東に向かうと、標高約50㍍の小高い丘がある。「嘉瀬観音山」と称され、東側斜面には嘉瀬スキー場がある。もとは交通不便だったことから、利用は少なかった。

だが、30（昭和5）年に津軽鉄道が開業。嘉瀬駅が開業してからは、駅から近いスキー場の利用客も増えた。津軽鉄道は地元の団体と協力してスキーの競技大会を主催し後援した。48（昭和23）年にはジャンプ台が改修され、クロスカントリーのコースも整備された。津軽鉄道が嘉瀬村に果たした役割は大きかったのである。

94（平成6）年と98（平成10）年の冬季オリンピックにノルディックスキー複合で出場した古川純一選手は旧金木町の出身である。彼もまた、かつて嘉瀬スキー場で練習していたという。地域の風土や文化が芸人を生み、地元の鉄道が支える各施設を活用してスポーツ選手が輩出される。嘉瀬村は地域が生み出す底力を見せてくれている。

嘉瀬スキー場入り口＝2017（平成29）年5月27日（筆者撮影）

【一口メモ】 嘉瀬村《かせむら》は1889（明治22）年4月1日の市制町村制施行で、嘉瀬、毘沙門《びしゃもん》、長富《ながとみ》、中柏木《なかかしわぎ》の4村が合併して成立。役場は嘉瀬に置かれ、旧4村は嘉瀬村の大字となった。1955（昭和30）年3月1日、金木町《かなぎまち》と喜良市村《きらいちむら》、嘉瀬村の大字嘉瀬、長富、中柏木が合併し、新たに金木町となり、嘉瀬の村名は消えた。また同日、大字毘沙門は五所川原市《ごしょがわらし》へ編入合併し、翌年8月10日には大字長富が五所川原市へと境界変更した。嘉瀬の名は大字として継承され、駅名にも残されている。なお、2005（平成17）年3月28日に金木町が五所川原市と合併した後、大字嘉瀬は金木町《かなぎちょう》嘉瀬となった。

文・中園裕

飯詰村

いいづめむら

〈現五所川原市〉

名所旧跡多い交通の要衝

飯詰村は、現五所川原市北東部の飯詰川流域に位置する村だった。中世以来の高楯城跡があり、藩政時代には代官所が設置された。このため、集落の規模に比して名所旧跡が多い。

それらの中で、長円寺の梵鐘《ぼんしょう》はアジア太平洋戦争末期の金属回収を免れたことで、青森県重宝に指定されている。郷土史研究家の福士貞蔵や県議の秋田喜十郎らが梵鐘の価値を説き、保存を訴えた成果である。

西、北両津軽郡の交通の要衝だったが、近代以降、その地位を五所川原町（現五所川原市）や木造町（現つがる市）に譲った。だが、1930（昭和5）年5月に津軽鉄道が敷設され、飯詰駅が開業。交通手段に恵まれた。

33（昭和8）年、株式会社角弘の子会社である津軽急行自動車株式会社が設立された。同社は2年前に北東自動車会社が建設を始めた西、北両津軽郡と東津軽郡や青森市を結ぶ自動車専用道路に着目し、その完成を目指した。

当時、西、北両津軽郡から青森市方面へ向かうには、五能線で川部駅まで行き、奥羽本線に乗り換えるので2時間以上かかることもあった。自動車道は津軽半島を横断し、1時間弱で油川町（現青森市）へ抜けるものだった。

会社設立の年、油川町に青森飛行場が完成した。道路の建設では、

飯詰ダムに沈む前の不動溜池＝1965(昭和40)年6月(青森県所蔵県史編さん資料より)

古い街並みを残す飯詰地区の中心地＝2018（平成30）年4月30日（筆者撮影）

飯詰村の名勝である不動の滝の散策、油川町の飛行場や野木和公園の見学などが宣伝された。道路が完成し、10月に試運転を実施。翌34（昭和9）年の春から営業開始となった。

道路は人里のない山中を走る箇所が多かった。それゆえ、戦争の悪化と敗戦で実質的に廃道状態となった。だが、77（昭和52）年開催のあすなろ国体で、道路は再び整備された。現在の県道26号が「津軽あすなろライン」と称されるのはこのためだ。

津軽あすなろラインに沿って流れる飯詰川は、集中豪雨で何度も氾濫した。特に58（昭和33）年9月の台風と64（昭和39）年7月の洪水は甚大な被害を及ぼした。このため、川の上流にある不動溜池《ためいけ》の周辺に飯詰ダムが計画され、69（昭和44）年に着工。73（昭和48）年に完成した。ため池は水没したが、周辺は不動公園として整備された。

ダムの建設は洪水調節のみならず、上水道用水の確保も意図していた。実は飯詰川の水道の歴史は古い。川の支流を水源として27（昭和2）年に飯詰浄水場が完成した。県内では青森市に次ぎ2番目に給水を開始している。

藩政時代に栄えた飯詰村だが、近代以降も鉄道や道路が建設され、戦後もダムが建造された。村には近現代史の鍵となる事象が手堅くまとめられているといえよう。

【一口メモ】飯詰村《いいづめむら》は1889（明治22）年4月1日の市制町村制施行で、飯詰、下岩崎《しもいわさき》の2村が合併して成立。役場は飯詰に置かれた。1954（昭和29）年10月1日、五所川原町《ごしょがわらまち》、松島《まつしま》、長橋《ながはし》、三好《みよし》、中川《なかがわ》、栄《さかえ》の5村と合併。新たに五所川原市《ごしょがわらし》となり、飯詰の村名は消えた。しかし、飯詰の名は大字として残された他、駅や川、ダムなど、旧村内に多数存在する。

文・竹村 俊哉

三好村 みよしむら 〈現五所川原市〉

村民一丸 水害と闘う

　三好村は北津軽郡の中央部に位置し、岩木川と十川《とがわ》の間に介在していた。南は中川村の大字田川に連なり、東は十川を隔てて中川村や嘉瀬村（現五所川原市）に隣接した。また、西は岩木川を隔てて西津軽郡の川除村《かわよけむら》や出精村《しゅっせいむら》、そして稲垣村（いずれも現つがる市）の豊川に接している。さらに北は岩木川や十川を隔てて稲垣村と北津軽郡の金木町（現五所川原市）に接している。村域が東西に短く南北に長い紡錘《ぼうすい》形をしているのが特徴だった。

　岩木川と十川に挟まれ、その合流点に位置する三好村は水害に悩まされてきた。同村鶴ケ岡出身で、初代村長を務めた小野忠造は1896（明治29）年7月、藻川と鶴ケ岡の住民を説得して私設堤防（いわゆる「小野忠土手」）を築き、郡の役人を驚かせた。

　しかし、抜本的な解決にはならなかった。そこで北津軽郡長の工藤行幹《ゆきもと》や、その遺志を受け継いだ青森県会議員の阿部武智雄《むちお》らが、政府に対して岩木川改修請願運動を展開した。

　1910（明治43）年12月、阿部は県会副議長として西、北両津軽郡選出の県会議員らと協議を重ね、岩木川改修期成同盟会を発足させた。五所川原町の郡会議所で創立会が開かれ、会長には阿部が就任した。会員は両郡の関係する33村の村長や有志、中、南両津軽

岩木川治水工事と堤防築造用の掘削機＝1921（大正10）年（青森県所蔵県史編さん資料より）

三好村立鶴ケ岡尋常小学校の校舎＝明治末期～大正初期（青森県所蔵県史編さん資料より）

郡と弘前市の有志らが名を連ねた。

同盟会の熱心な請願活動の結果、18（大正7）年に岩木川改修工事は10カ年継続の国の直轄事業として認められ、21（大正10）年9月15日に起工式が挙行された。

改修工事が進む中、昭和に入っても同村は幾度も水害に見舞われている。32（昭和7）年8月には豪雨による水害が発生し、村内の水田の93％、畑の70％が皆無作となった。このときは3カ年の禁酒を申し合わせ、村民一丸となって対策に乗り出した。

35（昭和10）年8月にも豪雨による水害が発生し、その被害は32（昭和7）年を上回り、水田の97％、畑の90％が皆無作となった。45（昭和20）年4月には、融雪期の増水により鶴ケ岡放水路逆流防止水門が破損。村内の交通は途絶し、5日に予定していた小学校の入学式は延期された。その後、同じ4月に再び出水したため小学校は休業をやむなくされた。

戦後、改修工事は建設省の所管となって継続された。51（昭和26）年には、三好村土地改良区が認可され、それまでの藻川鶴ケ岡普通水利組合や鶴ケ岡藻川水害予防組合の事業を引き継いだ。昭和の大合併で五所川原市となったが、水害と闘い抜いてきた三好村の歴史は、今後も語り継がれるべきだろう。

【一口メモ】 三好村《みよしむら》は1889（明治22）年4月1日の市制町村制施行で、鶴ケ岡《つるがおか》、藻川《もがわ》、高瀬《たかせ》の3村が合併して成立。3村仲良くする意味で三好村と命名し、役場は鶴ケ岡に置かれた。1954（昭和29）年10月1日、五所川原町《ごしょがわらまち》、松島《まつしま》、長橋《ながはし》、飯詰《いいづめ》、中川《なかがわ》、栄《さかえ》の5村と合併。市制施行して五所川原市《ごしょがわらし》となり、三好の村名は消えた。しかし、三好の名は三好橋をはじめ、小学校や郵便局など諸施設に残されている。

北津軽郡⑨　文・竹村俊哉

中川村

なかがわむら

〈現五所川原市〉

河川改修で水害を克服

　中川村は北津軽郡の西北に位置し、西は三好村、東北は飯詰村と嘉瀬村、東南は松島村、南は五所川原町に接しており、西南は岩木川を隔てて西津軽郡の川除村《かわよけむら》（現つがる市）に隣接していた。毎年、融雪期には村内中央を横切り、三好村との境界線として北流する十《と》川《がわ》が氾濫し、田畑や家屋が浸水した。

　岩木川や十川の氾濫を解決するため、１９１８（大正７）年に岩木川改修工事が国による10カ年継続の直轄事業として認められ、21（大正10）年９月に起工式が挙行された。

　この改修工事の目的は、岩木川の水量を安全に流下させて堤防の決壊や溢水《いっすい》を防ぐことだった。また、土砂堆積による河口の閉塞《へいそく》を防ぐため、十三湖水戸口《みとぐち》への突堤建設をはじめ、川幅の拡張や堤防の増改築が計画された。

　この他、岩木川の支川である十川に約７キロの新川を開削し、水量の疎通を改良することも盛り込まれた。十川の改修は中川村民が願っていた事業であった。

　35（昭和10）年度の『中川村勢一覧表』から、昭和初期の村の様子を知ることができる。昭和の大合併で消えた町村の要覧等は、合併後の自治体に残されていないことが多い。当時を知る貴重な資料といえよう。

　それによれば、33（昭和８）年

岩木川沿岸の田川地区にあった赤堀の渡し＝明治末期～大正初期（青森県所蔵県史編さん資料より）

満州事変1周年を記念して開催された中川村処女会の総会＝1932（昭和7）年9月18日（青森県所蔵県史編さん資料より）

12月時点の人口は4110人、戸数449戸のうち412戸が農業を営む農村だった。農産物を作付面積で見ると、米、ジャガイモ、大豆の順で多く、農家の副業としては縄や筵《むしろ》を製造していた。

村内の主な交通手段は自転車で、降雪期になると、そりが活躍した。自動車は1台のみで、運搬作業は荷車、手車、リヤカーに頼った。

教育機関では、1876（明治9）年創立で児童数304人の沖飯詰尋常小学校と、81（明治14）年創立で児童数141人の田川尋常小学校の2校があった。両校には青年訓練所充当農業補習学校が併設されていた。村には青年団と処女会も結成されていた。

昭和農村恐慌は中川村にも波及し、米価の低迷と生活必需品の価格が下がらないことが農家の生計を困窮させた。1930（昭和5）年の村は豊作であったが、米価暴落のため、春に1俵10円と予測して施肥したのに反して、実際には1俵6円にとどまり、採算が取れない状況となった。

そこへ35（昭和10）年の大水害が起こり、村は大きな被害を受けた。このため、岩木川や十川の改修が継続され、岩木川改修工事の1期工事は42（昭和17）年に完了。戦後も数次にわたって改修計画の改定を重ねた。現在、かつて赤堀の渡しがあった田川には立派な新津軽大橋が架かっている。

【一口メモ】 中川村《なかがわむら》は1889（明治22）年4月1日の市制町村制施行で、川山《かわやま》、田川《たがわ》、新宮《しんみや》、長橋《ながはし》、種井《たねい》、沖飯詰《おきいいづめ》、桜田《さくらだ》の7村が合併して成立。村の中央を十川が流れることから中川と命名し、役場は川山に置かれた。1954（昭和29）年10月1日、五所川原町《ごしょがわらまち》、松島《まつしま》、長橋《ながはし》、飯詰《いいづめ》、三好《みよし》、栄《さかえ》の5村と合併。市制施行して五所川原市《ごしょがわらし》となり、中川の村名は消えた。しかし、公民館や保育園など諸施設に中川の名は残されている。

文・竹村俊哉

長橋村《ながはしむら》
〈現五所川原市〉

満蒙開拓の指定村に

長橋村は現五所川原市街地の東南の丘陵地帯に位置し、東南は七和村（現五所川原市）、東北は飯詰村、西方は栄村と梅沢村（現鶴田町）、西北は松島村と接する。1889（明治22）年4月の市制町村制施行に伴い、近隣の7村を大字として長橋村が誕生した。

村名の由来については、当時の北津軽郡長心得で郡書記の對馬貞太郎が青森県に提出した「明治廿一年十月町村分合理由書」の中に、「長橋村　合村中長橋と称スル溜《ため》池《いけ》アリ、各村耕地多ク此水ヲ引用スルヲ以テ此ノ称ヲ取ル」と記されている。1926（大正15）年度の人口は2755人で、職業別戸数は農業392戸、工業2戸、商業10戸、日雇い28戸だった。

戦前の村内の教育機関は、1876（明治9）年創立の野里尋常高等小学校と、78（明治11）年創立の松野木尋常小学校の2校があった。前者には野里青年学校、後者には松野木青年学校が併置された。いずれも創立当初は農業補習学校で、前者は1918（大正7）年、後者は26（大正15）年の創立である。

両小学校には、それぞれ野里養鶏組合と松野木養鶏組合の事務所が置かれていた。松野木養鶏組合に関しては、組合長は学校長、副組合長は主席訓導（訓導＝教員）が兼務した。

村内の学校体系が象徴するよう

昭和戦前期の長橋溜池（青森県所蔵県史編さん資料より）

昭和戦前期の野里尋常高等小学校（青森県所蔵県史編さん資料より）

に、長橋村は農業や畜産業を中心に林業も盛んで、マツタケが特産物だった。しかし、その長橋村も昭和恐慌に襲われた。経済的苦境に立ち向かうため、各地で産業組合の活動が活発となった。29（昭和4）年に浅井信用組合が解散した長橋村では、32（昭和7）年に浅井米穀貯蓄組合が設立された。

組合の事務所は組合長宅に置き、「米穀ヲ貯蓄シ組合員ニ産業ニ必要ナル米穀ヲ貸付スルヲ以テ目的」とした。33（昭和8）年には浅井農事実行組合が設立され、籾《もみ》摺《す》りおよび精米のための石油発動機を持ち、組合員から料金を取って作業を行うことを主たる事業目的としていた。同組合は、後に長橋村産業組合となり、48（昭和23）年まで存続した。

一方、戦前に日本が満州で行った農業移民政策、いわゆる満蒙開拓では、青森県においても分村計画樹立指定町村が定められた。そして41（昭和16）年度に七和、長橋、松島の3村が七和分郷とされ、43（昭和18）年に七和開拓団が満州国奉天省城山地区に入植した。

戦後、五所川原町周辺の村々は、「大五所川原市」構築のため合併を選択。長橋村も賛同した。旧長橋村域には住宅街が広がったが、今も多くのため池が存在する豊かな田園地帯である。

【一口メモ】 長橋村《ながはしむら》は1889（明治22）年4月1日の市制町村制施行で、野里《のざと》、神山《かみやま》、松野木《まつのき》、戸沢《とざわ》、豊成《とよなり》、福山《ふくやま》、浅井《あさい》の7村が合併して成立。「長橋」と呼ばれるため池が当該村域を潤すことから、村名が決まった。役場は神山に置かれた。1954（昭和29）年10月1日、五所川原町《ごしょがわらまち》、松島《まつしま》、飯詰《いいづめ》、三好《みよし》、中川《なかがわ》、栄《さかえ》の5村と合併。市制施行して五所川原市《ごしょがわらし》となり、長橋の村名は消えたが、長橋溜池に名が残されている。現在の五所川原市大字長橋《ながはし》は、旧中川村の大字で、長橋村とは別の地域である。

北津軽郡⑪　文・中園裕

松島村《まつしまむら》〈現五所川原市〉

五所川原市発展の主役

松島村は現五所川原市中心街の東側に位置し、藩政時代以来の新田開発により、水田耕作が盛んな村だった。村名は、金山、米田両地区に「松島」と称する広大な耕地があったことに由来していた。

九つの村から成り立った松島村は、時代の流れに伴い、地区によって大きく異なる歴史をたどっている。

東部の金山や米田は梵珠山麓の台地にあり、ため池が多く、水田が広がっている。村内最大のため池である大溜池《おおためいけ》も存在する。最近、ため池近くにある津軽金山《かなやま》焼の窯元が内外の人気を集めている。

村の南部に位置する水野尾地区は、藩政時代の新田開発で水田地帯となった。今も県道沿いに集落がある以外は水田が多くを占めている。この点では村の西北に位置する太刀打や一野坪も同様だ。だが、高度経済成長を経て、両地区には新興住宅街が造成された。

このため、漆川と太刀打の境を走る津軽鉄道に駅設置の請願がなされ、1961（昭和36）年に十《と》川《がわ》駅が設置された。また、一野坪には一野坪駅が設置されていたが、青森県立五所川原農林高校が現在の場所に移ることを考慮して移設。74（昭和49）年に五農校前駅として開業した。

村中央部の漆川と吹畑、南部の石岡、唐笠柳の各地区は、五所川原駅東部の区画整理事業によって

十川駅と住宅街＝2017(平成29)年5月20日(筆者撮影)

開業当初の「エルムの街」＝1997（平成9）年ごろ（青森県所蔵県史編さん資料より）

大変貌を遂げた。石岡、吹畑、漆川の一部に計画された住宅街は、新住宅市街地開発法に基づき64（昭和39）年に着工。3年後に完成して五所川原市最初の住宅団地となった。そして67（昭和42）年4月15日、団地周辺の地名は松島町と変更された。

村役場があった吹畑や、水田の広がっていた石岡は、ほとんどが市街地となった。漆川には住宅街に加え工業団地が形成され、現在もいくつかの企業が操業中である。

唐笠柳は水田地帯だったが、97（平成9）年に「エルムの街」のショッピングセンターができてから様子が激変。五所川原市民をはじめ、周辺地域からも多くの人々が集まる一大拠点となった。隣接する「つがる克雪ドーム」も、この地域の変化を象徴していよう。

五所川原市は昭和の大合併を経て西、北両津軽郡の中心都市となった。かつては五所川原駅西側の商店街がにぎわいの中心だった。しかし、70年代以降の都市計画と自動車社会の進展で、発展の中心は駅東側の住宅街と工業団地、そして大規模ショッピングセンターへと移行した。

いずれもが旧松島村域にあることを考えると、五所川原市発展の主役は松島地区が担っていたといえよう。

【一口メモ】 松島村《まつしまむら》は1889（明治22）年4月1日の市制町村制施行で、金山《かねやま》、太刀打《たちうち》、米田《よねた》、一野坪《いちのつぼ》、石岡《いしおか》、吹畑《ふきはた》、漆川《うるしかわ》、唐笠柳《からかさやなぎ》、水野尾《みずのお》の9村が合併して成立。役場は吹畑に置かれた。1954（昭和29）年10月1日、五所川原町《ごしょがわらまち》、長橋《ながはし》、飯詰《いいづめ》、三好《みよし》、中川《なかがわ》、栄《さかえ》の5村と合併。市制施行して五所川原市《ごしょがわらし》となり、松島の村名は消えた。しかし、67（昭和42）年4月15日、松島団地周辺に五所川原市の町名として松島町《まつしまちょう》が誕生した。

文・竹村 俊哉

栄村《さかえむら》〈現五所川原市〉

開墾と十川の大改修で発展

栄村は、津軽平野北部の平坦地《へいたん》に位置した。現在の五所川原市南西部に当たり、南は鶴田村と梅沢村（ともに現鶴田町）に接していた。岩木川支流の十川《とがわ》が村の中央を貫流。1940（昭和15）年の世帯数は405戸で、人口は2483人だった。

近代の栄村の発展には、明治期から昭和初期にかけて栄村村長の他、北津軽郡会議員や郡参事会員を務めた葛西利助の功績が大きかった。彼は北津軽郡役所に8年間勤めた後、1899（明治32）年に村長に就任。草創期の村政確立に努め、積極的に開墾政策を導入し、村政の伸展に大きな足跡を残した。

こうして栄村は農業が進展し、農事改良組合や副業組合が各大字に設けられた。米の産出額が最も多く、大豆、蔬菜《そさい》、リンゴ、そしてわら工品が続いた。

岩木川や十川の流域は往時から水害に悩まされてきた。昭和初期には、岩木川改修工事に伴って十川の開削工事も予定されていた。しかし、栄村は十川の氾濫によって被る損害はほとんどなかった。むしろ、開削により村内の上田が約20町歩（1町歩≒約1㌶）も川底になることに対して懸念する声が多かった。20町歩は農家15戸分の耕作面積に相当し、田地不足が深刻な栄村にとって大きな打撃だったからである。

広田地区で行われた十川改修事業慰安運動会＝1931～32（昭和6～7）年（青森県所蔵県史編さん資料より）

経済発展に貢献した平山為之助の邸宅＝明治末期（石場旅館提供）

しかし、1935（昭和10）年8月に青森県内全域を襲った豪雨で、岩木川や十川は氾濫し、村は大きな被害を受けた。水田の被害は嘉瀬村（現五所川原市）の600町歩に次ぐ300町歩に及び、家屋浸水のため約200人が栄尋常小学校に避難した。

49（昭和24）年、十川の氾濫を解決するため、栄村七ツ館から五所川原町不魚住《うおすまず》の間に新十川を開削して、栄村姥萢から下流を旧十川とする大改修が行われた。

栄村には1878（明治11）年に創立された栄尋常小学校の他、前年に創立し、隣接する長橋村との組合組織になっている七ツ館尋常小学校があった。1927（昭和2）年9月、創立50周年記念祝賀式を盛大に挙行した栄尋常小学校だが、昭和初期には児童数の増加で校舎の狭隘《きょうあい》さが問題化していた。児童数の減少が進む昨今、五所川原市立七ツ館小学校は三輪小学校へ統合されたが、栄小学校は現役である。

昭和初期に栄村の所得税多額納税者の筆頭だった平山為之助は、この地の素封家平山家の10代目当主である。陸奥鉄道や津軽鉄道の開業に尽力し、五所川原銀行頭取を務めるなど、地方経済発展のために貢献した人物だ。現存する彼の邸宅は、国の重要文化財に指定され、見学が可能である。

【一口メモ】 栄村《さかえむら》は1889（明治22）年4月1日の市制町村制施行で、広田《ひろた》、稲実《いなみ》、七ツ館《ななつだて》、姥萢《うばやち》、湊《みなと》の5村が合併して成立。共和と繁栄を目的として栄村と命名し、役場は広田に置かれた。1954（昭和29）年10月1日、五所川原町《ごしょがわらまち》、松島《まつしま》、長橋《ながはし》、飯詰《いいづめ》、三好《みよし》、中川《なかがわ》の5村と合併。市制施行して五所川原市《ごしょがわらし》となり、栄村の村名は消えた。しかし、栄の名は小学校や橋に残されている。

文・中園裕

七和村《ななわむら》

〈現五所川原市、青森市〉

古くから津軽地域の分岐点

七和村は現五所川原市南部に位置し、青森市と板柳町に接する比較的面積の広い村だった。前田野目や原子、持子沢各地区の一部を除けば、藩政時代の俵元新田の開発により、村内は豊かな水田地帯だった。初代村長を務め貴族院議員にもなった阿部賢吉ら、大地主が多かった。また、俵元地区は県内有数の干し餅の特産地である。

村の成立以前から七和村は交通の要衝だった。特に原子は藩政時代に宿場とされ、青森と浪岡、黒石方面への分岐点だった。飯詰や金木、そして五所川原へ向かう場合も原子を経由した。北津軽郡設置の際、原子は五所川原や飯詰とともに郡役所設置場所の候補にもなっていた。

前田野目地区は山がちで、特に大釈迦《だいしゃか》へと抜ける道路（現国道101号）は完成まで難渋した。この道路の開削には反対者も多かった。それを押し切って敷設に踏み切ったのは初代北津軽郡長の工藤行幹《ゆきもと》だった。

この道路が開通して以降、青森と五所川原を結ぶ流通は飛躍的に向上した。1894（明治27）年に青森—弘前間に奥羽北線（現JR奥羽本線）が開通すると、大釈迦駅から馬車（冬は馬そり）が出て五所川原方面へと向かった。原子には定期馬車が通った他、人力車もあった。

1918（大正7）年、川部—

原子から羽野木沢を通る道路。五所川原と浪岡、黒石方面を結ぶ要だった。原子側から撮影したもので、奥が浪岡方面＝大正末期～昭和初期（青森県所蔵県史編さん資料より）

満州事変の郷土部隊を慰問するため、七和村役場に集まった七和村青年団
＝1931（昭和6）年ごろ（青森県所蔵県史編さん資料より）

五所川原間に陸奥鉄道（現ＪＲ五能線）が開通した。これ以降、流通の中心は鉄道へと移った。戦後、高度経済成長を経て自動車社会となってからは、青森と五所川原を結ぶ交通網の主役は国道１０１号と津軽自動車道になった。

西、北両津軽郡内にはため池が多い。七和村内も山道溜池《ためいけ》や原子溜池、高野大溜池など巨大なため池が存在した。原子や前田野目の山々から雪解け水が流れ込むからだろう。

その前田野目の山中では、かつて石油（原油）が採取されていた。採掘は05（明治38）年に始まり、大正期から昭和戦前期にかけて続けられていた。しかし、産出量が少なかったため、秋田県の油田のような石油開発は行われなかった。

持子沢北部の狼野《おいの》長根は小高い丘陵地帯に位置し、岩木山や津軽平野を望める七和村の景勝地だった。現在は狼野長根公園として整備されているが、西方の高台には忠魂碑や戦没者記念碑がある。戦前までは毎年、在郷軍人会主催の招魂祭が行われ、村最大の祭典としてにぎわった。

忠魂碑の近くには県議会議長や衆議院議員を務めた阿部武智雄《むちお》と、七和村長を長く務めた藤田紋太郎の頌徳《しょうとく》碑があり、七和村の閉村記念碑も存在する。公園内で最も見晴らしが良い景勝地は、村の記憶を残す大切な場所でもあるのだ。

【一口メモ】七和村《ななわむら》は１８８９（明治22）年4月1日の市制町村制施行で、原子《はらこ》、高野《こうや》、下石川《しもいしかわ》、持子沢《もっこざわ》、前田野目《まえだのめ》、羽野木沢《はのきざわ》、俵元《たわらもと》の7村が合併して成立。7村が和する意味から村名とし、役場は羽野木沢に置かれた。１９５６（昭和31）年9月30日、七和村は五所川原市《ごしょがわらし》へ編入合併し、大字下石川のみが南津軽郡浪岡町《なみおかまち》（現青森市《あおもりし》）へ編入合併した。七和村の村名は消えたが、郵便局や保育園などに七和の名は残されている。

　文・中園裕

梅沢村 うめざわむら
〈現鶴田町、五所川原市〉

昭和の模範村 合併で分町

梅沢村は、現五所川原市南部と鶴田町東部にまたがる村だった。平野が多く、水田の他にリンゴと大豆の生産が盛んだった。中でも梅田地区は野菜栽培の先進地として有名だった。

大正期から昭和期にかけて、村の助役や収入役を務めた菊池権太郎は、1915（大正4）年に沖貯蓄組合を創立した。彼は組合の主導で集落の人々に貯金を促し、「貯金の神様」と呼ばれた。集落に精米発動機や籾摺《もみすり》機を備え付けるなど、地域振興にも活躍した。

昭和農村恐慌の中で、菊池や組合の活動は生活難を克服する事例として注目を浴び、類似の団体を生み出した。このため40（昭和15）年2月11日の紀元二千六百年記念式典に際し、梅沢村は優良施設町村として表彰され、「模範村」と見なされた。

戦後、昭和の大合併に際して梅沢村は大きな紛争を経験する。当初、青森県は梅沢、小阿弥、沿川、七和の4村合併を進めていた。これに対し、梅沢村は南隣の小阿弥村との合併を望んでいた。小阿弥堰によって水田耕作をしてきた経緯があるからだ。

しかし、村は鶴田町を中心に六郷村や西津軽郡水元村との合併に参加した。最終的に村議会で審議され、賛否同数のため、議長裁決で鶴田町との合併が決定した。

これに対し、村北部の梅田と中

横萢地区にあった鈴木謙一の大邸宅。鈴木は梅沢村長や村会議員、北津軽郡会議員を務めた＝明治末期（石場旅館提供）

黒い湯花が舞うことで知られる梅沢温泉＝2017（平成29）年4月22日（著者撮影）

泉の両地区は、五所川原市との経済圏にあるため、同市との合併を主張した。55（昭和30）年3月1日に鶴田町となった後も、分町運動を阻止する町と激しく対立。翌年5月9日の住民投票が中止されるなど世間の注目を浴びた。

その後、知事をはじめ、衆議院議員を務めた三和精一らによる斡《あっ》旋《せん》と調停で、11月1日に大字梅田と中泉を五所川原市へ境界変更する協定が成立した。

村役場のあった梅田には五所川原市の梅沢支所が置かれた。76（昭和51）年10月1日、教円寺の大イチョウが五所川原市の文化財に指定され、同市最大のイチョウとして親しまれている。今や梅田と中泉は市の一部として定着した。

これに対し、横萢、瀬良沢、沖の各地区は、県道を通じ鶴田町の中心街に近い。横萢には八幡宮をはじめ、町立梅沢小学校や保育所があり、鶴田町東部地区の中心となっている。小学校近くの梅沢温泉は、県内でも珍しい黒い湯花が舞う温泉として評判だ。

模範村と称された梅沢村は昭和の大合併で二分された。しかし、梅田と横萢を結ぶ県道38号（五所川原黒石線）沿いには、大きな屋敷を構えた農家が続く。豊かな農村だった梅沢村の面影は、今も五所川原市と鶴田町の双方に残されているのである。

【一口メモ】 梅沢村《うめざわむら》は1889（明治22）年4月1日の市制町村制施行で、横萢《よこやち》、瀬良沢《せらざわ》、梅田《うめた》、中泉《なかいずみ》、沖《おき》の5村が合併して成立。梅田と瀬良沢から1字ずつ取って村名とし、役場は梅田に置かれた。1955（昭和30）年3月1日、鶴田町《つるたまち》、六郷《ろくごう》、水元《みずもと》の2村と合併し、新たに鶴田町となったが、翌年11月1日、大字梅田と中泉が一部の地区を除き五所川原市《ごしょがわらし》へ境界変更した。村名は消えたが、梅沢の名は小学校（2020年＝令和2年3月末統合予定）や保育所などに残されている。

北津軽郡⑮　文・中園裕

六郷村
ろくごうむら

〈現鶴田町、板柳町〉

合併紛争で世間にぎわす

六郷村は現在の鶴田町中心部から東寄りに位置し、村域が南北に連なる村だった。村名は六つの村が合併したことに由来している。

1918（大正7）年9月に陸奥鉄道（現JR五能線）が開通し、隣村の鶴田村（現鶴田町）に陸奥鶴田《つるだ》駅ができた。これ以後、駅から村北部の山道地区への道路が開発され、後に梅沢村（現鶴田町）、沿川村（現板柳町）、七和村（現五所川原市）へと東進する道路ができた。

陸奥鶴田駅と同時に、村内には鶴泊駅ができた。これを契機に駅から胡桃館地区へと東進する道路や、駅から鶴田村の菖蒲川地区へと西進する道路が開発された。鶴泊駅の開業は、六郷村の流通事情に大きく寄与したことになろう。

鶴泊駅が貨物を取り扱っていた頃は、駅前に六郷農協のリンゴ貯蔵施設があった。六郷村産のリンゴが鶴泊駅から出荷されたのである。当初は有人駅だったが、71（昭和46）年10月1日から駅前保安農業協同組合が管理を委託された。

しかし、自動車社会の到来に伴い、貨物取り扱いは廃止された。人や物の流れは、鶴泊駅から東寄りの国道339号バイパスにできた「道の駅つるた」へと変わった。道の駅は旧六郷村域の境地区にあり、現在の鶴田町にとって集客の拠点となった。

一方、村役場所在地の胡桃館に

鶴泊駅前に積まれたリンゴ箱。その後ろに六郷農協の倉庫が見える＝1950〜60年代（青森県りんご対策協議会提供）

六郷青年団による講習活動。中央奥の石碑は忠魂碑＝1930（昭和5）年9月（青森県所蔵県史編さん資料より）

は、村唯一の胡桃館小学校があった。かつて彼ら小学生たちは卒業後に青年団（女性は処女会）へ加入し、地域の行事や祭りを支える大人になれるよう心身を養われた。

六郷村では15（大正4）年3月に六郷青年団が結成され、村内六つの大字に分団が置かれた。アジア太平洋戦争で活動は中止されたが、戦後に復活。青年団で活躍した青年たちは、村政や村内各地の行事運営に関わるなど、村の発展に大きく寄与している。

昭和の大合併に際し、村南部の野中、石野、境の3地区が板柳町との合併を強く主張した。住民投票が実施されたが、水増し投票により分町は不成立。世間をにぎわした。58（昭和33）年11月1日、青森県の調停で大字石野と野中が板柳町へ境界変更となった。このため、大字野中だった鶴泊駅の住所は現在、大字鶴泊になっている。

合併紛争は、六つの村で成り立ってきた六郷村が、他町村との交流で大きく変容を遂げたことを物語っていた。六郷の村名は消えたが、旧村域の境地区には道の駅、中野地区には浄水場や斎場など、鶴田町民の生活上必要な施設が存在する。旧六郷村域は鶴田町民にとって欠かせない生活の場になっている。

【一口メモ】 六郷村《ろくごうむら》は1889（明治22）年4月1日の市制町村制施行で、胡桃館《くるみだて》、境《さかい》、石野《いしの》、野中《のなか》、中野《なかの》、山道《やまみち》の6村が合併して成立。六つの郷が集まった意味を込めて村名とし、役場を胡桃館に置いた。当時、南津軽郡にも六郷村《ろくごうむら》が存在した（現黒石《くろいし》市）。1955（昭和30）年3月1日、鶴田《つるた》町《まち》、梅沢《うめざわ》、水元《みずもと》の2村と合併。新たに鶴田町となり、六郷の村名は消えた。58（昭和33）年11月1日、大字石野と野中が一部の地区を除き板柳町《いたやなぎまち》へ境界変更した。現在、六郷の名はほとんど残っていない。

文・中園裕

沿川村《そいかわむら》

〈現板柳町、鶴田町、藤崎町〉

十川沿いに村域広がる

沿川村は現板柳町東部に位置し、十川《とがわ》に沿って村域があったことから名付けられた。藩政時代は羽州街道から分かれる脇街道（下之切通《どおり》）が通る交通の要所だった。藤崎町から十川に沿って北上し、七和村（現五所川原市）の原子方面へ通じる街道である。現在の県道196号（五林平藤崎線）がほぼ、それに相当するが、沿川村内は県道より東側を通る旧道が街道だった。

このため、沿川村は現在の板柳町域で最も早くから開けていた。しかし1918（大正7）年9月、川部―五所川原間に陸奥鉄道（現JR五能線）が開通。板柳駅が開業して以降、流通の中心は駅方面に移った。現在も国道339号とバイパスは五能線を挟み、板柳町の西部を通っている。

沿川村を南北に縦断する旧街道筋には、かつて弘南バスの弘前―板柳線が通っていたが、数年前に廃止された。交通事情に恵まれなかったことは、沿川村が昭和の大合併で板柳町との合併に真っ先に賛成した一因でもあった。

十川は村の象徴的存在だったが、たびたび氾濫した。特に81（昭和56）年8月の台風15号による豪雨では、下常海橋と夕顔関の間の堤防が決壊。濁流が地域一帯に流れ込み、リンゴや米に甚大な被害をもたらした。しかし、普段の十川は静かで、河岸には「十川林」と

板柳町立沿川第一小学校での給食風景＝1960～70年代(『創立百周年記念誌　風土人を育む』より転載)

夕顔関橋から見た十川。原始河川の趣を残す貴重な光景である＝2016（平成28）年6月10日（筆者撮影）

称される雑木が今も繁茂する。

夕顔関橋の近くにあった沿川第一小学校は、沿川村の成立後間もない1892（明治25）年に沿川第一尋常小学校として開校した。同年、館野越地区に沿川第二尋常小学校が開校。後に沿川第二小学校となった。

第一小学校の校歌には「十川に沿うてひらけた郷のめぐみ」とあり、第二小学校には「近く林を流れる十川」とある。1957（昭和32）年に制定された二つの校歌は、55（昭和30）年の合併で消えた沿川村の記憶をとどめるかのように、村の特色をよく捉えている。第二小学校の歌詞の「林」は十川林のことであろう。

二つの沿川小学校は、昭和の大合併後も板柳町立の学校として残された。だが2001（平成13）年3月、両校は町立板柳東小学校へ統合され、閉校となった。閉校は地域の人々のよりどころが失われたことに等しかった。

しかし、第一小学校の校舎は農産物産地直売所の「とりたて一番」として、現在も板柳町民をはじめ、周辺の人々が集まる場所になっている。第二小学校の校舎も一部がNPO法人「あいゆう」に使用されている。どちらも今や珍しい木造校舎だ。沿川村の記憶を伝える貴重な遺構といえるだろう。

【一口メモ】沿川村《そいかわむら》は1889（明治22）年4月1日の市制町村制施行で、常海橋《じょうかいばし》、五林平《ごりんだい》、夕顔関《ゆうがおぜき》、館野越《たてのこし》、滝井《たきい》の5村が合併して成立。村名は同地域が十川に沿うことに由来し、役場は常海橋に置かれた。1955（昭和30）年3月10日、板柳町《いたやなぎまち》、小阿弥《こあみ》、畑岡《はたおか》の2村と合併。新たに板柳町となった。同年11月1日に大字五林平の一部が鶴田町《つるたまち》へ、翌年2月12日に大字館野越の一部が藤崎町《ふじさきまち》へ境界変更した。沿川の村名は消えたが、沿川の名は駐在所や簡易郵便局に残されている。

北津軽郡⑰

小阿弥村 こあみむら
〈現板柳町、鶴田町〉

文・本田伸

津軽平野を潤す用水路存在

津軽平野の米生産が活性化するのは17世紀後半、弘前藩4代藩主津軽信政が積極的に新田開発を奨励したことによる。「小知行《こちぎょう》」と呼ばれる開発者を募って入植させ、一定の面積の所有を認めたことで、水田面積は急速に拡大した。

信政は土地環境の整備にも力を注ぎ、大規模な土木工事を次々に行った。屏風山《びょうぶさん》の砂防林整備、廻《まわり》堰溜池《ぜきためいけ》の竣工《しゅんこう》、長大な土淵《どえん》堰の開削などはその成果である。こうして、表高4万7千石、実高10万石にすぎなかった弘前藩の実収は、約30万石（60万石と見積もる説もある）まで引き上げられた。信政が「中興の英主」とたたえられるゆえんである。

開発の進展により、津軽平野には用水堰（用水路）が網の目のように設けられた。小阿弥堰はその一つで、柏木村の斎藤小阿弥が浅《あ》瀬石《せいし》川から水を引き、20年以上かけて完成させたという（『小阿弥堰沿革史』より）。

1965（昭和40）年、斎藤小阿弥の屋敷跡から2基の墓石が板柳町の妙光寺へ移された。妻の墓石に「延宝元年九月」とあることから、小阿弥堰の開削は1650年代に始まったと推定される。

浅瀬石川筋の用水路は小阿弥堰の他にも、三千石堰、横沢堰、藤崎堰、下川原堰、宇和堰、町堰、枝川三堰、枝川足水堰、猿賀《さるか》堰、新屋堰、町居堰などがあり、非常に混み合っていた。

1773（安永2）年6月の水争いは当事者間で解決できず、郡奉行が「猿賀堰の取水を3日間停止し、下堰に水を回せ」と裁定した。小阿弥堰、藤崎堰、横沢堰は猿賀堰より下流で取水していたので「下堰」と呼んだわけである。こうした裁定はそのまま当地の慣行となり、近代以降、時々の変更を加えながら、現代まで引き継がれた。

「小阿弥」の名が残る弘南バスのバス停
＝2016（平成28）年8月19日（筆者撮影）

小阿弥堰の取水口は現在の黒石市追子野木《おっこのき》にあり、灌漑《かんがい》面積は1836（天保7）年の時点で1352町歩余（約1340ヘクタール）に達した。この付近の用水路としては最大の規模で、境松、堂野前《どうのまえ》、東光寺、前田屋敷、境森、十川《とがわ》、徳田、久《く》徳下、常盤、若松、榊、水木、井名館《いなだて》、五林平《ごりんだい》、水沼、増館、太田、長野、深味、横沢、大俵、高増、柏木、梅田、五幾形、狐森、沖の

27村が利用していた。
現在の黒石市、田舎館村、五所川原市、藤崎町、青森市浪岡、鶴田町、板柳町にまたがる広い地域で、89（明治22）年の市制町村制の施行に際し、新村名に「小阿弥」の名が用いられることになったのは、そのためである。

旧村の地名は昭和の合併を経て各地の大字名になり、弘南バスのバス停にもその名をとどめている。

しかし、かつての小阿弥村を含む五所川原―板柳間のバス路線は、2016（平成28）年9月いっぱいで廃止されてしまった。そのような形で古い地名を見られる機会が減ってしまうのは、いかにも残念である。

妙光寺の境内にある斎藤小阿弥の妻の墓石（右）＝2016（平成28）年8月19日（筆者撮影）

【一口メモ】 小阿弥《こあみ》村は1889（明治22）年4月1日の市制町村制施行で、柏木《かしわぎ》、高増《たかます》、大俵《おおたわら》、牡丹森《ぼたんもり》、狐森《きつねもり》、五幾形《ごきがた》の6村が合併して成立。小阿弥堰にちなんで村名とし、役場は柏木に置かれた。1955（昭和30）年3月10日、板柳町《いたやなぎまち》、畑岡《はたおか》、沿川《そいかわ》の2村と合併。新たに板柳町となり、同年11月1日には大字柏木、牡丹森の各一部が鶴田町《つるたまち》へ境界変更した。合併で小阿弥の村名は消えたが、小阿弥の名は小学校や郵便局に残されている。

<コラム>町村合併 原則・形式論はダメ

町村合併も知事勧告からいよいよ内閣総理大臣の勧告段階にきた。三月八日に第一次勧告をみた野内村（青森市へ）碇ケ関村（大鰐町へ）相馬村（弘前市へ）田名部－大湊（市制）大館村（八戸市へ）は今月の七日で、また第二次勧告の蟹田、平館、蓬田（合併）柏、森田（木造町へ）百石、下田（合併）倉石村（五戸町と新郷村へ分村合併）は来月六日でそれぞれ勧告後四カ月を経過するので、県の申請があれば内閣総理大臣の勧告をみることになる。

ところが勧告はいわゆる勧告に過ぎず、法的に何らの拘束をうけないので大臣勧告となってもおそらく急に合併に動き出すとも考えられず、もはや合併事業も来るところまで来たかの感じがする。ということは勧告された町村が合併しないことを決して是認するものではないが、それは理論や常識の範囲外として無条件的合併反対の空気が強く、現行法ではこれ以上の手のうち方がなかろうという意味である。

第一次、二次勧告町村を見渡しても、近い将来合併に踏切るとみられるところは大館村（八戸市）田名部－大湊（市制）野内村（青森市）の四町村だけで、他はテコでも動かぬといった空気のようだ。これは新市町村建設促進法による合併規定が、知事、大臣勧告であってもその町村に合併意思がなければ法的にはなんとも手のうち方がないことからくるものと思われる。またこれら合併勧告町村が将来合併する場合、建設促進法の恩典を受ける期間は、三十一年十月一日から起算して五年間の三十六年九月末日までとなっているので、県当局としては勧告後機会あるごとに合併の説得はするとしても、気長に合併気運の熟するのを待つより仕方がないわけである。

この反面、未合併町村に対して当局は国策に反するものとして今後特別交付税その他の交付金、補助金など冷遇することになっているので頑固に合併しない町村は財政その他の面で合併町村とますますへだたりが大きくなってゆくのは必然で、あくまでも合併勧告された町村が反対しつづけるならば、それはヌカルミへはまり込むような不安もないわけではない。とはいえ実際は国の合併市町村に対する助成策は大してみるべきものがなく、県に至ってはほとんど国の措置にのっかったきりで何ら特別の指導助成策を持ちあわせていないのが現状である。つまり画一的、中央集権的で、中味がぱっとしない政策に対する抵抗が勧告反対であるのだとみられないこともない。

とすれば、もはや現在の段階は、合併の是非や合併反対、勧告反対の理由もいろいろあろうが、勧告された町村も、勧告した県も、さらにはこれから勧告することを予想される自治庁当局も、原則論や形式論から離れて、実際的部分的問題点をよく掘り下げて検討しなおし、誠意ある血のかよった態度をもって合併問題にのぞまなければならない時期ではなかろうか。

（原文ママ）

1957（昭和32）年7月14日付

#【西津軽郡】

十三村
十三湖
車力村
稲垣村
館岡村
出精村
川除村
越水村
柴田村
木造町
柏村
鰺ケ沢町
鳴沢村
森田村
舞戸村
水元村
大戸瀬村
中 村
赤石村
深浦町
中飛地
岩崎村

西津軽郡 ① 文・中野渡一耕

水元村
みずもとむら
〈現鶴田町〉

廻堰大溜池に村名ちなむ

鶴田町の観光名所である津軽富士見湖は、正式名称を「廻堰大溜《おおため》池《いけ》」といい、面積2・86平方キロ、堤防の長さ約4キロに及ぶ津軽地方最大のため池である。水元村はこのため池にちなむ村名で、西津軽郡に属した。

昭和の大合併時、最初の青森県試案では西津軽郡森田村（現つがる市）が合併候補となっていた。だが、廻堰大溜池の水利をはじめ、経済的、社会的に結び付きの強い北津軽郡鶴田町との合併を選択した。

水元村周辺は、江戸時代になって開発が進んだ地域である。岩木山の東側山麓には廻堰大溜池を筆頭に大小のため池があり、多くは17世紀後半に築かれた。幕藩体制が安定し、人口も急増していた津軽平野の一大開拓時代だった。

廻堰大溜池は1659（万治2）年、弘前藩士樋口権左衛門が奉行に任じられ、62（寛文2）年から64（寛文4）年にかけて築造されたといわれる。同時期に開発が行われていた広須《ひろす》新田（現つがる市木造）地方への灌漑《かんがい》を目的としたものだった。

ため池の維持には定期的な修繕が不可欠である。江戸時代を通じて何度か堤防の大規模な修繕の記録がある。藩は溜池奉行を置き、周辺の村には溜池奉行手伝や大溜池樋並用水方見継役《みつぎやく》を置いて現地での管理に当たらせた。

水元村時代の廻堰大溜池＝1953(昭和28)年4月6日(やぎはし写真館提供)

鶴田町歴史文化伝承館として活用されている旧町立水元小学校の校舎＝2016(平成28)年7月23日(筆者撮影)

明治以降は村長の瓜田次郎八が、20年かけて護岸を石で築き直す事業を続けた。昭和期に事業は県営となり、戦後は西津軽農業水利事業として護岸と築堤は国営化された。鶴田町との合併後の１９６１（昭和36）年５月13日、築堤が完工し、修祓《しゅうふつ》式が実施された。

その後、木造町（現つがる市）の町立木造中学校で盛大な記念式典が行われた。ため池が鶴田町だけでなく、周辺の町村にとっても大切な存在だったことが理解できよう。現在は廻堰大溜池土地改良区が池を管理している

ため池周辺が観光開発されたのは昭和40年代に入ってからである。73（昭和48）年５月、県緑化推進委員会北五支会は、国営事業で完備された堰堤《えんてい》を桜の名所にしようと、桜の苗木50本を植樹した。75（昭和50）年７月、宿泊施設を備えた「国民年金保養センターつがる富士見荘」ができた。92（平成４）年７月、湖畔に「富士見湖パーク」が完成。94（平成６）年７月には鶴の舞橋が開通した。

鶴田町立水元小学校は36（昭和11）年に建てられ、ＮＨＫ大河ドラマ「いのち」のロケにも使われた味わい深い木造校舎だったが、２００４（平成16）年３月に学校統合で閉校。その後、校舎は鶴田町歴史文化伝承館として、村の遺産を活用した試みを展開している。

【一口メモ】 水元村《みずもとむら》は１８８９（明治22）年４月１日の市制町村制施行で、廻堰《まわりぜき》、野木《のぎ》、木筒《きづつ》、尾原《おはら》、妙堂崎《みょうどうざき》の５村が合併して成立。役場は廻堰に置かれた。１９５５（昭和30）年３月１日、北津軽郡の鶴田町《つるたまち》、梅沢《うめざわ》、六郷《ろくごう》の２村と合併して新たに鶴田町となり、水元の村名は消えた。しかし水元の名は小学校（２０２０年＝令和２年３月末統合予定）や郵便局などに残されている。

文・荒井悦郎

鳴沢村 なるさわむら
〈現鰺ケ沢町、つがる市〉

陸軍演習場から開拓の村へ

現鰺ケ沢町の北部に位置していた鳴沢村は、岩木山麓から日本海へ流れ出る鳴沢川沿いに展開する農業中心の村だった。しかし村には、それとは対照的に陸軍の広大な施設があった。

日清戦争後、日本はロシアとの戦争を想定して軍備を増強した。その一環として陸軍は1898(明治31)年、弘前市周辺に第8師団を設置。1906(明治39)年に師団の訓練施設として岩木山北麓に山田野演習場を設けた。

本来、山田野とは森田村(現つがる市)から水元村(現鶴田町)に至る一帯の原野を指す地名で、地元の人々は秣場《まぐさば》(採草地)として利用していた。演習場用地となったのは、この2村の他、鳴沢村、中村、舞戸村と、中津軽郡の裾野村(現弘前市)、岩木村(同)の全7村にまたがる約5千㌶の原野だった。

演習場北端の鳴沢村には、廠舎《しょうしゃ》(演習用の兵舎)が設けられた。民有地と演習場との境界には、「陸軍」と刻印されたコンクリート製の境界石が打ち込まれた。一部は残存している。

演習に参加する部隊は徒歩で弘前や青森から行軍した。25(大正14)年、五所川原線(現JR五能線)に鳴沢駅が開設された。駅は演習部隊や軍事教練の中等学校生徒、演習機材などの輸送でにぎわった。しかし、戦後は無人駅となり、開業以来の木造駅舎も

山田野演習場北端に立ち並ぶ廠舎＝明治末期〜大正初期(鰺ケ沢町教育委員会提供)

開業当時からの鳴沢駅。2012（平成24）年に解体された＝1980（昭和55）年ごろ（鰺ケ沢町教育委員会提供）

2012（平成24）年に解体された。

　演習場跡には築後110年と推定される廠舎の一部と、コンクリート製の監的壕《かんてきごう》（観測用トーチカ）が残されている。監的壕の設置時期は1935（昭和10）年の演習の際ともいわれている。

　敗戦後、山田野演習場は廃止された。一部は開拓地となり、畑地として開墾され、開拓集落が形成された。53（昭和28）年には開拓地1650㌶、入植戸数210戸に達した。

　ところが同年、在日米軍は旧山田野演習場を米軍岩木訓練場として使用したいと、日本政府に要求。併せて既に米軍演習地として接収していた下北郡関根地区周辺地の追加接収も求めてきた。

　二つの計画に対しては、青森県議会、自治体、教育界、婦人団体などを中心に、全県的な反対運動が盛り上がった。8月の演習地反対県民大会には3千人以上が参加した。55（昭和30）年、関根地区の拡張接収は強行されたものの、山田野地区の接収は撤回された。

　開拓から70年。接収をはねのけた開拓地だが、離農が続き、現在戸数は20戸ほどになった。山田野の歴史は、地元の人々、鰺ケ沢町教育委員会や弘前大学、東北工業大学などの協力によって明らかにされた。戦争遺跡を活用した平和教育も盛んである。

【一口メモ】鳴沢村《なるさわむら》は1889（明治22）年4月1日の市制町村制施行で、南浮田《みなみうきた》、北浮田《きたうきた》、湯舟《ゆふね》、小屋敷《こやしき》、建石《たていし》、出来島《できしま》の6村が合併して成立。旧6村は鳴沢村の大字となり、役場は南浮田（後に北浮田）に置かれた。1955（昭和30）年3月31日、鰺ケ沢町《あじがさわまち》、赤石《あかいし》、中《なか》、舞戸《まいと》の3村と合併。新たに鰺ケ沢町となり、前日に大字出来島が木造町《きづくりまち》（現つがる市）と合併した。鳴沢の村名は消えたが、鳴沢の名は駅や川、公民館などに残されている。

西津軽郡③　文・相馬 英生

舞戸村 まいとむら〈現鰺ケ沢町〉

人々行き交う交通の要衝

舞戸村は現鰺ケ沢町の中心に位置し、数多くの歴史遺産を有する村だった。事実、日本海側では数少ない縄文時代早期の土器が発見された鳴戸《なると》遺跡をはじめ、平安時代の大規模な集落跡が見つかった東禿《ひがしかむろ》遺跡や、安藤氏ゆかりの館跡とされる舞戸館がある。

この舞戸村の特色は、何といっても弘前藩の湊があった鰺ケ沢と中村川を挟んで隣接していたため、多くの人々が行き交う交通の要衝だった点にあった。まず、弘前城下から岩木山の北麓を通り、鰺ケ沢や深浦といった湊を結ぶ西浜街道が舞戸村を東西に横断している。この街道は江戸時代に整備され、幅はおおむね4間（7・2㍍）。道の両側には松が植えられていた。

また、全長約30㌔に及ぶ七里長浜を北上して十三湊へ至る「十三道」の一方の起点が舞戸村であった。さらに、舞戸村から中村川を渡り、七ツ石町、鰺ケ沢本町《ほんちょう》を経て、弘前藩の年貢積み出し港であった鰺ケ沢湊へ至る。中村川に架けられた舞戸橋は、年貢米を鰺ケ沢湊へ運ぶための重要な橋ゆえ、念入りに手入れがなされた（『国日記』より）。

鰺ケ沢に隣接していた舞戸村は、支配の拠点としても整備が進んだ。1649（慶安2）年に町奉行支配の勘定所、御蔵、御番所、87（貞享4）年には舞戸村から中村と赤石村を経て、上磯に至る赤石組

中村川河口周辺から見た舞戸村と七里長浜。手前は舞戸橋＝大正中期～昭和初期（中園裕氏提供）

通勤通学客たちでにぎわう鰺ケ沢駅＝1965（昭和40）年ごろ（青森県所蔵県史編さん資料より）

（「組」は弘前藩の地方行政組織）54村を統括する代官所が置かれた。1850（嘉永3）年の「東奥沿海日誌」によると、舞戸村には米の仲買商や小売業が多いとあり、その繁栄ぶりがうかがえる。明治初年には家数は178軒を数えた（『新撰陸奥国誌』より）。

しかし、明治になると、物流の中心が海運から鉄道へと移り、鰺ケ沢町一帯は次第に衰退していった。これを打開するきっかけとなったのは、皮肉にも1925（大正14）年5月、五所川原線（現JR五能線）の鰺ケ沢駅が舞戸村の下富田地区へ開業したことだった。

これは鰺ケ沢町自体が大変狭かったことも影響していた。駅舎をはじめとした鉄道施設や線路、駅へ向かう道路の開設などに際しては、地元の富農森山家の深い理解の下、広大な土地が提供された。その後、舞戸村は商店街としてさらに発展し、34（昭和9）年には世帯数446、人口2389人であった。

舞戸村は、鰺ケ沢町の代替村的役割を果たしていたといえよう。昭和の大合併後も、高校や病院など、鰺ケ沢町の主要施設は旧舞戸村域にあった。今も舞戸地区には住宅街が形成されるなど、鰺ケ沢町内では多くの人口を抱える地域である。

【一口メモ】 舞戸村《まいとむら》は1889（明治22）年4月1日の市制町村制施行の際、藩政時代の舞戸村が単独の自治体として成立した。村内に大字は編成せず、役場は上富田《かみとみた》に置かれた。1955（昭和30）年3月31日、鰺《あじ》ケ沢町《がさわまち》、赤石《あかいし》、中《なか》、鳴沢《なるさわ》の3村と合併。新たに鰺ケ沢町となり、舞戸の村名は消えた。しかし、舞戸の名は鰺ケ沢町の町名として残されている。

西津軽郡④　文・中田 書矢

中村《なかむら》〈現鰺ケ沢町〉

川沿いに小集落点在

中村は岩木山西麓を流れる中村川流域のうち、河口部にあった舞戸村を除く地帯に広がる村だった。「中村沢目」と呼ばれる川沿いには15以上もの小集落が点在し、村域は岩木山麓の高原地帯まで及んでいた。

中村川は水力発電の川として古い歴史がある。1916（大正5）年1月、鰺ケ沢電気株式会社の芦萢発電所が完成。鰺ケ沢町と周辺町村に初めて電灯がともった。その後、電力会社は統廃合を経て東北電力株式会社が誕生した。

52（昭和27）年2月には、芦萢発電所より下流で同社の滝渕発電所が運転を開始した。取水先は川の最上流に設けられた滝渕ダムで、そこから山間部をくりぬいた長さ4・8㌔のトンネルを通し、発電所まで水が送られている。このおかげで電力不足に悩まされていた中村以外の村々にも明かりがともるようになった。

旧発電所の跡地には今も石積み水路などの遺構が残っている。貴重な近代化遺産として、電力開発に懸けた先人たちの思いを静かに伝えてくれている。

村の歴史を語る上で、川の歴史の他に大事な鍵となるのが道の歴史だ。中村川に沿って旧村域を縦貫する県道3号（弘前岳鰺ケ沢線）は、岩木山麓の嶽や百沢を経て弘前に至る百沢街道の名残である。

村の最南端に位置した松代地区

創立当時の鰺ケ沢町立芦萢小・中学校第二松代分校。民家を校舎にして開校した＝1957（昭和32）年ごろ（鰺ケ沢町教育委員会提供）

は、藩政時代には駒越組（「組」は弘前藩の地方行政組織）に属し、明治の市制町村制施行後は中津軽郡の岩木村（後に岩木町、現弘前市）に属した。しかし、岩木村中心部から遠く、集落は中村川沿いにあったため、生活基盤は中村に依存していた。このため39（昭和14）年に中村へ編入された。

両村の境界線については未確定のまま手続きが進められた。しかし戦後、境界問題が浮上した。53（昭和28）年から村境付近に開拓民が入植し、境界確定が求められたからだ。境界をめぐる協議は、昭和の大合併を挟み、鰺ケ沢、岩木両町に受け継がれ、ようやく75（昭和50）年になって解決をみた。

新しい開拓地は「第二松代」と呼ばれたが、見渡す限りの原生林であり、開墾には大変な労苦を伴った。57（昭和32）年には住民待望の鰺ケ沢町立芦萢小・中学校第二松代分校が創設された。当初は学校近辺で熊が出没することが多く、先生が銃を持って子どもたちを送り迎えしたものだった。

他方、岩木山北麓の長平地区に通じる道は、岩木山への登山口の一つでもあった。お山参詣では近隣の村々からの登拝者でにぎわい、期間中は岩木山神社の社務所も置かれたという。現在、長平ではスキー場やキャンプ場が営業しており、レジャーの場として新たな歴史を歩んでいる。

中村川に設けられた滝渕ダム＝1960(昭和35)年ごろ(鰺ケ沢町教育委員会提供)

【一口メモ】 中村《なかむら》は1889（明治22）年4月1日の市制町村制施行で、中、浜横沢《はまよこさわ》、長平《ながだい》、芦萢《あしやち》の4村が合併して成立。役場は中に置かれた。1939（昭和14）年8月1日、岩木村《いわきむら》の大字松代《まつだい》が中村へ編入された。55（昭和30）年3月31日、鰺ケ沢町《あじがさわまち》、舞戸《まいと》、赤石《あかいし》、鳴沢《なるさわ》の3村と合併。新たに鰺ケ沢町となり、中の村名は消えた。しかし、中村川は今も旧村域を流れ、中村町《なかむらまち》の名が鰺ケ沢町の町名として残されている。

文・中田書矢

赤石村《あかいしむら》〈現鰺ヶ沢町〉

白神山地と赤石川の恵み

赤石川は秋田県境の二ツ森を源流とし、日本海に注ぐ総延長44・6㌔の長さを誇る。赤石村は、地元の人が「赤石沢目」と呼ぶ南北に細長い流域に広がる村だった。村の面積は約185平方㌔もあり、合併後の鰺ヶ沢町域の半分以上を占めた。

藩政時代、赤石川に橋は架けられておらず、渡し場などを利用していた。1886（明治19）年、初めて河口に木橋が架けられたが、100㍍以上の長大な橋だったため、増水のたびに流されたという。

1931（昭和6）年には五所川原線（現JR五能線）の陸奥赤石―北金ケ沢間が開通し、蒸気機関車が鉄橋を渡るようになった。陸奥赤石駅は赤石村の玄関口として、赤石川の砂利を運搬する貨物列車が入線し、魚を扱う行商人たちで大変にぎわった。駅前には商店や食堂、飲み屋も立ち並んだ。

赤石川の中流域に位置する種里地区には「津軽藩発祥の地」とされる中世の種里城跡がある。この地には津軽氏の先祖に当たる大浦光信の墓所（御廟所）があり、歴代の藩主や地元住民によって大切に保存されてきた。

明治時代以降、津軽家が華族となって東京に移った後も、当主の御廟所参拝は続けられ、先祖の霊を祭り、郷土の人々との親交を重ねてきた。64（昭和39）年8月には、常陸宮との結婚を前に、津軽

大浦光信の御廟所を参拝する津軽義孝と村の人々＝1931（昭和6）年5月6日（鰺ケ沢町教育委員会提供）

赤石川を渡る蒸気機関車＝1936（昭和11）年ごろ（鰺ケ沢町教育委員会提供）

家14代当主義孝の四女華子が報告のために参拝したこともある。鰺ケ沢町では町中の人が沿道に並び、小旗を振って盛大に迎えた。

現在、種里城跡は史跡公園となり、資料館「光信公の館」が建てられている。津軽家とのゆかりは、今も昔も変わらず地域住民の誇りとするところだ。

種里の上流に一ッ森の集落があり、現在はこの付近で人家が途絶えるが、かつては、さらに上流に大然《おおじかり》と佐内《さない》の各集落があった。敗戦間際の45（昭和20）年3月22日深夜、降り続く大雨によって赤石川上流をせき止めていた雪解け土砂が決壊。山津波が集落を押し流して壊滅させ、88人もの犠牲者を出した。今は集落の面影もなく、51（昭和26）年に建立された追悼碑だけが、ひっそりと悲しみの記憶を伝えている。

大然のさらに奥地は世界自然遺産の白神山地で、赤石渓流が見事な景観美を見せる。この豊かな自然の中で、赤石マタギは目屋マタギと並び、白神山地をめぐる狩猟集団の代表的存在だった。33（昭和8）年以降、赤石奥地から木材を搬出するための森林軌道も敷かれていた。赤石川は里の人々に山の恵みをもたらし、時には災害の試練も与えながら、深みのある歴史や文化を育んできたのである。

【一口メモ】 赤石村《あかいしむら》は1889（明治22）年4月1日の市制町村制施行で、赤石、日照田《ひでりた》、館前《たてまえ》、深谷《ふかや》、小森《こもり》、一ッ森《ひとつもり》、鬼袋《おにふくろ》、種里《たねさと》、南金沢《みなみかなざわ》、姥袋《うばふくろ》の10村が合併して成立。役場は赤石に置かれた。1955（昭和30）年3月31日、鰺ケ沢町《あじがさわまち》、舞戸《まいと》、中《なか》、鳴沢《なるさわ》の3村と合併。新たに鰺ケ沢町となり、赤石の村名は消えた。しかし、赤石の名は鰺ケ沢町の町名として残され、赤石渓流の名も全国に知られている。

西津軽郡⑥　文・小田桐 睦弥

大戸瀬村 おおどせむら
〈現深浦町〉

地震や津波を乗り越えて

明治の市制町村制施行で成立した大戸瀬村の村域だが、江戸時代の「天保郷帳」に柳田、大童子、岩坂、石動、島、関、金井ケ沢、鴨、田野沢、晴山、風合瀬、升形、驫木の13村が書き上げられている。

関村は、天文年間（1532〜55年）の「津軽郡中名字」に「西船関《にしのせき》」と見える古い地名で、鎌倉幕府の滅亡に関わる安藤氏の乱（津軽大乱）では、安藤季久と季長が外ケ浜内末部と西浜折曾関（関村）に城郭を構えて争ったとされている。江戸時代には北金ケ沢に沖口番所や遠見番所など弘前藩の重要な施設が設置された。1811（文化8）年には異国船の来航に備え、海岸御固所（榊原台場）を設置し、幕末まで狼煙《のろし》台も使用されたという。

昭和期に入り、能代線と陸奥鉄道線（後に五所川原線）を基に敷設された五能線は、この地域の交通の発展に大きく寄与することとなった。1929（昭和4）年に鰺ケ沢—陸奥赤石間を延伸開業し、陸奥赤石駅が新設されると、31（昭和6）年に北金ケ沢駅、33（昭和8）年に大戸瀬駅、34（昭和9）年に驫木、追良瀬《おいらせ》、深浦の各駅も新設され、沿岸各地は鉄路で結ばれることとなった。全線が開通したのは36（昭和11）年である。

田野沢地区の大戸瀬崎には「千畳敷」と呼ばれる海岸段丘がある。1792（寛政4）年の寛政西津

北金ケ沢地区の弁天崎。1932(昭和7)に初期の漁港整備が行われ、活況を呈するようになった
＝大正中期〜昭和初期(青森県所蔵県史編さん資料より)

今も昔も変わらず海水浴客や観光客、釣り人らでにぎわう千畳敷＝1961(昭和36)年8月(青森県所蔵県史編さん資料より)

軽地震により、海食台地が2㍍余りも隆起したといい、緑色凝灰岩の広い段丘面が現れた。当日は地震の際に海が引いていき、その後、潮が戻らなかったという記録もある。

　こうして形成された千畳敷は、江戸時代から絵画や歌の題材になり、近代に入ると写真絵はがきが作られるなど長く景勝地として知られるところとなった。

　寛政西津軽地震に際して津波も発生したようであるが、この地域ではそれほど大きいものではなかった。家屋被害は見受けられず、溺死人もおそらく沿岸付近に出掛けていて被害に遭ったものであろう。近隣地域では山崩れや天然ダムの形成など、地震による地形変化も相次いだ。

　記憶に新しい1983（昭和58）年の日本海中部地震では、地震発生後、わずか7分で引き波からの津波が発生し、田野沢漁港では沿岸の家屋が広く浸水した。晴山地区でも多くの家屋が被害に遭い、深浦町全体で2人が亡くなった。

　日本海沿岸はたびたびこのような地震や津波に見舞われた。しかし、地震は大きな被害をもたらす一方で、千畳敷のように後々まで愛される景勝地を形成する側面も持つ。今後も発生するであろう地震の被害を最小限にする減災の対策と観光推進は、大戸瀬村が深浦町になった現在も重要な課題となっている。

【一口メモ】 大戸瀬村《おおどせむら》は1889（明治22）年4月1日の市制町村制施行で、北金ケ沢《きたかねがさわ》、関《せき》、柳田《やなぎだ》、岩坂《いわさか》、田野沢《たのさわ》、風合瀬《かそせ》、驫木《とどろき》の7村が合併して成立。役場は関に置かれた。1955（昭和30）年7月29日、深浦《ふかうら》町《まち》と合併。新たに深浦町となり、大戸瀬の村名は消えた。しかし、大戸瀬の名は役場支所や駅などに残されている。

西津軽郡⑦　文・中園裕

越水村《こしみずむら》〈現つがる市〉

屏風山スイカの生産地

越水村は、現つがる市の西南部に位置する村だった。村の東部は新山田川が流れ、水田が広がり、西部は「屏風山《びょうぶさん》」と呼ばれる砂丘と丘陵が続き、大小さまざまな湖沼群が散在していた。

新山田川と、下流に位置する山田川は、河岸が低く大量の藻が繁殖して排水状態が悪かった。豪雨があれば氾濫し、広範囲に洪水被害をもたらした。このため、排水路を管理する青森県西津軽郡悪水路普通水利組合は、国や県に山田川の排水改良について陳情を重ねていた。ちなみに悪水とは排水のことである。

陳情を受けた県でも、1924（大正13）年の通常県会で、国庫補助による県営事業の着手を議決。こうして山田川改修の県営事業は、27（昭和2）年10月17日に起工式を迎えた。山田川の改修事業で最も受益面積の広かったのが越水村だった。事業の成否は村産業の興廃に関わり、歴代の村当局が最も意を注いだことだったのである。

藩政時代に築かれた屏風山の植林地帯は、近代以降、大半が国有林野へ編入された。このため、地元の町村は、耕地開発に向けて地元への払い下げを要望し続けていた。その結果、59（昭和34）年3月に払い下げが実現した。

屏風山の砂地と、昼夜の寒暖差が大きいことは、スイカを中心に畑作物の栽培に適していた。72

越水尋常高等小学校前に集まった越水村青年団＝1931～32（昭和6～7）年（青森県所蔵県史編さん資料より）

住民の要望によって開業した越水駅＝1982(昭和57)年ごろ(『グラフ青森』同年11・12月号より転載)

（昭和47）年以降、屏風山地区農地開発事業が国営で着手され、急速に作付面積や販売量が増えた。中でも「屏風山スイカ」は全国的に有名になった。現在もつがる市の特産物だが、実は旧越水村域が生産の中心地である。

　越水村には越水、吹原、下福原の3大字に小学校があり、青年団をはじめ地域の集会場として活用された。しかし3校とも2002（平成14）年、つがる市立穂波小学校に統合された。これにより、越水の名前が一つ消えた。

　だが、地図を開くと、JR五能線の沿線に越水駅があることに気が付く。開業は1954（昭和29）年11月で比較的新しい。鳴沢駅か森田駅まで歩かねばならなかった越水村の人々が、両駅の中間に駅を要請し続けてできたのである。

　実は越水駅は森田村（現つがる市森田町《もりたちょう》）にあった。越水村の集落に最も近い位置を選んだ結果だろう。とはいえ、駅から各集落まで相応の距離があった。このため、駅へ列車が入るたびに乗合馬車が待ち合わせ、村民を乗せて村内各地の集落を回った。耕運機が普及すると、馬車は耕運機に変わった。

　荒涼とした屏風山と山田川や新山田川の洪水に悩まされた越水村だが、厳しい自然を克服し、現在は豊かな農産物を生み出す食糧生産地となっている。

【一口メモ】 越水村《こしみずむら》は1889（明治22）年4月1日の市制町村制施行で、越水、三ツ館《みったて》、下福原《しもふくはら》、吹原《ふきはら》、丸山《まるやま》の5村が合併して成立。役場は越水に置かれた。1955（昭和30）年3月30日、木造町《きづくりまち》、柴田《しばた》、川除《かわよけ》、出精《しゅっせい》、館岡《たておか》の4村、そして鳴沢村《なるさわむら》の大字出来島《できしま》と合併。新たに木造町（現つがる市）となり、越水の村名は消えた。越水の名は駅の他、大字として残されている。

西津軽郡⑧　文・中園裕

柴田村《しばたむら》〈現つがる市〉

サルケで有名な米作地帯

柴田村は現つがる市木造の中心街より西方、森田村の北方に位置する比較的小さい村だった。村内の土地は湿潤で、水田耕作に適していた。しかし湿田が多く、用水路も不完備だったため、収量が見込めない田畑も多かった。

昭和初期より農事改良に着手し、農会の活動も周辺の村々より活発となった。採種や試作の実施をはじめ、農事改良組合を設置し、実地視察や農村経営の研究などが盛んに行われた。

柴田村周辺一帯は、地下に「サルケ」と呼ばれる泥炭層が広がっていた。春耕の際に掘り出して夏の間に乾燥させ、冬に暖房用の泥炭として活用した。津軽平野は山林に乏しかったため、まきの代用として使われた。

しかし、泥炭であるがゆえにサルケは燃やすと悪臭を発し、猛烈な煙を吐き出したことからトラホーム患者が続出した。トラホームはトラコーマをドイツ語読みしたもので、悪質な眼病の一種である。

トラホームの罹患率《りかん》は、全国で青森県が圧倒的に高かった。このため、青森駅の長いプラットホームと、出生率の高さを示すスイートホーム（マイホームという説もある）と並び、「青森県の三大ホーム」と揶揄《やゆ》され、戦後も宴席などでよく話題に上がった。

それでも柴田村のサルケは「柴田サルケ」と称され、良質だった

柴田村福原処女会員たち。満州事変で出征した郷土部隊の慰問を目的に撮影された＝1932（昭和7）年（青森県所蔵県史編さん資料より）

ため重宝された。昭和初期には年額8千円を産出するなど、西北津軽地域の名産品だった。

　1903（明治36）年の第5回内国勧業博覧会で、サルケを模した泥炭菓子が出品されたこともあった。今も木造町の中心街だった場所で営業を続ける白丈菓子店は、「さるけ菓子」を製造し販売している。

　典型的な農村だった柴田村は、それほど広くない村域に比して、柴田、菊川、福原と三つの尋常小学校があった。その中で注目されるのが、福原尋常小学校に隣接していた私立図書館である。

　図書館は22（大正11）年の天長節を記念に開館し、大正末期で400冊余りの蔵書の他に新聞雑誌が数種類あった。こうした学校や図書館の充実ぶりが、後に農事改良を進める土台になったと思われる。

　しかし、村内に三つもあった小学校は、福原小学校が旧越水村域の木造町立下福原小学校と併合。その後、柴田、菊川小学校とともに、2002（平成14）年4月に誕生した現つがる市立穂波小学校へ統合され、いずれも閉校した。

　穂波小学校は菊川地区に開校した。統合の対象となった各小学校の学区と道路事情を考慮しての決定だった。柴田村時代の小学校はなくなったが、新しい小学校が旧村域に誕生し、校名の穂波は米作地帯である柴田村の特徴を踏襲している。

菊川青年団の出征軍人武運長久祈願
＝1932(昭和7)年(青森県所蔵県史編さん資料より)

【一口メモ】 柴田《しばた》村《むら》は1889（明治22）年4月1日の市制町村制施行で、柴田、中館《なかだて》、千代《ちよ》田《だ》、菊川《きくかわ》、福原《ふくはら》の5村が合併して成立。役場は柴田に置かれた。1904（明治37）年4月1日に木造町《きづくりまち》の大字濁川《にごりがわ》を編入した。55（昭和30）年3月30日、木造町、越水《こしみず》、川除《かわよけ》、出精《しゅっせい》、館岡《たておか》の4村、さらに鳴沢村《なるさわむら》の大字出来島《できしま》と合併し、新たに木造町（現つがる市）となった。柴田の村名は消えたが、柴田の名は大字として残されている。

文・小山 隆秀

川除村《かわよけむら》

〈現つがる市、五所川原市〉

希少な年越し行事が残る

川除村は、現在のつがる市南東部に位置し、岩木川下流左岸にある村だった。集落の成立時期は不明だが、1736（元文元）年の「陸奥国津軽郡田舎庄川除村御検地水帳」には、源治郎、久左衛門ら28人の住民の名があり、米の生産量から「下村」とされていた。また、畑の割合が多く、未開発の田が6町歩（1町歩＝約1㌶）ほどあること、村内に沼や土取場、水除堤、大きな蓮沼などがあること、実相寺が管理する七面大明神があることが示されている（『木造町史』より）。

七面大明神とは、同じ川除で近代に「芦屋の七面様」と呼ばれて安産の神とされた日蓮宗七面山道円寺の信仰へつながるものだろうか。同寺には嘉永年間（1848～54年）の七面大明神の石塔が現存している。

明治初期の川除村は「家数は九十軒あり四方田畑あり土悪く畑少し」と記録され、付近を流れる大川に船場があった（『新撰陸奥国誌』より）。そして多くの灌漑《かんがい》用水路が造られた。1889（明治22）年には、川除と近隣の豊田、芦沼、蓮川、小曲の五つの集落が合併して川除村が成立した。

1955（昭和30）年、川除村は合併により木造町の大字となり、3年後に大字小曲だけが境界変更で五所川原市の大字となった。92（平成4）年に近隣の柏稲盛《かしわいせ》地区

木造町立川除小中学校。上方は県道43号（五所川原車力線）
＝1959（昭和34）年ごろ（つがる市立川除小学校『閉校記念誌　自彊』より転載）

に大型ショッピングモールが開店すると、多くの買い物客が集まるようになった。

そのモールがにぎわう年末、旧川除村域の芦沼集落などの旧家で、貴重な儀礼習俗が毎年行われる。

川除地区の芦沼集落で行われる儀礼習俗。玄関から神を迎える場面＝2006(平成18)年(渡辺真路氏撮影・提供)

年越しの日に家の玄関を開け、式台に灯明と料理を載せたお膳と座布団を用意する。目には見えないが、名も無き神がやって来るのを迎えるためだ。夕方になると、家人は戸を開けてお膳を置いた玄関で、外へ向かって式台前に正座し、その神へ向かって拝む。

この行事は何を意味しているのか。恐らくこれは、年越しの晩には幸をもたらす神々とともに、災厄をもたらす疫神たちもやって来るという、古い民間信仰に基づく儀礼ではないかと思われる。その際、疫神を撃退するのではなく、もてなす場合が多い。しかし、家の中まで入れず、玄関先などで簡素な振る舞いをして、すぐに帰ってもらうのだ。

民俗学研究では、同様の年中行事が、かつて日本各地で伝承されていたことが確認されている。例えば弘前市茂森新町の豪農が今もなお伝承しており、青森市内でも近代まで伝承していた家が複数あった（拙論「来訪する神々―青森県内の事例報告―」より）。

川除一帯の暮らしの中には、日本の古い文化を考える上で希少な習俗が息づいている。

【一口メモ】 川除村《かわよけむら》は1889（明治22）年4月1日の市制町村制施行で、小曲《こまがり》、川除、豊田《とよだ》、芦沼《あしぬま》、蓮川《はすかわ》の5村が合併して成立。役場は川除に置かれた。1955（昭和30）年3月30日、木造町《きづくりまち》、越水《こしみず》、柴田《しばた》、出精《しゅっせい》、館岡《たておか》の4村、そして鳴沢村《なるさわむら》の大字出来島《できしま》と合併。新たに木造町（現つがる市）となり、川除の村名は消えた。しかし、川除の名は木造町の大字として残されている。なお、58（昭和33）年4月1日、大字小曲は境界変更で五所川原市《ごしょがわらし》の大字となった。

西津軽郡⑩　文・佐野 忠史

出精村 しゅっせいむら〈現つがる市〉

「出世村」上申も漢字変更

出精村は、山田川の右岸から出精川にかけて広がる津軽平野北部の水田地帯に当たり、平成の大合併前の木造町北東部に位置していた。この辺りは、江戸時代には木造新田と広須組（「組」は弘前藩の地方行政組織）に属し、明治の大区小区制を経て1889（明治22）年に7村が合併して出精村となり、1904（明治37）年に木造町の大字蓮花田、下遠山里が加わった。

林と善積の両地区に、平安時代の阿曽沼《あそぬま》遺跡と藤田遺跡があり、今も土器の散布が見られるが、遺跡の詳細は不明である。出精村内の集落は、江戸時代前期に始まる新田開発を契機として自然堤防上に開かれたもので、詳細な草創期は不明だが、17世紀に始まる大畑村を最古とする。

この辺りは数次に及ぶ大凶作に見舞われたが、天明の大飢饉《ききん》後の荒廃した田畑の再興に尽くし、18世紀後半から19世紀初頭に活躍した、大畑村の平沢三右衛門らの努力で復興を果たし、今日に至った。

54（昭和29）年刊行の『西津軽郡史』で「出精村」の項を執筆した佐藤公知《こうち》は、村名決定の経緯について「大日本帝国の一町村として新たに生まれたという観念から『出世村』として上申したが、当局者はそれを知ってか知らずか、『世』の字を『精』と改めて指令書を下付した」というエピソード

出精村の幼年・幼女会。満州事変で出征した郷土部隊を慰問するために撮影された
＝1931～32（昭和6～7）年ごろ（青森県所蔵県史編さん資料より）

を伝えている。「出精」の名は、今ではわずかに出精川やこれに架かる橋、そして出精郵便局に残るのみとなった。

かつては林、永田、兼館、出野里の各地区に小学校1校ずつと、林小学校に併設して出精中学校が所在していた。だが、小学校は穂波小学校を除く旧木造町9校統合により、2006（平成18）年4月1日、かつての林小学校の地に立つ、つがる市立瑞穂小学校に統合された。

出精中学校は、1972（昭和47）年4月に木造町立木造中学校に名目統合、74（昭和49）年4月の新校舎完成に伴い実質統合され、今日に至っている（現つがる市立木造中学校）。出精村役場は、瑞穂小学校や出精郵便局の北隣、現在のつがる市木造大畑座八《ざはち》に位置し、55（昭和30）年の昭和の大合併後は木造町役場出精出張所となった。

63（昭和38）年から青森県知事を4期務め、短歌や俳句などにも通じた文人で、86（昭和61）年に木造町名誉町民（現つがる市名誉市民）となった竹内俊吉も出精村林の出身である。その寄贈図書「竹内文庫」を収蔵する、つがる市立図書館が2016（平成28）年7月29日、つがる市柏地区にある「イオンモールつがる柏」内にオープンし、多くの市民に利用されている。

旧出精村役場の近くに位置する出精郵便局＝2016（平成28）年5月24日（筆者撮影）

【一口メモ】 出精村《しゅっせいむら》は1889（明治22）年4月1日の市制町村制施行で、兼館《かねだて》、出野里《いでのさと》、善積《よしづみ》、林《はやし》、大畑《おおばた》、土滝《つちたき》、永田《ながた》の7村が合併して成立。役場は林（住所は大畑）に置かれた。1904（明治37）年4月1日に木造町《きづくりまち》の大字蓮花田《れんげだ》、下遠山里《しもとおやまさと》を編入した。55（昭和30）年3月30日、木造町、越水《こしみず》、柴田《しばた》、川除《かわよけ》、館岡《たておか》の4村、そして鳴沢村《なるさわむら》の大字出来島《できしま》と合併。新たに木造町（現つがる市）となり、出精の村名は消えた。出精の名はあまり残っていないが、出精郵便局や出精川などが知られている。

西津軽郡⑪　文・佐野 忠史

館岡村《たておかむら》〈現つがる市〉

縄文遺跡と「消毒圓」

現在のつがる市西部を縦断する屏風山《びょうぶさん》砂丘の東縁を縫うように南北に延びる県道12号（鰺ケ沢蟹田線）。これに沿って、北から順に並ぶ平滝、筒木坂、亀ケ岡、館岡、大湯町、菰槌の6大字は、1889（明治22）年に館岡字上稲元に役場を置く館岡村となった。

館岡村といえば、国の重要文化財の遮光器土偶が87（明治20）年に出土し、縄文時代晩期の「亀ケ岡文化」の名の由来となった亀ケ岡遺跡と、縄文時代前期の貝塚を伴う集落跡である田小屋野貝塚をはじめ、縄文遺跡が豊富な地域として知られている。

亀ケ岡遺跡、田小屋野貝塚とも、その中心部分が1944（昭和19）年に国の史跡に指定され、そして現在「北海道・北東北の縄文遺跡群」の構成資産として世界文化遺産登録を目指している。

亀ケ岡遺跡の優れた出土遺物は、江戸時代から好事家たちを魅了した。1796（寛政8）年に亀ケ岡を訪れた菅江真澄もその一人で、出土遺物や、現在も亀ケ岡遺跡の中心部に鎮座する村社雷電宮に関して、その紀行文『外浜奇勝』などに書き記した。

亀ケ岡遺跡の出土遺物は好事家の収集対象となったことで、古くより外部に流出した歴史もある。しかし地元でも、館岡小、中学校の校長を務めた菰槌出身の佐藤公《こう》知《ち》により収集がなされた。佐藤は、

1959（昭和34）年に開館した亀ケ岡考古館。木造町役場館岡出張所が併設されていた＝1960年代（青森県所蔵県史編さん資料より）

1954（昭和29）年刊行の『西津軽郡史』所収の「原始社会」や、56（昭和31）年刊行の『亀ガ岡文化』を著し、その優れたコレクションの姿を世に示した。

　佐藤のコレクションは、彼の子息である医師・大高興《こう》が引き継ぎ、73（昭和48）年の青森県立郷土館開館に合わせて大高より寄贈された『風韻堂《ふういんどう》コレクション』の中核を成す。このうち「亀ケ岡遺跡出土品（風韻堂）」の60点が、77（昭和52）年に県重宝に指定された。

　ところで亀ケ岡の北隣にある筒木坂で、幕末の安政年間から大正末期にかけて「消毒圓《しょうどくえん》」という毒消し効用のある練り薬（丸薬）が製造販売され、全国的に評判を呼んだことはあまり知られていない。

　99（平成11）年に「青森県医師会報」の436号から444号にかけて、1号おきに5回にわたって大高が記しているように、この薬を「消毒圓」と名付けたのは、初めて製造販売した初代の三橋富五郎で、三橋家には21味の薬を練り合わせる製法を記した巻物「家伝消毒圓法書」が伝わっているとのことである。

　思えば菅江真澄も、一時、弘前藩の採薬掛を務め、本草学に通じた人物。館岡村は縄文遺跡以外に、薬にも何やら縁のある土地だったようだ。

「消毒圓」の薬袋（縦25・1センチ、横17・6センチ）。加藤清正とされるイラストも赤色で印刷されている（つがる市教育委員会所蔵）

【一口メモ】館岡村《たておかむら》は1889（明治22）年4月1日の市制町村制施行で、館岡、大湯《おおゆ》町《まち》、菰槌《こもづち》、亀ケ岡《かめがおか》、筒木坂《どうぎざか》、平滝《ひらたき》の6村が合併して成立。役場は館岡に置かれた。1955（昭和30）年3月30日、木造町《きづくりまち》、越水《こしみず》、柴田《しばた》、川除《かわよけ》、出精《しゅっせい》の4村、そして鳴《なる》沢村《さわむら》の大字出来島《できしま》と合併。新たに木造町（現つがる市）となり、館岡の村名は消えた。しかし、館岡の名は大字として、また保育園や郵便局に残されている。

文・中園裕

十三村
じゅうさんむら
〈現五所川原市〉

渡しと橋が交流に寄与

十三村は、十三湖の水戸口《みとぐち》に位置する小さな村だった。中世の時代は「十三湊《とさみなと》」と呼ばれ、安藤氏の拠点として大いに繁栄したが、昭和の時代は一貫して静かな漁村だった。

かつて十三湖には橋がなかった。水戸口の南北に位置する十三村と、脇元、相内両村を往来するには、湖を迂回《うかい》せねばならなかった。村民たちは冬場は凍った湖を歩いて渡れたが、馬車や自動車は渡れない。このため、水戸口には近代以前から渡しがあった。

1948（昭和23）年から、十三村の若山三太郎ら数名の村民が村に入札料を払って渡しを経営した。彼らは青森県の購入した車が積める艀《はしけ》式の船と旅客専用の船を使用した。船に乗って花嫁や花婿が往来するなど、十三湖岸の村民たちにとって渡しは生活に欠かせない存在だった。

西津軽郡の十三村は昭和の大合併で、北津軽郡の脇元、相内両村との合併を望んだ。渡しによる相互交流が、合併の過程にも少なからず影響を与えたのだ。こうして55（昭和30）年3月31日、北津軽郡市浦村が誕生した。

この後、市浦村出身で県議会議員や衆議院議員を務めた三和精一が架橋運動を促進。59（昭和34）年8月に待望の十三橋が完成した。翌月の竣工《しゅんこう》式を待ち切れない村民たちは、橋の前に集まって「十三《とさ》

十三湖の渡し船。十三側の桟橋に着岸するところ
＝1957（昭和32）年9月22日（「山田秀三文庫」より、北海道博物館アイヌ民族文化研究センター提供）

郡を越えた交流に寄与した十三橋。手前が相内側で、奥が十三側。左が十三湖で右が日本海
＝1960（昭和35）年前後（青森県所蔵県史編さん資料より）

の砂山踊り」を披露し、渡り初めをして喜んだ。

戦後、十三村の青年団が知事に対し、水戸口へ橋を架ければ西、北両津軽郡の交流が盛んになると陳情していた。だが、架橋は実現しなかった。水戸口への架橋は湖岸の村民たちにとって悲願だったのである。

十三橋は郡を越えた交流に大きく寄与した。湖面に緩い曲線を描くように架かる長い木橋は、映画やテレビドラマに登場し、市浦村の観光にも一役買った。しかし橋と引き換えに、長年、村民の生活を支えた渡しは姿を消した。

70年代以降、自動車の普及に伴い、木橋の上を大型トラックなどが頻繁に往来した。幅が狭く老朽化が進んだ十三橋は任に堪えられなくなった。こうして79（昭和54）年10月、十三橋の西寄りに、永久橋の十三湖大橋が架けられた。

市浦村民は大橋の開通を祝福したが、十三橋の永久保存を望む声も高まった。しかし、維持費が膨大になるため、翌年に解体された。

84（昭和59）年9月、十三橋を彷《ほう》彿《ふつ》させる木製の中島遊歩道橋が中島へ架けられた。供用期間がわずか20年にすぎなかった十三橋だが、十三地区をはじめ湖岸の人々に親しまれ、愛された橋だったのである。

【一口メモ】 十三村《じゅうさんむら》は1889（明治22）年4月1日の市制町村制施行で、藩政時代の十三村が単独の自治体として成立。そのため、村内に大字は編成されなかった。役場は深津《ふかづ》に置かれた。1955（昭和30）年3月31日、西津軽郡の十三村は北津軽郡の相内《あいうち》、脇元《わきもと》の2村と合併し、新たに北津軽郡市浦村《しうらむら》（現五所川原市《ごしょがわらし》）となった。十三の村名は消えたが、十三の名は大字として残され、十三湖や十三湖大橋など地域に定着している。

参考文献

1. 全体に関わるもの

・青森県総務部地方課『青森県市町村合併誌』青森県総務部地方課、１９６１年
・青森県史編さん近現代部会『青森県史　資料編　近現代1～6』青森県、２００２～05、09、14年
・青森県史編さん通史部会『青森県史　通史編3　近現代　民俗』青森県、２０１８年
・「消えた町村名～その歴史を探る1～47」(『毎日新聞青森版』２０１２年4月19日～13年7月25日付)
・「青森県大観1～55」(『東奥日報』１９２６年3月8日～12月13日付)
・杉森文雄『青森県総覧』株式会社東奥日報社、１９２８年
・小野寺勇『自治と産業　附人名鑑』東奥産業通信社、１９３５年

2. 統計・要覧類

・青森県内務部『青森県例規　上』青森県、１９１１年
・下山定吉『東奥年鑑　昭和29年版』株式会社東奥日報社、１９５４年
・市町村自治研究会『全国市町村要覧　平成14年版』第一法規出版株式会社、２００２年
・市町村自治研究会『全国市町村要覧　平成18年版』第一法規出版株式会社、２００６年
・青森県教育史編集委員会『青森県教育史　別巻』青森県教育委員会、１９７３年

3. 地名辞典・地図等

・角川日本地名大辞典編纂委員会『角川日本地名大辞典2　青森県』株式会社角川書店、１９８５年
・平凡社地方資料センター『日本歴史地名大系第2巻　青森県の地名』株式会社平凡社、１９８２年
・青森放送株式会社『新訂　青森県地名辞典』青森放送株式会社、１９７９年
・平凡社地図出版『詳細青森県市町村全図　新・あおもりマップ』株式会社東奥日報社、２００６年

4. 町村別

三戸郡①　館村

・八戸市史編纂委員会『新編八戸市史　地誌編』八戸市、２０１２年
・八戸市史編纂委員会『新編八戸市史　通史編Ⅲ　近現代』八戸市、２０１４年
・中園裕「知られざる青森県１０８『工都』八戸市を象徴する臨海工業地帯」(『青森の暮らし４１４号』有限会社グラフ青森、２０１８年6月)

三戸郡②　是川村

・八戸市史編纂委員会『新編八戸市史　地誌編』八戸市、２０１２年
・八戸市史編纂委員会『新編八戸市史　通史編Ⅲ　近現代』八戸市、２０１４年
・東北電力株式会社『東北地方電気事業史』東北電力株式会社、１９６０年

三戸郡③　市川村

・八戸市史編纂委員会『新編八戸市史　地誌編』八戸市、２０１２年
・八戸市史編纂委員会『新編八戸市史　通史編Ⅲ　近現代』八戸市、２０１４年
・八戸市史編纂委員会『新編八戸市史　近現代資料編　戦争』八戸市、２０１１年

三戸郡④　豊崎村

・八戸市史編纂委員会『新編八戸市史　地誌編』八戸市、２０１２年
・小泉敦「青森県の交通史　地域を結ぶ　3・南部鉄道」(『デーリー東北』２０１２年4月15日付)

三戸郡⑤　上長苗代村

・八戸市史編纂委員会『新編八戸市史　地誌編』八戸市、２０１２年
・田名部清一・三浦忠司『青森県八戸　下長の歴史』八戸市下長地区石堂土地区画整理組合、１９８５年

三戸郡⑥　大館村

・八戸市史編纂委員会『新編八戸市史　通史編Ⅱ　近世』八戸市、２０１３年
・八戸市史編纂委員会『新編八戸市史　通史編Ⅲ　近現代』八戸市、２０１４年

三戸郡⑦　島守村

・八戸市史編纂委員会『新編八戸市史　地誌編』八戸市、２０１２年
・南郷村誌編纂委員会『南郷村誌』南郷村、１９９５年

三戸郡⑧　中沢村

・八戸市史編纂委員会『新編八戸市史　地誌編』八戸市、２０１２年
・南郷村誌編纂委員会『南郷村誌』南郷村、１９９５年
・工藤文夫著、南郷村文化財審議委員会編『郷土史語り草』南郷村教育委員会、１９８６年

三戸郡⑨　留崎村

・北村芳太郎『三戸郷土史』株式会社歴史図書社、１９７９年
・百周年記念誌編集委員会『写真で見る三戸町の

百年』三戸町、１９８９年

三戸郡⑩　斗川村

・小泉敦『「北」の地域史〜五戸・三戸・八戸〜』北の杜編集工房、２０１０年
・百周年記念誌編集委員会『写真で見る三戸町の百年』三戸町、１９８９年

三戸郡⑪　猿辺村

・北村芳太郎『三戸郷土史』株式会社歴史図書社、１９７９年
・蛇沼小学校百周年記念誌編集委員会『蛇沼小１００年のあゆみ』蛇沼小学校創立百周年記念事業協賛会、１９７６年
・弘前大学医学部三十年史編集委員会『弘前大学医学部三十年史』弘前大学医学部三十年史刊行会、１９７６年

三戸郡⑫　上郷村

・馬場清『田子町漫歩・みちくさ鹿角街道』田子町教育委員会、１９９３年
・鹿角市『鹿角市史　第3巻（下）・第4巻・第5巻』鹿角市、１９９３、96、97年
・小井田幸哉『田子町誌　上・下』田子町、１９８３年
・青森県立郷土館『青森県「歴史の道」調査報告書　鹿角街道』青森県教育委員会、１９８５年
・藤原優太郎『東北の峠歩き』有限会社無明舎出版、２００４年

三戸郡⑬　戸来村

・新郷村史編纂委員会『新郷村史』新郷村、１９８９年
・小泉敦「戸来岳」（『毎日新聞青森版』２０１３年12月12日付）

三戸郡⑭　野沢村

・下斗米謹一『北奥羽漫歩』株式会社デーリー東北新聞社、１９７０年
・新郷村役場総務課『１９９５　新郷村勢要覧』新郷村、１９９５年
・北奥羽開発促進協議会『北奥羽開発促進協議会30年の歩み』北奥羽開発促進協議会、２０００年
・下池康一『青森の暮らし　３７２号（特集　新郷村）』有限会社グラフ青森、２０１１年6月

三戸郡⑮　向村

・三戸町史編集委員会『三戸町史　中』三戸町、１９９７年
・南部町誌編纂委員会『南部町誌　下』南部町、１９９５年
・百周年記念誌編集委員会『写真で見る三戸町の百年』三戸町、１９８９年

三戸郡⑯　平良崎村

・南部町誌編纂委員会『南部町誌　下』南部町、１９９５年
・江渡益太郎『五戸町誌　下』五戸町誌刊行委員会、１９６９年
・中園裕「知られざる青森県81　名久井岳山麓の郷土作物」（『青森の暮らし　３８７号』有限会社グラフ青森、２０１３年12月）

三戸郡⑰　名久井村

・名川町誌編集委員会『名川町誌　第2巻　本編Ⅱ』名川町、１９９５年
・波多江久吉・斎藤康司『青森県りんご百年史』青森県りんご百年記念事業会、１９７７年

三戸郡⑱　北川村

・名川町誌編集委員会『名川町誌　第1巻　本編Ⅰ』名川町　１９９３年
・名川町誌編集委員会『名川町誌　第2巻　本編Ⅱ』名川町　１９９５年
・南部りんご出荷団体連合会『南部りんごの歩み』南部りんご出荷団体連合会、１９８３年

三戸郡⑲　地引村

・田中藤次郎『福地村郷土誌』福地村、１９７１年
・福地村編さん委員会『福地村史　下』福地村、２００５年
・佐々木正太郎『北奥羽新路線』株式会社デーリー東北新聞社、１９７６年
・中園裕「知られざる青森県81　名久井岳山麓の郷土作物」（『青森の暮らし　３８７号』有限会社グラフ青森、２０１３年12月）

三戸郡⑳　田部村

・田中藤次郎『福地村郷土誌』福地村、１９７１年
・福地村編さん委員会『福地村史　下』福地村、２００５年
・下斗米謹一『北奥羽漫歩』株式会社デーリー東北新聞社、１９７０年
・佐々木正太郎『北奥羽新路線』株式会社デーリー東北新聞社、１９７６年

三戸郡㉑　浅田村

・江渡益太郎『五戸町誌　下』五戸町誌刊行委員会、１９６９年
・浅田青果物出荷組合『あさだりんご五十年のあゆみ』浅田青果物出荷組合、１９７７年
・南部りんご出荷団体連合会『南部りんごの歩み』南部りんご出荷団体連合会、１９８３年

三戸郡㉒　川内村

・江渡益太郎『五戸町誌　下』五戸町誌刊行委員会、１９６９年

・三浦栄一『流れる五戸川　続9・14・23』三浦栄一、1998、2003、12年
・青森県土地改良史編纂委員会『青森県土地改良史』青森県農林部、1989年
・大釜安也『沼の夢』南部書房、2001年

上北郡①　三本木町
・十和田市史編纂委員会『十和田市史　上』十和田市、1976年
・水野陳好『大志を継いで』三本木原開発研究会、1961年
・軍馬補充部三本木支部創立百周年記念実行委員会『軍馬のころ』同委員会、1987年
・中園裕「知られざる青森県67　三本木大火と災害復興の背景」（『青森の暮らし　373号』有限会社グラフ青森、2011年8月）
・中園裕『写真アルバム　上北・下北の昭和』株式会社いき出版、2017年

上北郡②　大深内村
・十和田市史編纂委員会『十和田市史　上』十和田市、1976年
・軍馬補充部三本木支部創立百周年記念実行委員会『軍馬のころ』同委員会、1987年
・工藤祐『ふるさとの想い出　写真集　明治大正昭和　十和田』株式会社国書刊行会、1980年
・十和田市教育研修センター『続々　目で見る十和田市の大地』十和田市教育研修センター、1988年

上北郡③　藤坂村
・青森県農業試験場『青森県農業試験場百年史』青森県農業試験場、2000年

上北郡④　四和村
・十和田市史編纂委員会『十和田市史　上』十和田市、1976年
・軍馬補充部三本木支部創立百周年記念実行委員会『軍馬のころ』同委員会、1987年
・日本ダム協会『ダム年鑑　2012』日本ダム協会、2012年

上北郡⑤　十和田町
・中園裕『青森県の交通史』株式会社デーリー東北新聞社、2016年
・坂井軍治郎・宮城一男『青森県温泉の旅』株式会社東奥日報社、1970年
・中園裕・中園美穂「知られざる青森県80　十和田湖は最良の贈り物」（『青森の暮らし　386号』有限会社グラフ青森、2013年10月）

上北郡⑥　大三沢町
・青森県商工労働部労政課『青森県渉外労務管理業務史　第3巻』青森県、1985年
・西村嘉『三沢市史　通史編』三沢市、1988年
・三沢市史編さん委員会『三沢市史　続通史編』三沢市、2008年

上北郡⑦　浦野館村
・上北町史編纂委員会『上北町史　下』上北町、1987年
・小川原湖漁業協同組合『小川原湖と漁業協同組合の歩み』小川原湖漁業協同組合、1990年
・中園裕「知られざる青森県60　上北の至宝『小川原湖』」（『青森の暮らし　366号』有限会社グラフ青森、2010年6月）
・中園裕「知られざる青森県75　小川原湖と共に歩んだ上北町」（『青森の暮らし　381号』有限会社グラフ青森、2012年12月）

上北郡⑧　甲地村
・中道等『甲地村史』甲地村役場、1951年
・東北町史編纂委員会『東北町史　中』東北町、1993年
・岡山三十郎『滝沢の開拓誓う雪の朝』岡山三十郎、1979年
・天間勝也『坪川物語』天間勝也、2015年
・中園裕「知られざる青森県91　大地を拓き湖と歩んだ甲地村」（『青森の暮らし　397号』有限会社グラフ青森、2015年8月）

下北郡①　大湊町
・笹沢魯羊『大湊町誌』下北新報社、1935年
・田中誠一『むつ市史　青森県市町村史11』津軽書房、1985年
・むつ市史編さん委員会『むつ市史　近代編　明治・大正時代』むつ市、1986年

下北郡②　田名部町
・むつ市史編さん委員会『むつ市史　近代編　明治・大正時代』むつ市、1986年
・青森県土木部『青森県土木50年史』青森県土木部、2000年
・川嶌栁三『懐かしの軌道馬車にのって』エコノコーポレーション、2011年
・中園裕「知られざる青森県61　下北中枢の二つの個性」（『青森の暮らし　367号』有限会社グラフ青森、2010年8月）
・中園裕「知られざる青森県85　新旧田名部川の大改修」（『青森の暮らし　391号』有限会社グラフ青森、2014年8月）

中津軽郡①　清水村
・弘前市史編纂委員会『弘前市史　明治・大正・昭和編』弘前市、1964年
・「新編弘前市史」編纂委員会『新編弘前市史

通史編4　近・現代1』弘前市、2005年
・満月会『満州第五六部隊とその終焉　輜重兵第八連隊　会員の思い出』満月会、1986年

中津軽郡② 千年村
・田澤正『半穂独言集5　失われた弘前の名勝』有限会社北方新社　2009年
・荒井清明「碇ヶ関口参勤路に沿って　松原～一ノ渡・千年～大沢地区」(『市史ひろさき　年報7』弘前市市長公室企画課、1998年)

中津軽郡③ 堀越村
・「新編弘前市史」編纂委員会『新編弘前市史　通史編4　近・現代1』弘前市、2005年
・「新編弘前市史」編纂委員会『新編弘前市史　通史編5　近・現代2』弘前市、2005年
・弘前市教育委員会『史跡津軽氏城跡　堀越城跡発掘調査報告書　国道7号4車線整備工事に伴う発掘調査報告書』弘前市教育委員会、2013年

中津軽郡④ 豊田村
・豊田略誌編集委員会『豊田略誌』豊田略誌編集委員会、1995年
・協賛会事業委員会『豊田小学校百年』豊田小学校創立百周年記念協賛会、1976年
・弘南鉄道株式会社『弘南鉄道五十年史』弘南鉄道株式会社、1977年

中津軽郡⑤ 和徳村
・青森県史編さん通史部会『青森県史　通史編1　原始・古代・中世』青森県、2018年
・岡本四郎『弘南バス20年のあゆみ』弘南バス株式会社、1961年
・蔦谷大輔『為信戦跡　弘前城築城400年祭記念』弘前市みどりの協会、2011年
・「新編弘前市史」編纂委員会『新編弘前市史　通史編5　近・現代2』弘前市、2005年

中津軽郡⑥ 藤代村
・中村良之進『青森県中津軽郡藤代村郷土史』中村良之進、1923年
・「新編弘前市史」編纂委員会『新編弘前市史　資料編1　古代・中世編』弘前市、1995年
・長谷川成一『写真アルバム　弘前・黒石・平川の昭和』株式会社いき出版、2014年

中津軽郡⑦ 船沢村
・中村良之進『青森縣中津軽郡藤代村郷土史』中村良之進、1923年
・「新編弘前市史」編纂委員会『新編弘前市史　資料編1　古代・中世編』弘前市、1995年
・三戸建次『コンデ・コマ物語』路上社、2013年
・長谷川成一『写真アルバム　弘前・黒石・平川の昭和』株式会社いき出版、2014年

中津軽郡⑧ 高杉村
・高杉村役場『高杉村勢要覧』高杉村役場、1953年
・青森県立郷土館『青森県「歴史の道」調査報告書　西浜街道（鯵ケ沢街道）』青森県教育委員会、1984年
・小舘衷三『津軽ふるさと散歩』有限会社北方新社、1984年
・山上貢『新編　津軽三十三霊場』株式会社陸奥新報社、1973年
・木村和吉「独狐民俗誌断片（一）」（『こまおどり8号』弘前大学民俗研究部、1965年）

中津軽郡⑨ 新和村
・土淵史編纂委員会『青森県土淵史』西津軽郡土淵堰普通水利組合・西津軽郡悪水路普通水利組合、1958年
・青森県史編さん考古部会『青森県史　資料編　考古3　弥生～古代』青森県、2005年
・成田末五郎『板柳町誌』板柳町役場、1977年

中津軽郡⑩ 裾野村
・小舘衷三『津軽ふるさと散歩』有限会社北方新社、1984年
・山上貢『新編　津軽三十三霊場』株式会社陸奥新報社、1973年
・和歌森太郎『津軽の民俗』株式会社吉川弘文館、1970年
・高橋英次『弘前市政調査会資料　第5輯　裾野地区住生活調査報告』弘前市政調査会、1956年

中津軽郡⑪ 大浦村
・岩木町史編集委員会『新編弘前市史　通史編　岩木地区』弘前市岩木総合支所総務課、2011年

中津軽郡⑫ 駒越村
・岩木町『岩木町誌』岩木町、1972年
・岩木町史編集委員会『新編弘前市史　通史編　岩木地区』弘前市岩木総合支所総務課、2011年

中津軽郡⑬ 東目屋村
・「新編弘前市史」編纂委員会『新編弘前市史　通史編5　近・現代2』弘前市、2005年

南津軽郡① 石川町
・中村良之進『青森県南津軽郡石川町郷土史』石川町、1925年
・「新編弘前市史」編纂委員会『新編弘前市史

通史編5　近・現代2』弘前市、2005年

南津軽郡② 蔵館町

・大鰐町『大鰐町史　下巻2』大鰐町、1998年

南津軽郡③ 大光寺町

・沼館愛三『津軽諸城の研究』合資会社伊吉書院、1981年
・平賀町町誌編さん委員会『平賀町誌　上・下』平賀町、1985年
・平賀町教育委員会『平賀町埋蔵文化財報告書第24　大光寺新城跡遺跡発掘調査報告書　第4・5次発掘調査』平賀町教育委員会、1999年

南津軽郡④ 柏木町

・平賀町誌編さん委員会『平賀町誌　上・下』平賀町、1985年
・総務課広報文書係『広報ひらか縮刷版』平賀町役場、1980年
・記念誌編集委員会『六十年のあゆみ』青森県立柏木農業高等学校創立六十周年記念事業協賛会、1986年
・青森県教育史編集委員会『青森県教育史　第2巻（記述篇2）』青森県教育委員会、1974年

南津軽郡⑤ 尾崎村

・平賀町町誌編さん委員会『平賀町誌　上・下』平賀町、1985年
・成田末五郎『尾崎村誌』尾崎村文化研究同志会、1956年
・酒井軍治郎・宮城·男『青森県温泉の旅』株式会社東奥日報社、1970年
・下池康一『青森の暮らし　384号（特集　旧平賀町）』有限会社グラフ青森、2013年6月

南津軽郡⑥ 町居村

・平賀町町誌編さん委員会『平賀町誌　上・下』平賀町、1985年
・総務課広報文書係『広報ひらか縮刷版』平賀町役場、1980年
・下池康一『青森の暮らし　384号（特集　旧平賀町）』有限会社グラフ青森、2013年6月

南津軽郡⑦ 竹館村

・平賀町誌編さん委員会『平賀町誌　上・下』平賀町、1985年
・総務課広報文書係『広報ひらか縮刷版』平賀町役場、1980年
・波多江久吉・斎藤康司『青森県りんご百年史』青森県りんご百年記念事業会、1977年
・中園裕「知られざる青森県78　間口が広く懐が深い平賀町」（『青森の暮らし　384号』有限会社グラフ青森、2013年6月）

南津軽郡⑧ 猿賀村

・船水清『新津軽風土記　わがふるさと　第3巻』有限会社北方新社、1980年
・小野慎吉『陸奥史談　第10輯　猿賀神社記念号』陸奥史談会、1939年
・斉藤勇助『黒石市大観　前篇』黒石市大観刊行委員会、1960年
・青森県史蹟名勝天然記念物調査会『史蹟名勝天然記念物調査報告　第4輯　陸奥猿賀神社境内ニ於ケル鵜並鷺類調査』青森県史蹟名勝天然記念物調査会、1930年

南津軽郡⑨ 光田寺村

・田舎館村『田舎館村誌　上・中』田舎館村、1997、99年
・中園裕『青森県の交通史』株式会社デーリー東北新聞社、2016年
・長谷川成一『写真アルバム　弘前・黒石・平川の昭和』株式会社いき出版、2014年

南津軽郡⑩ 畑岡村

・藤崎町誌編さん委員会『藤崎町誌　第4巻　地誌』藤崎町、1996年
・青山栄『板柳町史　青森県市町村史26』津軽書房、1985年
・青森県立板柳高等学校『板柳高校四十年のあゆみ』青森県立板柳高等学校、1979年

南津軽郡⑪ 十二里村

・藤崎町誌編さん委員会『藤崎町誌　第2～4巻』藤崎町、1996年
・長谷川成一『写真アルバム　弘前・黒石・平川の昭和』株式会社いき出版、2014年

南津軽郡⑫ 富木館村

・常盤村史編さん委員会『常盤村史　通史編Ⅰ・Ⅱ』常盤村、2003、04年
・船水清『新津軽風土記　わがふるさと　第3巻』有限会社北方新社、1980年

南津軽郡⑬ 中郷村

・黒石市史編さん委員会『黒石市史　通史編1　古代・中世・近世』黒石市、1987年
・黒石市『黒石市史　通史編2　近代・現代』黒石市、1988年
・青森県農業試験場『青森県農業試験場百年史』青森県農業試験場、2000年

南津軽郡⑭ 浅瀬石村

・青森県史編さん通史部会『青森県史　通史編1　原始・古代・中世』青森県、2018年
・黒石市『黒石市史　通史編2　近代・現代』黒石市、1988年
・蔦谷大輔『為信戦跡　弘前城築城400年祭

記念』　弘前市みどりの協会、２０１１年

南津軽郡⑮　山形村

・黒石市史編さん委員会『黒石市史　通史編２　近代・現代』黒石市、１９８８年
・佐藤雨山・工藤親作『浅瀬石川郷土志』株式会社歴史図書社、１９７６年
・中園裕「知られざる青森県87　二つの虹の湖が語るもの」（『青森の暮らし　３９３号』有限会社グラフ青森、２０１４年12月）
・中園裕「知られざる青森県１００　青森県の大切な宝物『黒石十湯』」（『青森の暮らし　４０６号』有限会社グラフ青森、２０１７年２月）

南津軽郡⑯　六郷村

・黒石市『黒石市史　通史編２　近代・現代』黒石市、１９８８年
・鳴海静蔵『黒石百年史』黒石市、１９６２年

南津軽郡⑰　五郷村

・浪岡町史編纂委員会『浪岡町史　第３巻』浪岡町、２００５年
・浪岡町史編纂委員会『浪岡町史　第４巻』浪岡町、２００４年

南津軽郡⑱　女鹿沢村

・葛西覧三『女鹿沢村誌』農政会、１９４０年
・浪岡町史編纂委員会『浪岡町史　第３巻』浪岡町、２００５年
・浪岡町史編纂委員会『浪岡町史　第４巻』浪岡町、２００４年

南津軽郡⑲　野沢村

・野沢中学校『野沢村誌』野沢村役場野沢村教育委員会、１９５６年
・浪岡町史編纂委員会『浪岡町史　第４巻』浪岡町、２００４年
・船水清『新津軽風土記　わがふるさと　第３巻』有限会社北方新社、１９８０年
・中園裕『写真アルバム　青森・東津軽の昭和』株式会社いき出版、２０１５年

南津軽郡⑳　大杉村

・浪岡町史編纂委員会『浪岡町史　第４巻』浪岡町、２００４年
・宮脇俊三『鉄道廃線跡を歩くⅣ』ＪＴＢ、１９９７年
・中園裕『青森・東津軽今昔写真帖』郷土出版社、２０１０年

東津軽郡①　筒井町

・青森市史編集委員会『新青森市史　通史編第３巻　近代』青森市、２０１４年
・栗田弘・肴倉弥八『歩兵第五聯隊史』歩兵第五聯隊史跡保存会、１９７３年
・筒井町・青森市合併三十周年記念事業協賛会『語りつぐわが町　筒井町・青森市合併三十周年記念誌』同協賛会、１９８５年
・青森高校百年史編纂委員会『青森高校百年史』青森県立青森高等学校創立百周年記念事業協賛会、２００３年

東津軽郡②　大野村

・青森市史編集委員会『新青森市史　通史編第３巻　近代』青森市、２０１４年
・青森市史編集委員会『新青森市史　通史編第４巻　現代』青森市、２０１４年
・田沢与男『青森操車場50年史』田沢与男、１９７６年
・廣田憲一『写真集　青森操車場』廣田憲一、１９９５年

東津軽郡③　荒川村

・今田清蔵『青森市誌　東津軽郡町村誌』株式会社歴史図書社、１９７７年
・青森市史編集委員会『新青森市史　資料編７　近代２』青森市、２００６年
・青森市史編集委員会『新青森市史　通史編第３巻　近代』青森市、２０１４年
・小友叔雄『荒川村沿革誌　巻１・２』荒川公民館、１９５６年

東津軽郡④　高田村

・青森市史編集委員会『新青森市史　通史編第４巻　現代』青森市、２０１４年
・青森県立郷土館『青森県「歴史の道」調査報告書　大豆坂通り』青森県教育委員会、１９８３年
・今田清蔵『青森市誌　東津軽郡町村誌』株式会社歴史図書社、１９７７年
・青森市高田郷土史編纂委員会『ふるさと高田』青森市高田郷土史編纂委員会、１９９０年

東津軽郡⑤　横内村

・山上清松『横内村誌』横内公民館、１９５５年
・岩淵功『八甲田の変遷』「八甲田の変遷」出版実行委員会、１９９９年

東津軽郡⑥　浜館村

・工藤大輔「青森飛行場（通称油川飛行場）の誘致をめぐる基礎的考察」（『弘前大学國史研究　１４１号』２０１６年）

東津軽郡⑦　原別村

・石村辰之助『第一勧銀青森支店の歴史』石村辰之助、１９８６年

東津軽郡⑧　東岳村

・島口天「青森市東岳における鉱山史」（『青森県立郷土館研究紀要　35号』２０１１年）

東津軽郡⑨　野内村
・青森市合併20周年記念事業実行委員会『のない』青森市合併20周年記念事業実行委員会、1983年
・小山内豊彦・小山隆秀・中園裕・山内正行『写文集　愛しの昭和　青森市』合資会社泰斗舎、2015年
・今摩紀子『久栗坂を生きた人々I～IV』ざるいし暮らしのアルバム編集グループ、2010、12、14、18年
・中園裕「知られざる青森県111　浅虫再び～療養の地と憩いの場」（『青森の暮らし　417号』有限会社グラフ青森、2018年12月）

東津軽郡⑩　小湊町
・平内町史編さん委員会『平内町史　上』平内町、2005年

東津軽郡⑪　東平内村
・古川古松軒『東遊雑記』株式会社平凡社、1964年
・松浦武四郎著、吉田武三編『東奥沿海日誌』株式会社時事通信社、1969年
・平内町史編さん委員会『平内町史　上』平内町、2005年
・今田清蔵『青森市誌　東津軽郡町村誌』株式会社歴史図書社、1977年
・瀧本壽史『図説青森・東津軽の歴史』郷土出版社、2007年

東津軽郡⑫　西平内村
・平内町史編さん委員会『平内町史　上』平内町、2005年
・中園美穂「青森県の観光事業」（『弘前大学國史研究　125号』2008年）
・中園裕「知られざる青森県62　平内・小湊・夏泊」（『青森の暮らし　368号』有限会社グラフ青森、2010年10月）

東津軽郡⑬　新城村
・青森県立青森西高等学校創立20周年記念誌編集委員会『創立20周年記念誌』青森県立青森西高等学校、1982年
・中園裕「知られざる青森県95　県都を走った女子高生の専用列車」（『青森の暮らし　401号』有限会社グラフ青森、2016年4月）
・中園裕「青森タイムトラベル15　知られざる西部の歴史」（『広報あおもり　257号』2015年12月15日）

東津軽郡⑭　奥内村
・青森市史編集委員会『新青森市史　通史編第4巻　現代』青森市、2014年
・今田清蔵『青森市誌　東津軽郡町村誌』株式会社歴史図書社、1977年
・青森市交通部『市営バス60年のあゆみ』青森市交通部、1986年
・船水清『新津軽風土記　わがふるさと　第2巻』有限会社北方新社、1980年

東津軽郡⑮　後潟村
・中園裕『写真アルバム　青森・東津軽の昭和』株式会社いき出版、2015年

東津軽郡⑯　一本木村
・小泉敦「海峡の子どもたち　一本木村立第二本木小学校の記録」（瀧本壽史『図説　青森・東津軽の歴史』郷土出版社、2007年）
・今別物語編集同好会『いまべつ物語　第3巻』今別物語編集同好会、2003年

北津軽郡①　脇元村
・青森県環境生活部県民生活文化課県史編さんグループ『青森県史叢書　西浜と外ケ浜の民俗』青森県、2010年

北津軽郡②　相内村
・市浦営林署『開庁百周年記念誌　年輪』市浦営林署、1986年
・五所川原市『五所川原市の地名』五所川原市、2015年

北津軽郡③　内潟村
・小野勘六『内潟村誌』内潟村役場、1955年
・成田末五郎『中里町誌』中里町、1965年

北津軽郡④　武田村
・青森県『青森県凶作救済誌』青森県、1915年
・成田末五郎『中里町誌』中里町、1965年
・竹内正一『十三湖開拓二十周年記念　竹田部落誌』十三湖開拓20周年記念事業実行委員会、1974年

北津軽郡⑤　喜良市村
・金木郷土史編纂委員会『金木郷土史』金木町、1976年
・五所川原市『五所川原市の地名』五所川原市、2015年
・「樹齢百年」編集委員会『樹齢百年　青森営林局の一世紀』林野共済会青森支部、1986年

北津軽郡⑥　嘉瀬村
・金木郷土史編纂委員会『金木郷土史』金木町、1976年
・五所川原市『五所川原市の地名』五所川原市、2015年

北津軽郡⑦　飯詰村
・船水清『新津軽風土記　わがふるさと　第4巻』

有限会社北方新社、１９８１年
・角弘百年史編集委員会『伝統と創造と開発とカクヒロ百年のあゆみ』株式会社角弘、１９８３年
・青森県土木部『青森県土木50年史』青森県土木部、２０００年

北津軽郡⑧　三好村
・長尾角左衛門『青森県北津軽郡三好村郷土誌』三好郷土誌刊行会、１９５７年
・新谷雄蔵『五所川原市史　青森県市町村史7』津軽書房、１９８５年
・五所川原市『五所川原市史　通史編2』五所川原市、１９９８年

北津軽郡⑨　中川村
・新谷雄蔵『五所川原市史　青森県市町村史7』津軽書房、１９８５年
・五所川原市『五所川原市史　通史編2』五所川原市、１９９８年

北津軽郡⑩　長橋村
・新谷雄蔵『五所川原市史　青森県市町村史7』津軽書房、１９８５年
・五所川原市『五所川原市史　通史編2』五所川原市、１９９８年

北津軽郡⑪　松島村
・船水清『新津軽風土記　わがふるさと　第4巻』有限会社北方新社、１９８１年
・五所川原市『五所川原市の地名』五所川原市、２０１５年
・津軽鉄道株式会社『津軽鉄道六十年史』津軽鉄道株式会社、１９９３年

北津軽郡⑫　栄村
・新谷雄蔵『五所川原市史　青森県市町村史7』津軽書房、１９８５年
・五所川原市『五所川原市史　通史編2』五所川原市、１９９８年

北津軽郡⑬　七和村
・藤田紋太郎『七和村誌』藤田紋太郎、１９２８年
・船水清『新津軽風土記　わがふるさと　第4巻』有限会社北方新社、１９８１年
・青森県史編さん民俗部会『青森県史　民俗編資料　津軽』青森県、２０１４年

北津軽郡⑭　梅沢村
・鶴田町誌編纂委員会『鶴田町誌　下』鶴田町、１９７９年
・林正雄『梅沢村郷土史』梅沢村郷土史研究会、１９３１年
・船水清『新津軽風土記　わがふるさと　第4巻』有限会社北方新社、１９８１年
・中園裕「知られざる青森県１１７　鶴田町現代史～合併の体験と統合への挑戦」（『青森の暮らし　４２３号』有限会社グラフ青森、２０１９年12月）

北津軽郡⑮　六郷村
・鶴田町誌編纂委員会『鶴田町誌　下』鶴田町、１９７９年
・成田治『六郷村誌』六郷村役場、１９４２年
・船水清『新津軽風土記　わがふるさと　第4巻』有限会社北方新社、１９８１年
・中園裕「知られざる青森県１１７　鶴田町現代史～合併の体験と統合への挑戦」（『青森の暮らし　４２３号』有限会社グラフ青森、２０１９年12月）

北津軽郡⑯　沿川村
・成田末五郎『板柳町誌』板柳町役場、１９７７年
・船水清『新津軽風土記　わがふるさと　第4巻』有限会社北方新社、１９８１年
・青森県立郷土館『青森県「歴史の道」調査報告書　下之切通り（小泊道）』青森県教育委員会、１９８４年
・沿川第一小学校創立百周年記念誌編集委員会『風土　人を育む』沿川第一小学校創立百周年記念事業協賛会、１９７５年

北津軽郡⑰　小阿弥村
・土淵史編纂委員会『青森県土淵史』西津軽郡土淵堰普通水利組合・西津軽郡悪水路普通水利組合、１９５８年
・小阿弥堰土地改良区『小阿弥堰沿革史』小阿弥堰土地改良区、１９９０年
・青森県立郷土館『稲生川と土淵堰』青森県立郷土館、１９９４年

西津軽郡①　水元村
・土淵史編纂委員会『青森県土淵史』西津軽郡土淵堰普通水利組合・西津軽郡悪水路普通水利組合、１９５８年
・折登岩次郎『水元村誌』鶴田町水元支所、１９５６年

西津軽郡②　鳴沢村
・鯵ケ沢町史編さん委員会『鯵ケ沢町史　第1巻』鯵ケ沢町、１９８４年
・青森県教育庁文化課『青森県の近代化遺産　近代化遺産総合調査報告書』青森県教育委員会、２０００年
・中田書矢・稲垣森太・村上亜弥著、髙瀬雅弘編『山田野　陸軍演習場・演習廠舎と跡地の１００年（弘大ブックレット12）』弘前大学出版会、２０１４年

西津軽郡③　舞戸村
・鰺ケ沢町史編さん委員会『鰺ケ沢町史　第１～３巻』鰺ケ沢町、１９８４年

西津軽郡④　中村
・鰺ケ沢町史編さん委員会『鰺ケ沢町史　第１～３巻』鰺ケ沢町、１９８４年

西津軽郡⑤　赤石村
・鰺ケ沢町史編さん委員会『鰺ケ沢町史　第１～３巻』鰺ケ沢町、１９８４年
・桜井冬樹『鰺ケ沢歴史読本』桜井冬樹・中田書矢、２０１４年

西津軽郡⑥　大戸瀬村
・小田桐（白石）睦弥「寛政西津軽地震（１７９３年）による津波被害について」（『歴史地震　第33号』歴史地震研究会、２０１８年）
・長谷川成一『図説五所川原・西北津軽の歴史』郷土出版社、２００６年
・M７・７恐怖の記録企画室『日本海中部地震記録写真集』深浦町、１９８３年

西津軽郡⑦　越水村
・西津軽郡史編集委員会『西津軽郡史　全』名著出版、１９７５年
・船水清『新津軽風土記　わがふるさと　第5巻』有限会社北方新社、１９８１年
・西農村整備事務所『西津軽の土地改良』西農村整備事務所、１９９６年

西津軽郡⑧　柴田村
・西津軽郡史編集委員会『西津軽郡史　全』名著出版、１９７５年
・木造町総務課『写真で見る50年　木造町閉町記念』木造町、２００５年
・中園美穂「地域の名菓を探る」（『弘前大学國史研究　１３９号』２０１５年）
・増田公寧「青森県岩木川下流域におけるサルケ（泥炭）の利用」（『青森県立郷土館研究紀要　39号』２０１５年）

西津軽郡⑨　川除村
・小山隆秀「来訪する神々　青森県内の事例報告」（『青森県立郷土館研究紀要　43号』２０１９年）

西津軽郡⑩　出精村
・株式会社東奥日報社「出精村役場」（制野政一『東奥年鑑　昭和28年版』株式会社東奥日報社、１９５３年）
・佐藤公知「出精村」（佐藤公知『西津軽郡史』西津軽郡史編集委員会、１９５４年）
・工藤睦男「平沢三右衛門」（工藤睦男『木造町史　近世編　下』木造町役場、１９８７年）
・盛滝春「平沢家の系譜」（盛滝春『「新田木造郷土カルタ」をよりどころにした木造町誌』木造町教育委員会、１９８９年）

西津軽郡⑪　館岡村
・株式会社東奥日報社「館岡村役場」（制野政一『東奥年鑑　昭和28年版』株式会社東奥日報社、１９５３年）
・佐藤公知「館岡村」（佐藤公知『西津軽郡史』西津軽郡史編集委員会、１９５４年）
・佐藤公知『亀ガ岡文化』亀ガ岡遺跡顕彰保存会、１９５６年
・大高興「三橋富五郎氏製造販売の練り薬消毒圓について」（『青森県医師会報　４３６号・４３８号・４４０号・４４２号・４４４号』１９９９年）
・つがる市教育委員会『史跡亀ケ岡石器時代遺跡・田小屋野貝塚保存管理計画書』つがる市教育委員会、２００９年

西津軽郡⑫　十三村
・長谷川成一『図説五所川原・西北津軽の歴史』郷土出版社、２００６年
・中園裕『写真アルバム　五所川原・つがる・西北津軽の昭和』株式会社いき出版、２０１８年
・五所川原市『五所川原市の地名』五所川原市、２０１５年
・中園裕「知られざる青森県70　青森県の三大湖」（『青森の暮らし　３７６号』有限会社グラフ青森、２０１２年2月）

資料提供・協力者・写真撮影

（五十音順、敬称略）

【機関・団体・企業】

青森県環境生活部県民生活文化課県史編さんグループ
青森県立郷土館
青森県りんご対策協議会
青森市
青森市教育委員会浪岡教育事務所
青森市民図書館歴史資料室
鰺ケ沢町教育委員会
株式会社いき出版
有限会社グラフ青森
工学院大学図書館
五戸町教育委員会
三戸学園三戸小・中学校
三戸町
合資会社泰斗舎
つがる市教育委員会
株式会社鉄道ジャーナル社
東北森林管理局
中泊町博物館
八戸市立図書館
平内町立歴史民俗資料館
弘前市
弘前市岩木総合支所
弘前市立岩木小学校
弘前市立津軽中学校
弘前市立弘前図書館
藤崎町教育委員会
北海道博物館アイヌ民族文化研究センター
むつ市教育委員会

【個人】

石場旅館
小山内 豊彦
小山内 文雄
葛西 康憲
葛西 優花
川村 昭次郎
川村 英明
木村 清次
工藤 謙治
齋藤 始
佐々木 直亮
澤田 至
清水屋旅館
下山 勝（十和田シティホテル）
白石 健二
神 成弘
須藤 重昭
竹内 覚
竹内 正一
塚本 忠志
苫米地 良一
中里 進
中園 裕
野坂 千之助
福士 利昭
妙光寺（板柳町）
矢川 元（矢川写真館）
やぎはし写真館
山口 ヌイ
渡辺 真路

【写真撮影】

榊原 滋高
佐藤 良宣
佐野 忠史
蔦谷 大輔
中園 裕
中野渡 一耕
福井 敏隆
福島 春那
本田 伸

執筆者一覧

（編者以外は五十音順
肩書は２０２０年３月現在）

中園　裕＝青森県環境生活部県民生活文化課 県史編さんグループ主幹、青森市在住
荒井　悦郎＝元青森県史編さん専門委員、埼玉県在住
石戸谷　勉＝元青森県史編さん執筆協力員、青森市在住
市毛　幹幸＝弘前大学國史研究会会員、北海道在住
小田桐睦弥＝花巻市博物館学芸員、岩手県在住
小山　隆秀＝弘前大学非常勤講師、弘前市在住
工藤　大輔＝青森市民図書館歴史資料室室長、青森市在住
小石川　透＝弘前市教育委員会文化財課主幹、弘前市在住
小泉　敦＝三戸町立杉沢小中学校校長、五戸町在住
斎藤　淳＝中泊町博物館館長、五所川原市在住
榊原　滋高＝五所川原市教育委員会社会教育課主幹・係長、五所川原市在住
佐藤　良宣＝弘前大学國史研究会会員、青森市在住
佐野　忠史＝小田原市役所文化財課学芸員、神奈川県在住
相馬　英生＝弘前大学國史研究会会員、八戸市在住
竹村　俊哉＝青森県立黒石高等学校教諭、弘前市在住
蔦谷　大輔＝弘前大学國史研究会会員、鰺ケ沢町在住
中園　美穂＝弘前大学國史研究会会員、青森市在住
中田　書矢＝鰺ケ沢町教育委員会総括学芸員、鰺ケ沢町在住
中野渡一耕＝青森県環境生活部県民生活文化課 県史編さんグループ総括主幹、青森市在住
福井　敏隆＝弘前市文化財審議委員長、弘前市在住
福島　春那＝元青森県環境生活部県民生活文化課 県史編さんグループ非常勤事務嘱託員、青森市在住
古舘　光治＝前八戸市埋蔵文化財センター是川縄文館館長、八戸市在住
本田　伸＝青森県立青森商業高等学校教諭、青森市在住
宮本　利行＝元青森県史編さん執筆協力員、八戸市在住

中園　裕＝1965年神奈川県生まれ。青山学院大学大学院出身。立教大学大学院で博士（文学）を取得。専門分野は日本近現代史。青森県環境生活部県民生活文化課県史編さんグループ主幹。
主な著書に『新聞検閲制度運用論』（清文堂・2006年）、『写真アルバム 上北・下北の昭和』（いき出版・2015年）、『青森県の交通史』（デーリー東北新聞社・2016年）、主な論文に「開発を受け入れた人びと―青森県上北郡六ケ所村民の選択と決断」（小林和幸『近現代日本選択の瞬間』有志舎・2016年）などがある。

青森県 昭和の町と村
大合併で消えた自治体の記録

発行日　2020年3月31日
編　者　中園　裕
発行者　荒瀬　潔
発行所　株式会社デーリー東北新聞社
青森県八戸市城下1-3-12
電話 0178（44）5111
印刷所　赤間印刷工業株式会社
青森県八戸市城下1-24-21

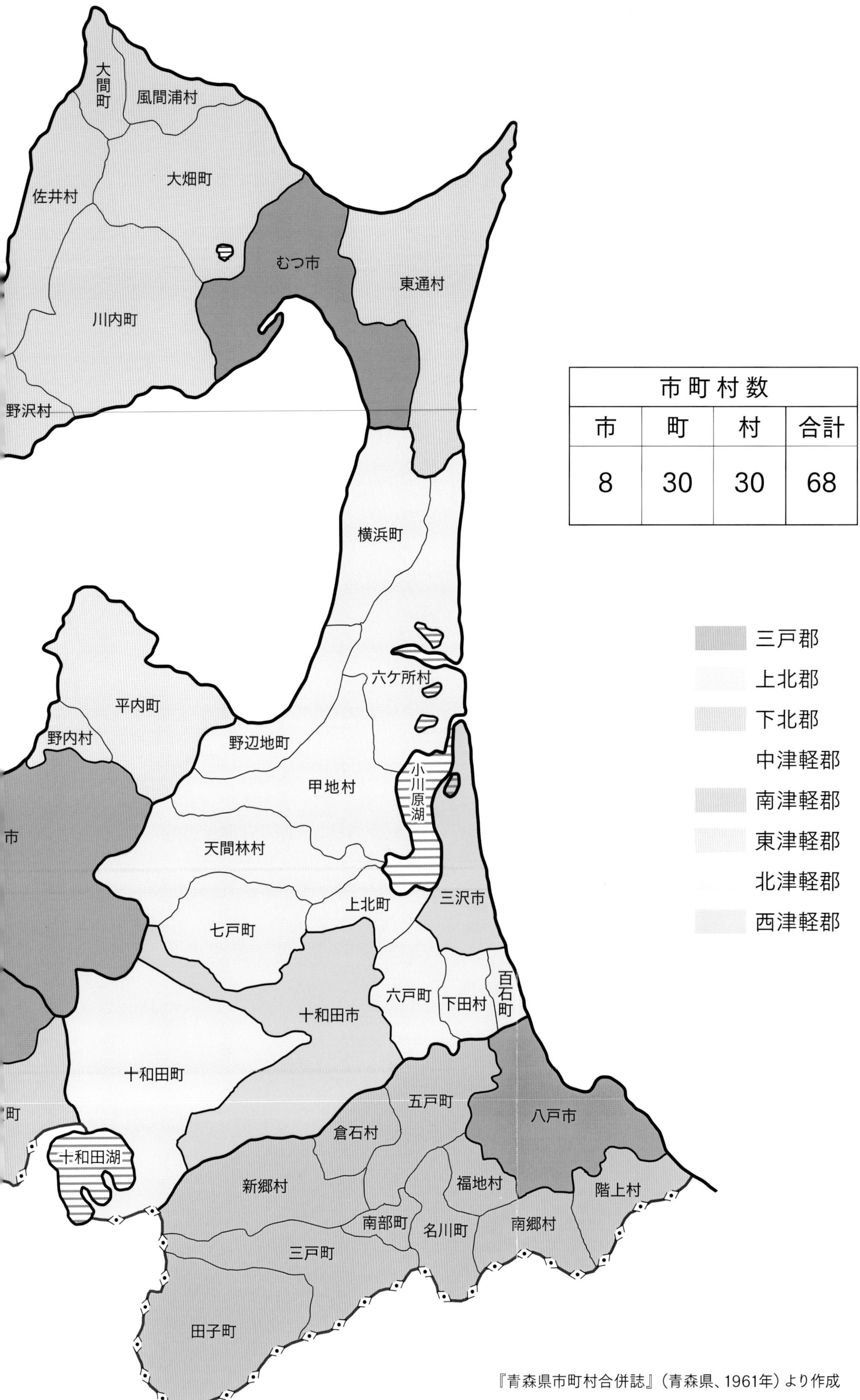

市町村数			
市	町	村	合計
8	30	30	68

『青森県市町村合併誌』（青森県、1961年）より作成

町村合併促進法公布時の青森県市町村分布図

＊1953(昭和28)年9月1日時点

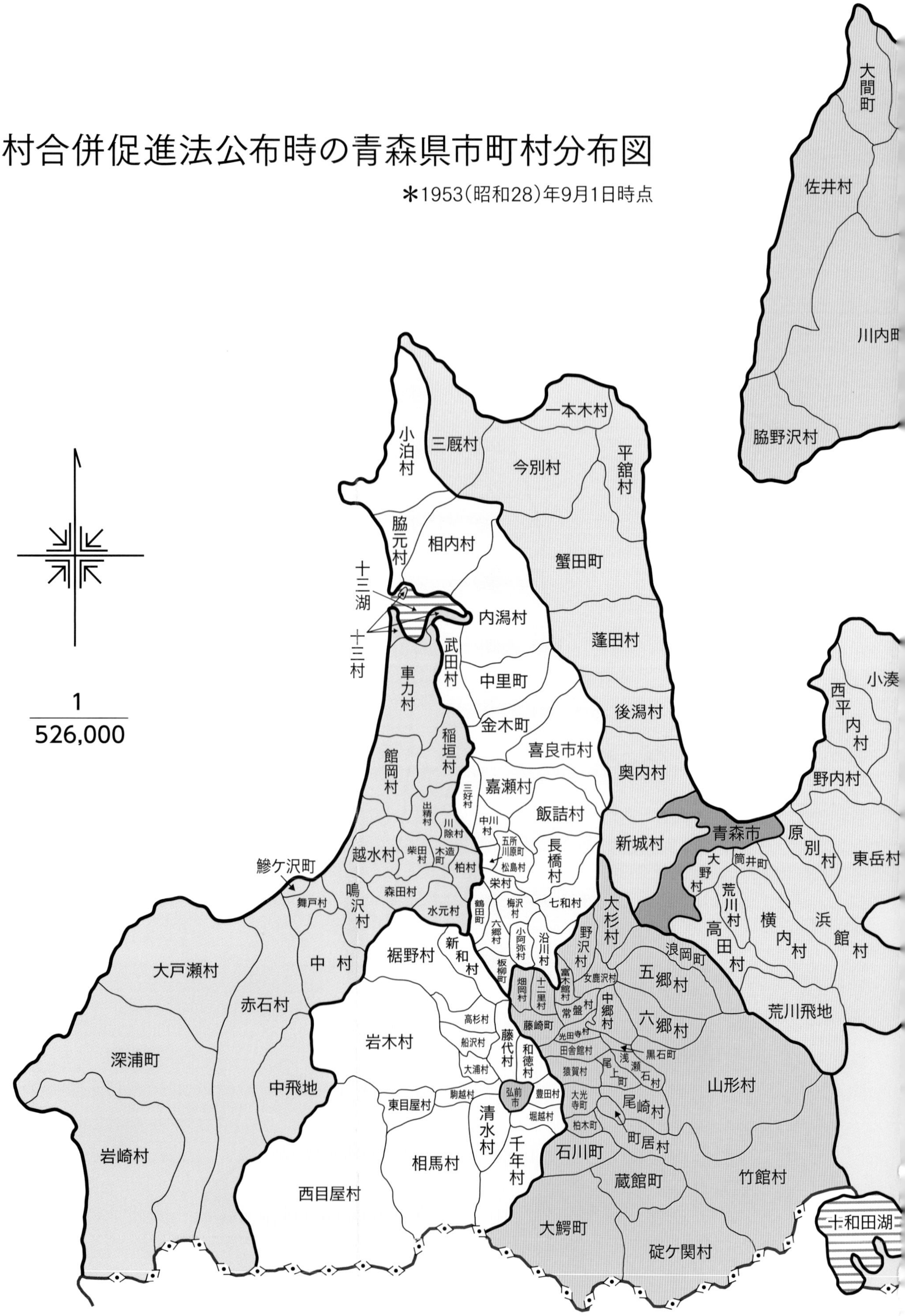

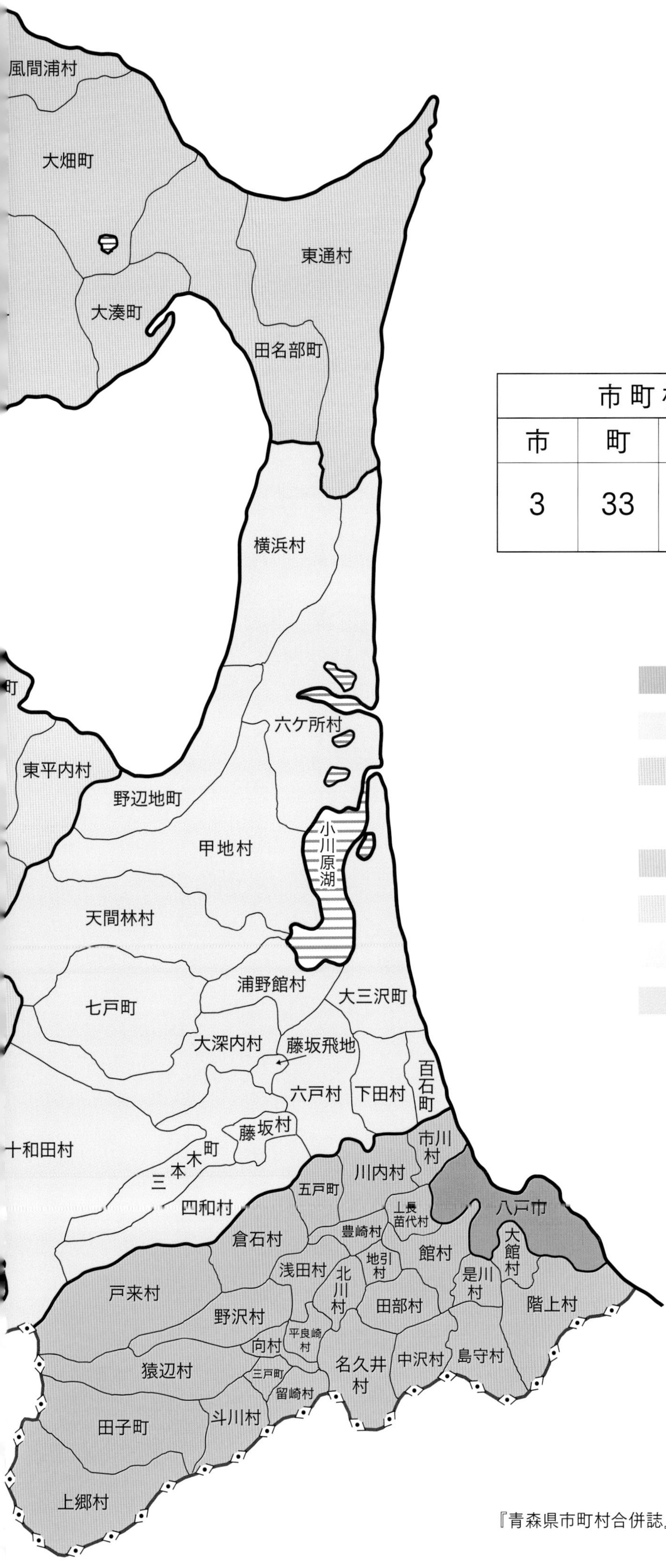

市町村数			
市	町	村	合計
3	33	127	163

三戸郡
上北郡
下北郡
中津軽郡
南津軽郡
東津軽郡
北津軽郡
西津軽郡

『青森県市町村合併誌』（青森県、1961年）より作成

町村合併の成果現況図

＊1960（昭和35）年10月1日時点

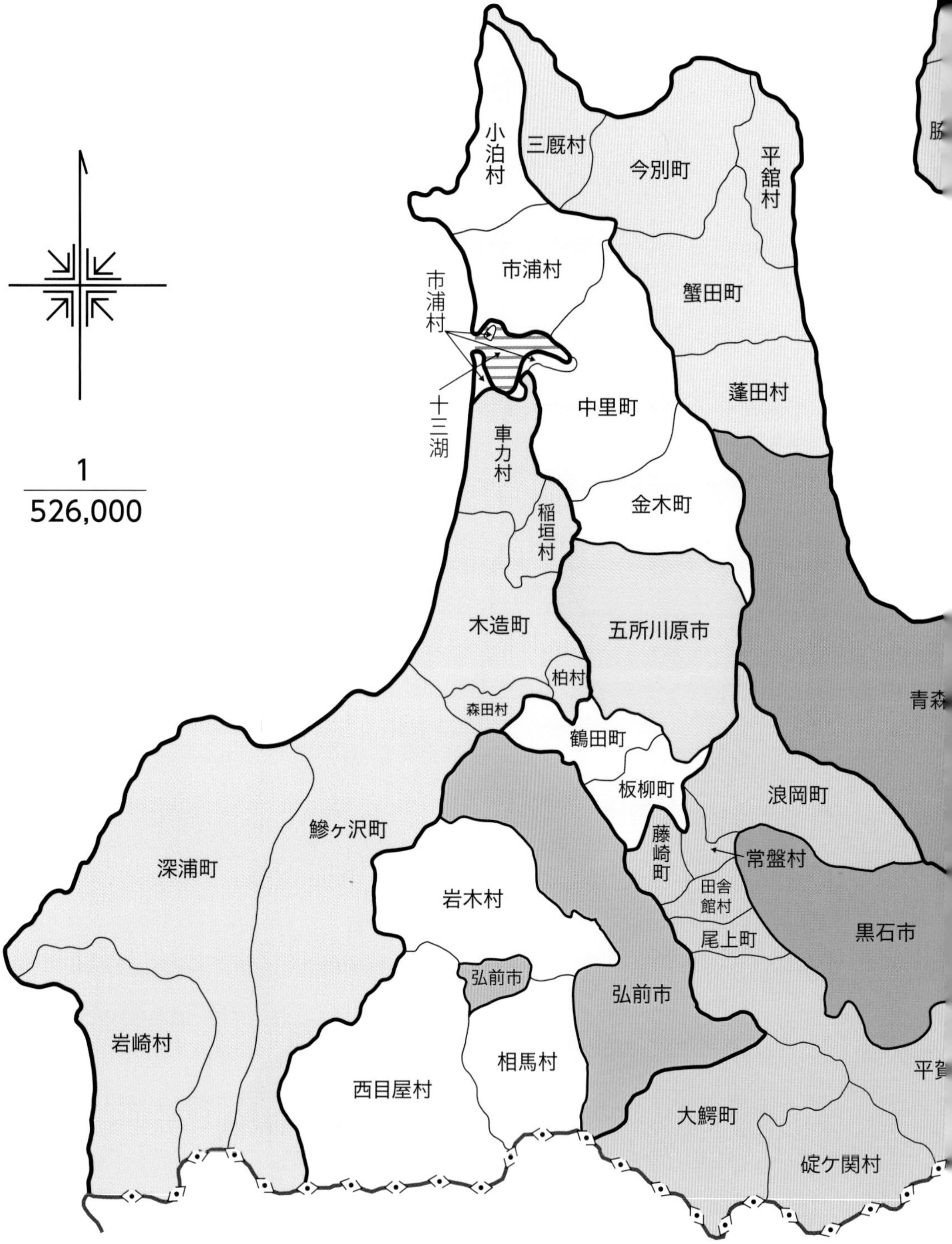